輔仁師法

陶鏧 著

東方出版社

前言

一九四六年夏余考入北平私立輔仁大學國文系（語言文字學組）學習歷時四年受業于余季豫（嘉錫）唐立厂（蘭）周燕蓀（祖謨）陸穎明（宗達）蕭仲圭（璋）諸先生每課均有筆記當堂以文言繁體鋼筆速記課餘再以毛筆或鋼筆謄錄至今已珍藏六十餘年因各種原因有部分遺失每念諸先生課堂所授多研究所得而未見諸公開出版為憾近思于今提倡宣揚國學如能將此筆記面世

可為從事國學研究者提供一有價值之資料適與人民出版社劉麗華編審言及夙願蒙允付棗梨乃一一整理保存原有點竄繁體白文原貌又全部添加標點原用注音字母則多改為漢語拼音荀子云不是師法而好自用者是猶以盲辨色以聾辨聲也因以輔仁師法為本書之名成書在即對劉麗華編審之鼎力支持深表謝意

陶麐　庚寅初秋

附

一、筆記所記如有訛誤其責在我

二、張永慶同志曾將部分筆記輸入電腦，有利排版，亦併致謝

三、輔仁大學于一九五二年併入北京師範大學。輔大校長陳垣任師大校長，蕭璋仍任師大國文系主任

四、所可嘆者，五十年代中此筆記部分爲師大借去作爲向專道路典型展覽

鬬穀（音穀）號於菟（幼為棄兒食虎乳而生故以穀為名於菟為號

北平无入聲字凡入聲字一部变為去聲一部变為平聲

初出二字北平語无差异然初為平聲出為仄聲

又如動北平讀去聲廣韻則音統為上聲俗語「動樓子」尚保持統之原音

18.

3、郡國專名　中國語言中凡專名詞多喜於其上或下加一發聲詞（在名詞上加一字者）或助語詞（於名詞下加一字者）

一、發聲詞　如孟康小字九後漢書称曰阿九　阿字即發聲詞　又呂蒙亦呼曰阿蒙　又詩九月斯螽振羽　斯亦發聲詞　左傳　楚人謂乳穀謂虎於菟（穀，穀乳也）楚人方言称虎曰菟（穀文於累虎也）由此可知於字為發聲詞

二、助語詞　北平語称嚜曰嚜吧　尾称尾巴　吧巴皆助語詞　詩經此例亦多　如螽斯　柳斯　鹿斯譽斯　斯皆助語詞　爾雅　佳其夫不、佳其本名　佳其亦其助語詞　夫不即鵓也　故於越之於為發聲詞　猶吳之称句吳也　鄉婁之婁為助語詞　由此証明中國文字為單音

自文字代替語言以來中國字音即以單音綴為主

3、聲調　一、語調　一句語言中可表示不同之意義　二、字調　一字以調子变化可以有不同意義　如埋買責三字其元音輔音同不可区别　而其字調不同故意義亦殊　各國語音皆有其語調　字調則為中國所独有

字調構成之原理　字調在以前之解釋謂即四聲　関於四聲構成之原理解釋有三派

（一）例字派　一舉例說明　南史梁武帝不解四聲　周捨曰天子聖哲（天平聲也　子上聲也　聖去聲也　哲入聲也）王驥書四聲纂句　將普通所用句子皆注以四聲　近人趙元任以國音調子而用成語編成　研究字調必須先經例字之訓練（目的）然例字派只能解釋四聲之分析而不能解釋四聲構成之原理

（二）體會派　唐時僧人釋處忠謂　平聲哀而安　上聲厲而舉（高亢）　去聲清而遠　入聲直而促　此对四聲之体會並无錯誤　然明瞭四聲者可以体會　不明四聲者仍无以捉摸　明時僧人釋真空　玉鑰匙歌訣　平聲平道莫低昂　上聲高呼猛烈強　去聲分明哀遠道　入聲直促急收藏

（三）定義派　一清初顧炎武音論謂平聲重遲　上去入輕疾　顧氏之說錯誤有二、一因襲聲韻學史之錯誤　二、重遲輕疾不足以為界限

No. 68.

吅 音喧 驚嘩也 表說話人多之意

𠷎 或作吅𢦏 音娘 襄字小篆作[illegible] 即从吅𢦏字变来 說文亂也从爻工交吅

解釋迂屈 吅𢦏字最古文字作[illegible] 象人頭上頂物之狀(送物者多為女人

故引申為娘字) 後加偏旁 [illegible] 从女丫聲 → [illegible] 从土㢴聲 → [illegible] →

𢦏 工為土之誤 ××為爻之誤 吅𢦏→[illegible]

嚴 喧嘩之意 古文字从三口或二口作[illegible] 或[illegible]

咢 咢 譁訟也 說文从吅屰 屰亦聲。不當从吅 咢古文字作[illegible] 或[illegible] 或

[illegible] 三口或四口不一定 作二口 本為花蕚之意 簡作[illegible] 或作[illegible]

單 說文大也 从吅單 吅亦聲 兩說文誤 古文字作[illegible](吅 非口字) 今訛作單

迷不能解說 [illegible] 早期作Y 後作[illegible]、Y 即干字 (Y→Y→干)

為古代兵器 及狩獵用者之種乂形物 單 Tan 干 Kan

[illegible]→獸→獸、獸 古作狩字講 用Y有犬輔助以狩獵

戰 用戈用Y 則代表戰爭

[illegible] 單 打獵工具 用以網兔等獸類之用

可知單為象形字 不當分作上从吅下从甲而為形聲字

哭 哭 說文从獄省聲 錯誤 唐人謂哭不當从獄省聲 當从犬 謂犬嗥之聲

如哭也 亦誤

對 tuəi 古音屬沒部端紐　答 təp 古音屬合部端紐

對對為二字漢文帝改對為對（見說文）非也

方言黨、曉、哲，知也。楚謂之黨，或曰曉，齊宋之間謂之哲

說文哲，知也。陟列切　哲古音屬栥部端紐　知 陟離切 古音屬支部端紐

黨 多朗切 古音屬陽部端紐

知與哲為轉注　知與黨為轉語　知哲黨可謂之同根

聲訓　訓詁字與被訓詁字聲音有密切關係　以聲音相同相近而作訓釋

示訓詁字與被訓詁字相同相近　此是聲訓之一種　今研究聲訓問題不及此種

对 答也　逆 迎也　桊 豢也　壺 瓠也　此是本聲音自然流轉　以段借現象而用訓詁方式表

今討論聲訓解釋名物之由來（命名之由來）如庠，養也（多偏於主观）

章太炎語言緣起說　語言之初當先緣天官，然則表德之名最夙矣。然文字可見者上世先有表實之名，以次桄充而表德表業，之名因之。後世先有表德表業之名，以次桄充而表實之名因之。是故同一聲類，其義往往相似

劉熙釋名為純訓詁書　釋名序　自古造化制器立象，有物以來，迄於近代，或典禮所制，或出自民庶，名號雅俗各方名殊，百姓日稱而不知其所以之意，故……論叙指歸，謂之釋名

舉例　管子水地篇云　水者萬物之準也　白虎通義云　水之為言準也　萬物平均有準則也

說文水，準也　周禮考工記㮚氏「權之然後準之」　鄭注　故書準並作水　水準二字是否相近

先以目治

說文準，平也，从水隼聲　隼即鵻（職追切）之或体　準 陽聲 古韵在魂部　隼 陰聲 古韵在脂部　詩小雅沔水　沔彼流水，朝宗於海　鴥彼飛隼，載飛載止　嗟我兄弟，邦人諸友……　水隼（準）弟同叶　準 tɕiuən　水 ɕiuəi　二字聲近 tɕ、ɕ　韵同 uəi

章氏語言緣起步驟　實（本）〈德（業）、業（德）〉名　釋名所釋乃第二步

古書中往往知（智）哲通用　書皋陶謨知人則哲　史記夏本紀作知人則智　能哲而惠　史記作能知而惠

今人謂知曰懂　其黨聲之轉也　黨陽韵　懂東韵　古韵東陽最近，通押

章太炎語言緣起說　何以言馬？馬者武也。何以言人？人者仁也……此皆以德為表者也……水之言準，火之言毀……金之言禁……實有形者大抵皆爾……實、德、業三，各不相離。人云馬云，是其實也；仁云武云，是其德也；金云火云，是其實也；禁云毀云，是其業也。一實之名，必兩其德若与其業相麗，故物名必有由起。雖然，太古草昧之世，其言語唯以表實，而德業之名為後起。故牛馬名最先、

前言

一九四六年夏餘考入北平私立輔仁大學國文係（語言文字學組）學習歷時四年受業於餘季豫（嘉錫）唐立厰（蘭）周燕蓀（祖謨）陸穎明（宗達）蕭仲圭（璋）諸先生每課均有筆記當堂以文言繁體鉛筆速記課餘再以毛筆謄録至今已珍藏六十餘年因各種原因有部分遺失每念諸先生課堂所授多研究所得而未見諸公開出版爲憾近思於今提倡宣揚國學如能將此筆記面世可爲從事國學研究者提供一有價值之資料適與人民出版社劉麗華編審言及夙願蒙允付棗梨乃一一整理保存原有竪寫繁體白文原貌又全部添加標點原用註音字母則多改爲漢語拼音荀子雲不是師法而好自用者是猶以盲辨色以聾辨聲也因以輔仁師法爲本書之名成書在即對劉麗華編審之鼎力支持深表謝意

陶磨　庚寅初秋

附

一、筆記所記如有訛誤其責在我

二、張永慶同志曾將部分筆記輸入電腦有利排版亦並致謝

三、輔仁大學於一九五二年並入北京師範大學輔大校長陳垣任師大校長蕭璋仍任師大國文係主任

四、所可噱者五十年代中此筆記部分爲師大借去作爲白專道路典型展覽

目录

一、聲韻學

陸宗達（一九〇五—一九八八）字穎明，浙江慈溪人，生於北京。訓詁學家。曾任上海暨南大學講師，中國大學北京輔仁大學，師範大學教授。中國訓詁學研究會會長。著有《集韻音係》《古韻譜》《說文通論》訓詁簡論等。

一九四七年在輔大國文系開設聲韻學、廣雅研究等課。聲韻學集文字訓詁聲韻綜合講授。繼承傳統語言學而有發揮。

先生講課旁征博引，側重古今語言對照闡述語源。

一、聲韻學

陸宗達

研究文字學之趨向—現今學者研究文字學有二途徑：

（一）認為既名之曰文字學，則當以形體為最要，而研究形體當以最古文字形體為主。蓋文字最初構造，凡一筆一畫皆有意義存在。其後漸因美術觀感及簡單趨勢變為無意義。例如楷書之『春』『奉』『春』『泰』上皆以『𡗗』為首無由分別，而求諸最初筆意則可了然。

篆文春字作『[篆文]』上為竹中為屯為日。屯為竹發芽貌，代表日照竹而萌芽之意義。

奉字作[篆文]奉者捧也，收手之形從丰之聲。『春』字作[篆文]午杵也。象雙手持杵於臼內搗米狀。

泰字作[篆文]由大、收、水三字組成，作通解。喻水流通暢也。

在通行文中，對最初造字原因不易通曉，然溯諸上古則可揆其大略，而推求造字當以愈古為愈善。後漢許慎作《說文解字》，而今人地下所發掘者，如甲骨文（商），鐘鼎文（周初）皆視《說文》所收之字為早。

（二）專論文字之用途，以文字既為完全替代語言之符號，語言在時間上所占最短，在空間上傳播亦狹，而用文字為符號，於時間、空間皆可擴大。故用之代替。但與其研究文字，勿寧研究語言。

語言最重要之成分第一為聲音，第二為意義，第三始言形體（僅為語言完成後之符號而已）故第二派對形體視之最輕，而對語言視之較重，以為研究形體如不注意聲音及意義，對形體亦難清楚。

例盄和鐘 [illegible] 宋劉原父，楊安仲謂『[illegible]（穴黽）』字為『奄』包覆之意。《詩大雅·奕》有『奄有下國』句與此巧合。而『奄』字從大從申，『竈』字從穴從黽字。即分析形體之結果。此字與竈類，絕非『奄』字，只可視為『竈』不得視為『奄』。宋人以為『奄』，即以其作『奄』講可通耳。而此字既絕對為『竈』，作『奄』字解亦可通。（一）文字代語言，故文字為發音符號，其效力為表達語言之聲，故凡同音字可隨意寫出，隨意應用。于經典之類文可以證明。如《周禮》與《周禮故書》字多不同，而皆係同音字。——《周禮大卜》有『造事』一語注云『《周禮故書》造作』（竈）《廣雅》造，『始』也。『造』與『作』意同。『作』亦始也。《詩》采薇采薇，薇亦作止，（作止，始生也）。

文字之形體、聲音、字義相互而有關係，而形義皆賴聲音以貫穿之，故今日研究文字學當擇第二途徑。

語言之定義——以聲音表達一種意義引起對方之聯想。

聯想有二種（1）直接聯想——不用習慣訓練而有之聯想。

（2）間接聯想——聲音與意義無關係，經過訓練而生之聯想。

人類之語言為間接聯想。有主張人類語言最初為直接聯想，其後為間接聯想。其理由以為（一）至親之稱謂無論任何國之語言皆為『爸爸』『媽媽』①（Papa）（Mama）由此可知為人類最早語言。然此說不能確立。因人類發音器官，最初完成者為脣，故最早發音為脣音，而父母之稱謂即為最簡之脣音。又非洲某地之語言對父則稱母，對母則稱父，故前說不足成立。（二）人類有象聲語—象宇宙動物之聲音，如鴉取鴉之鳴聲也，如牟《說文》象牛聲。如雷模仿雷鳴，如瀟瀟象小雨聲，而象聲語即直接聯想。然此種說法仍不可能，蓋人類象聲語亦為假定而非真肖（因生理構造各殊無法逼真，且人類之聲音顫動數目與自然界發音顫動數目相差懸殊）。如『詩』雞鳴膠膠。《風俗通義》則曰『雞鳴為膠膠耶，抑為祝祝耶』。又《詩》『呦呦鹿鳴』『鹿鳴嘆嘆』象鹿鳴亦各異，故象聲語仍非直接聯想。

故語言所表示之聲音系引起人類之間接聯想。聲音系經訓練後，始能瞭解，各國語言之互殊，即由於訓練習慣不同耳。

一、人類語言採取聲音來表示之原因

（a）聲音無實質—生物學家研究昆蟲學，謂昆蟲亦有語言，然多以食物傳達意思，而以食物表示語言最為困難。人類用聲音傳達意見，因聲音無實質，故不感困惑。

（b）藉用其他器官發音—人類發音器官全系借用。如舌本消化器，肺本呼吸器，無須乎另外發音

---

① 盄和鐘全文：秦公曰丕顯朕皇祖受天命 灶有下國十有二公不家在上敢嚴龔夤天命保業厥秦虢使蠻夏。

器官。

二、採取何種發音以表達語言—在語言上所用之聲音，必須由發音器官（即唇、齒、喉、鼻腔是）所發。然發音器官所發之聲音不盡為語言。如噴噓等，故能用腦筋統制所發之音，方可表語言。然人類發音簡單，輔音、元音各有一定，以聲音表示之語言，非常繁多，非固定之少數聲音所以能表示，故語言所需要之聲音，須錯綜連續之音以表示意義。

故語言之定義更可得以結論：人類以有統制發音器官所獲錯綜連續之音，用以引起間接聯想。

研究文字聲音之功用。

（一）解釋古書—欲謀瞭解古代之語言文字，必以文字聲韻學為工具。如不通曉文字聲韻之學，則易生曲解而有下列諸弊。

（1）妄改文字（唐宋兩代最甚）蘇軾《東坡志林》批評當時學者之最大錯誤即妄改古書。改字之弊，則由於不精文字聲韻之學。清大家王念孫亦曾妄改古書，如《荀子正論》『子宋子①儼然而好說，聚人徒成文曲』句，王謂曲字不通當改作典②字。『成文典』謂成功若干書籍也。然作文曲解亦決無不通，『文曲』者即文章之謂也。

文章—章者，從音從十，音樂至截至之時曰章、（十者數終之謂也）。詩《關雎》五章即五音樂段落之謂，故凡文之備有段落者曰文章。

『曲』作段落解，如鄉曲（鄉村之一部分），《莊子·天下篇》雖然不該③不徧一曲之士也（曲亦段落也）。文曲、文章其意相同。

（2）望文生義　古人同音字隨意運用，且謂之通假。讀書時如按假借字表面解釋，則為望文生義，如《史記》『敗北』二字，顏師古注云，『北者』北方也。北方為幽陰之地，戰敗而奔往陰暗處也』。其實北即『背』字之假借字，如按北字釋之，即望文生義也。又如《莊子・逍遙遊》『野馬也，塵埃也，生物之以息相吹也』。司馬彪《莊子注》野馬者，天地間氣如野馬馳。此亦望文生訓。野馬也，塵埃也，為重複語。野馬之『馬』字當為『塺』亦塵士之意。

古人為文重複語甚多，如《左傳》『繕完葺牆』繕、完、葺、皆修葺之謂，又『莊子』常有而後乃今之句亦重複語也。

（3）句讀不明　句之分明與否與解釋關係至巨。前人謂為章句，如趙岐之《孟子章句》，王逸之《楚辭章句》是。

① 子宋子—晚周之宋舉子也即莊子『天下篇』之宋牼，為墨家之別派，主遊說。
② 典—作書冊解
③ 不該—該、包括也。

《禮①記曾子問》②，昔者史佚有子而死不殤③也，墓遠。召公謂之曰，何不斂於宮中？史佚曰『吾豈敢乎哉，召公言于周公，周公曰『豈不可史佚行之』』。

『豈不可』者（豈有此理），不可之謂也。而三字作一句讀之，則本意全非。故研究古書，不明句讀，則無法瞭解清楚。

《史記・伯夷列傳》岩穴之士趣舍④有時若此類，名⑤湮沒而不稱，悲夫（張守節斷法）。

岩穴之士趣舍有時若此，類名湮沒而不稱，悲夫（正當斷法）。

〔附〕前人對《史記》與《漢書》比較，有不滿《史記》者，謂其態度不合史法（史書條例），蓋指伯夷及屈原列傳而言・認為凡撰史者應以客觀態度紹介，而不當於篇中隨意批評議論。然此二篇之議論可作解說—《屈原列傳》之議論非太史公之批語，而為其抄錄淮南王劉安《離騷經傳》之批語，故太史公此態度不失為客觀。《伯夷列傳》雖多議論，然亦可解說（一）伯夷列傳居列傳之首（二）伯夷列傳非議論而為《史記》列傳之凡例。太史公恒自擬孔子・古代若夷、齊、顏淵等輩，一經孔子言及則聲名必著，反之則無聞焉。自謂列傳中人，為太史公提及，亦必能傳於後世也，更對未曾言及者加以惋惜。

（一）研究文句 略可分二類：一、文義句讀——不整齊句如散文。

二、音律句讀整齊句如韻文音律者。因音律表面讀法而斷，有時實際文義不當如此斷法，如《詩經・柏舟》泛彼柏舟，亦泛其流，耿耿不寐，如有隱憂，微我無酒，以敖以遊。

韻律上之句使成四字一句，然文義方面則不然。『微我無酒以敖以遊』為一句，決不可斷開解釋。柏舟—柏木作成之舟最堅固，最佳者可為濟渡之用。『彼』—虛字不作『他』解，泛彼泛泛也，亦—俱也（本身無意義而隨波蕩漾也）。亦泛其流—隨波漂蕩無意識而生一種同感。耿耿—閃爍之光明。隱憂—隱作痛解。微—非也。由此可知《詩經》句讀表面為音律，內容則仍為文義。

句讀學與聲韻文字學有關，前人解釋古書多有不當。則多系句讀之誤，不獨古書如此，即研究唐宋人之詩詞亦須要文字學如。杜甫曲江詩一片花飛減卻春，風飄萬點正愁人，且看欲盡花經眼，莫厭傷多酒入脣。江上小堂巢翡翠，苑邊高塚臥麒麟。細推物理須行樂，何用浮名絆此身。

傷多酒—唐代語言—『傷』字作『太』『特』解。江上小堂—從前富貴人家所居。麒麟—此處作募旁石兽讲。

李商隱曲江詩：　望斷平時翠輦過，空聞子夜鬼悲歌。金輿不返傾城色，玉殿猶分下苑波。

---

① 古禮－－死者置機床至墓旁始可入殮
② 曾子問—言禮壞于史佚而召公實有以誤之也。
③ 死後不足立主者（未冠以前不足立主）
④ 趣舍—即取捨（行為）
⑤ 類作大率解魏文帝與吳質子書—觀古今文人類不論細行鮮能以名節自立此句之『類』亦作大率解。

死忆華亭聞唳鶴，老憂王室泣荊駝。天荒地變心雖折，若比傷春意未多。

吳文英《三姝媚》有句云『春夢人間須斷，但怪得人間夢緣能短』，『能』字作如此或如彼之意。

韓愈詩『桃李能紅豔』。此『能』字亦作如此解。

有時虛字亦有關係，如『且夫』且者此也《詩》『其水只且』。且，如此也，夫者，彼此也。《左傳》夫獨無公族哉，《國語》作彼獨無公族哉。故且夫為語畢另起之話頭。

（二）研究語言—研究語言必當注意一、推求語言之真意；二、證明真正代表語言之文字。如雅之『雅』當作『庌』。漢應劭《風俗通義》『凡飲食之館，候客之所曰『庌』』。研究語言之法則—以古書明其義，以《說文》證其字。

中國語言除俗語外，尚有特殊語言。一種為隐語，發生甚早，于文學上極有關係，有非文字可能瞭解者，始見於《左傳》『隱語廋詞』句。今舉周之隱語觀之《诗》，《小雅・苕之華》，牂羊坟首，三星在罶，民可以食，鮮可以飽。此詩為當時知識份子知周室將亡，不可救矣。苕，陵苕也。蔓生於喬木之上，難榮不久，故以之比周室之衰也。

牂羊—牝羊也。坟—《爾雅》『坟』大也。普通牡羊首大，今言牂羊示不可能之意，故首句牂羊坟首，言全國人士皆願周室存在，然此種希望若牂羊坟首然，殆不可能。

三星—一名心星，昧爽始出在天空，時間最短。『罶』與『苟』皆為捕魚之器，竹制，系于隄梁閔空，今日系於此，明日昧爽取出即可得魚。

古人詩文中時有配句，如『民可以食，鮮可以飽。』即人民不能飽食之意，『民可以食』為配句。

漢之隐語《後漢書・弥衡傳》有『死公云等道』之句。死公者『鬼』也，等『什麽』，道，『所欲言之語』，即說什麽鬼話之意。而清汪中《祭黃祖文》有『何死公之等道兮』改『云』為『之』不通之甚

至六朝隱語分為二途（一）歇後語（二）謎語—唐人謎語甚多，如劉宋鮑明遠（照）有詩云『三更書石闕』書、題也，引申為啼，石闕—『碑』也，而與『悲』音同。書石闕者『啼悲』也。元曲中亦有許多隱語，如關漢卿《救風塵》曲中有『吐下來的鮮紅血，都當作蘇木水，即真話當作假話之意。蓋蘇木熬成水與血同色故也。

現代有許多系外國語（蒙古語最多）。如車站之『站』字。蒙古交通集會之所大都曰『鄂博』小者曰『站赤』而《說文》作『卪』僅表站立之意。故車站之站，即蒙語站赤之意也。又如卡子普通有二解一、軍隊駐紮之所曰卡；二、檢查貨物上稅之所，實則『卡』字即蒙古語之『卡倫』也。卡倫—交界之處曰卡倫，即中國所謂邦畿。《說文》『畿』同『幾』上從丝（幽）下從戍，人荷兵也。故一人所把守之地曰『畿』即卡也。站赤之語见《三朝北盟匯編》，卡倫則见『尼布楚條约』條文中。除外國語外，更有外國文字（蒙古文）如元曲中常見之『歹』字與中國字死殘之左半邊相像而不同。篆文歹作[illegible]，音『聶』剩殘骨曰『歹』。鄭所南《所南心史》中言『歹』為蒙古之第一字母。故研究語言須將隱語、外國語除外。

如何用文字聲音研究中國之俗語—討論語言時須知語言絕對有長遠之系統。故現代俗語必有系統可尋，絕非突然而來者，僅為演變而已。然因聲音關係變化最烈，故對其意義及本字究竟為何，或不

能明瞭。

如『縶腳』—語言甚古，《說文》作縶，《左傳》『盜殺衛侯孟縶』。孟縶之足不良於行』。《穀梁傳》『兩足不相遇衛謂之「縶」』故即跕腳之跕字。此即以古書明其義以《說文》證其字之一例也。

又如北平語凡關門之器曰蛐蛐，了吊，此亦古音衍化而來。唐李賀詩有『屈戌』韓愈詩『屈郗』（膝）凡門上彎曲繫門之物曰屈郗，狀其彎狀如膝。又《說文》了尥從子無左右臂，象形。象子初生在繦褓中之形，而手交繫曰了。

尥，《说文》兩足相交也。了尥二字作交系解，為連綿字了與潦通，潦倒即了尥，示在社會上無所聯繫也。又如俗語『孱愁』（不舒展）見於《史記・張耳陳餘列傳》赵王（張敖也）自上食，體甚卑，有子壻礼。高祖箕踞罵詈甚慢之。趙相贯高怒曰『吾王孱王也』。宋人詞作僝僽。又如山東河南人自稱曰『咱』（一作喒）咱字即朕字。《爾雅》朕、我也。至秦始皇時令平民不得稱朕，稱朕者為君王。

河北鄉間形容甚好曰『「殺好」』殺字為形容語，在元曲中最常見，如樂殺人，悲殺人，是殺字古音與『肆』相同。『肆』《說文》極陳也，（無尽發揮）。放肆，酒肆，前者有加甚之意，後者陳列之意，《詩・小雅》『其夙肆好』。肆即『甚』也。《論語》『肆諸市朝』肆者、殺也。南方蘇州等地仍保持『肆』之音，如熱得肆（熱得很）。是北方則曰『殺』由此可知一句語言可衍為二。

又如『良』字通作『佳』解，引申為尊稱。古人稱君亦作良，如《禮記・少儀》『負良綏』。注云『良綏者，君綏也。』綏，御馬之轡也。夫婦互稱為良人。妻稱夫曰『良人』。《孟子・离婁下》良人者所仰望縣而終身者也。夫稱妻亦曰『良人』詩如此良人何。毛傳『良人美室也』。唐王項『陳夫人灵表』中有句云『所恨者不得與良人偕亡』。妻稱夫後變為『郎』，夫稱妻則變為『娘』① 實際皆良之系統也。

北平俗語甚冷曰『冷得慌』，『慌』當作『況』況有加倍加甚之意。《詩小雅》『僕夫況瘁』。僕夫—駕車者曰僕。況瘁—加甚勞苦也。《莊子》『每下愈況』，況亦甚也。今人作每況愈下不通。

又狀生氣曰綳臉。綳即『冯』，音『崩』唇音登韵。《说文》『马怒奔形』。故凡形容怒势皆用『冯』。《左传》『震塌冯怒』。《楚辞·天问》『康回冯怒』。《国语》『奋其朋势。』『朋』『綳』字假借，故語言系統可以推溯其來源，可自古書中推出原理。凡語言必有可以代替之字，然有時只有語言而無本字，尚未證明故也。《左傳襄公十六年》，『師慧過宋朝，將私焉』杜預注小便曰『私』。

又如便所之『便』亦系声之變迁，《周禮》厠所曰『屏。』《墨子》稱厠所曰屏。

又俗語毆人曰『揩人』始見於宋《過庭录》書中『豈弟君子』一語豈、揩字。

故研討語言必須通曉聲音之變迁。故聲韵學即直接研究語言之工具，必須有聲韵學之助始可推求語言。

搜集俗語材料須以聲音系統貫串，故語言為文字聲韵學中最重要之工具。

（三）考索古史—現代研究語言文字學者多根據古器物及其上所鐫帝王名謚，用作考究古人祖先及研究古史之材料。然功效尚不止此。有若干古史形同神話，如后羿射日，嫦娥奔月之類。然此類神話

① 稱母曰奶以醋母曰爾之故唐人詩作而稱母曰娘因酒母曰釀之故

必有一事實，經傳說傳會而變為神話。《世本作篇》言何物由何人創造。言創弓及創矢者為二人而非同一時代者。古代弓用彈丸，矢則同標槍。后羿或為發明弓矢合用者，而彼時中原苦旱，乃有射日神話之產生。嫦娥為男子，即常儀（儀古音娥）為發明陰历者（中國历法最進步與年不同，自冬至至冬至曰岁，以節氣而言月以朔望來分，以十二月為一年。故一歲為三百六十五又四分之一日。故一年為三百五十余日）。故平均年歲而有閏月始，十九年後之正月一日為冬至推算者即為常儀。嫦娥奔月者，即常儀占月之誤。

最初封建制度何以稱『封』，歷史上并無記載（只載封建之事實而未及封建之起源）。如推其源，則當就字義觀之。

『封』作種樹解《左傳》『封殖此樹』。又作坟墓解。《檀弓》吾見封之若堂者矣；吾見封之若府者矣。——又可作『隄防』解，見《爾雅》『封』大防。又表最大之意，《左傳》『封豕長蛇』。又可作界限解—周禮有封人（管界限者）。

概括言之，封者向上堆土之謂（封建最初即堆土者）。《左傳》分土之田『陪敦』（『釋文』『敦』丁回反，音堆。《說文》』敦』小土山也。陪敦，集土成堆也；敦之義即後來之界碑，封建即界碑之起源，即蒙語之『鄂博』也。

又諸侯何以稱侯。侯、篆文作侯，古文作医，準的也。侯從人、從厂，（目的物）從矢。《三禮》射箭曰射侯，射侯為中國詛咒之起源，對某人銜恨則作成其形狀集而射之。《周禮・考工記》有云『惟若寧侯毋若汝不寧侯，不屬于王所故抗而射汝』。此即射侯前所言之語。又《六韜》有丁公不朝，太公書丁公之像射之，故矦為假人。猴像人而偽者。故亦稱矦。與王同心者始能射矦，故封曰諸矦《儀禮》射矦者，射為諸矦。

又『民』字說文民從古文之象。

古文『民』作[illegible]。古代稱人民必稱黎民、黑色也，或稱黔首。由古書中可給予一印象，即黎民與百姓為二階級並不相等。《尚書堯典》『克明峻德以親九族；九族既睦平章百姓；百姓昭明，協和萬邦，黎民於變時雍。』凡同種族之人民曰百姓，異種族而被征服者曰『黎民』民者即俘虜之意。古代加墨刑故曰黔首、黎民。

女字古代有從人之意。文字自繁而簡，自不均齐而均齐，於是[illegible]變作[illegible]變為[illegible]民再變作民。

又『昚』字為『慎』字之古寫，為古代祭天儀式。從『昚』者有二字：其一為『尞』，篆書作[illegible]燃火也，即祭天也。焚尞祭天地之意《儀禮・覲禮》祭天燔柴。其一為『燎』篆書作[illegible]焚艸也。昚從日，從火。今分言其義。

1．從日之義—古人祭天以天為神。神自明而生，天上最光明之物莫過於日，故祭天即以日為主宰之神。《禮郊特牲》大報天而主日也。『祭義』『郊之祭大報天而主日，配以月』。注云：主日，以其光明，天之神可見者莫著焉。人之有祭祀不外二端：其一為念始；其二曰祈福。《禮記》『人始乎祖，萬物始乎天』。人亦天，人亦萬物之一。故古代祭天亦念始兼有回報之意。《禮郊特牲》『郊之祭也，大報本反始也』。

2．從火之意—古人祭天、祭祖儀式各殊，凡祭天則用牲（生牲不熟者），祭祖則用亯（亯、熟

物也）。欲明從火之意當先知古祭天儀式 祭天儀式分三部行之

⑴降神—用樂舞《春官大司樂》『若樂六變，則天神皆降，可得而禮矣。』故以降神之禮期使神格。

⑵歆神—歆《說文》神食氣也，燒柴以圖氣達於天

⑶祭神—分為二部行（一）薦血（二）薦腥

（一）薦血《國語》『郊血大亯腥用全烝』（全牛也）。《國語周語》『郊事則有全脀』。將全烝獻上撤下再分解之。分解之法有二：一曰肆解、分體為七，即頭胸腹四肢也。一曰體解，分體為廿四；肆解用以祭天；體解用以祭宗廟。肆解後任擇其一體獻之，加帛加玉《（周禮天官太宰）》贊玉帛之事（注，玉帛可以禮神也）。《春官大宗伯》『以蒼壁禮天』。置柴上稱實柴。薦腥將柴燃起（《韓詩外傳》天子奉玉升柴加於牲上而燔之）。祭天之要㫖即為焚柴，因火之上升表祭物可達之於天。《爾雅》祭天曰燔柴，從火之義亦本此。

3．從屮之義—屮《說文》『屮之初生也。』雖作屮解但古有借形表示他意者，故亦可假借用作向上升之意。觀《說文》屮部有『熏』字熏以火煙上熏之意，火通過火窗而上升，故不作屮初生解，當作煙之升貌。『昚』字之從屮與熏之從屮意同。人類在祭天之時為最精誠之表示。《左傳》『精意以享』是也。故精誠亦表示最謹慎。《說文》昚，誠也即此意

聲韻學包括二問題：一、字音—聲韻學所講偏重字音，二、語音較複雜稱語音學

（一）論中國字音之特徵

音理 分析字音之構成，如『北』字由、『b』『ei』構成，分析後假定為二部分即聲與韻是。（二）凡字音之開始謂之聲，如『b』凡字音之收尾謂之韻。如『ei』

釋聲韻以西文之輔音元音說對照，謂聲即西文輔音、子音。韻即西文元音、母音如『夫』字西文拼音『f』為聲『u』即為韻。然此說不能成立，因中國字音最大特徵為單音字（一個形體讀出一個音）如『寒』西文拼音為han。n亦輔音。又如『東』西文拼音dong，ng亦為輔音。以上說釋單音字寒、東等則不能通。由中國聲韻與西洋文字觀之，中國聲中雖纯为輔音。然韻中有元音及輔音，故聲等於輔音，韻等於元音之說不足成立

母音與輔音區別—共四說

甲、能獨立成音者為母音，不能獨立成音者為輔音。

明代意大利人金尼閣以羅馬字母講中國字音，推翻聲韻之說，歸納中國字音按母音、輔音而分為三類：（一）自鳴音（母音）（二）同鳴音（輔音）（三）不鳴音（西文輔音）而中國字音所无者。以定義甲區別中國字音不能通。1．如廣東語稱不可曰『唔系』。m為輔音亦能獨立成音。2．吳（蘇州）語稱母曰唔m姆mei。m為獨音綴亦為輔音。3．徽州語稱他們曰唵n哆ta。n亦為獨立音亦為輔音由1、2、3可證中國語音中輔音可獨立成音，故（甲）條不足為母音與輔音之區別。

乙、聲帶有顫動者為母音，聲帶不發生顫動者為輔音。

人類發音器官大多數系借用，惟聲帶則單為發音而生。發音時有發生顫動與不顫動之分，故乙說

亦不能成立

丙、能唱者為母音不能唱者為輔音

語音學有樂音與噪音之區別，有高低長短者為樂音。如母音a、i、u是；無高低長短為噪音如z、s輔音是（劉復 比較語言學有此說法）。嚴格來說亦不能成立。因音之高低之構成即由於聲帶之顫動。在同一時間向內顫動少即為音低，則與乙說相同，故以上三說皆不能解決母音與輔音之區別。

丁、氣流有阻礙者為輔音，氣流無阻礙者為母音

就注音符號之輔音來看ㄋ、ㄆ雙唇之阻，ㄈ、ㄊ上齒下唇之礙，ㄉㄊ舌頭與齒之阻。ㄌ舌之阻。母音系共鳴作用而構成，母音用唇舌構成空間，使氣流阻礙經過空間與之起共鳴作用。空間有大小共鳴亦有大小。

凡高母音似與輔音相混，然自有無摩擦作用而決定之。凡有阻礙者可聽出摩擦之聲，無阻礙者無論如何細小高亢皆不能聽出摩擦之聲。輔音i有摩擦，元音i無摩擦音綴。西洋字音：由許多音構成一字，語音學稱之曰複音綴

中國字音：由一個形體讀一音，語音學稱之曰單音綴。為各國所無

章炳麟考證中國古代非單音綴—見章氏『國故論衡・一字重音說』：其根據材料分三方面，今例舉如下：

1、漢人注音 三國以前用直言注音，三國之後始有反切。直言，一字用一字音注之稱讀若，例『麟』讀若『林』。反切以二字注一字之音，如『冬』『德宮』切。上一字用聲紐，下一字用韻母。

《淮南子主術訓》鵕鸃，漢高誘注讀若『私鈚頭』章氏據此注謂鵕字在漢代音『私鈚』可證為二音綴。

2、物類專名。物類雙音名甚多如蟋蟀 為二者構成之名詞。章氏云此名詞為二音。中國字每字一音故此系用二字音代替一字

《說文》『悉蟹蟲也。』由許慎注可知蟹 為蟋蟀二音。如為一字一音，則蟹字之上當有蟋字，今只蟹而無蟋，讀則為蟋蟀則 為一形體而發二音。又《說文》人部有『僥』字。焦僥短小人也。又『廌』字，注：解廌仁獸，一角以觸不直者。又蠖注尺蠖，屈伸蟲也。以上三字與一例同，皆一字代表二音之名詞

3、郡國專名。考古代音以國名、地名為最重要 因國地之名保存古音最多。聲音變遷最速者為語言。文字音之變遷較語言為慢，如吳語區人讀文章較其言語易懂，而郡國之名變遷更小。如『洞』古音讀若『同』，今則文字語言皆讀若『洞』，惟洪洞之『洞』仍讀為同。由此可見古代郡國之名改變最慢。故有若干古音自此得以考證。

如『觀』『視』古同音。《漢書地理志》有狋氏縣，應劭注狋氏音權。狋視皆從示得聲，權觀皆從雚得聲，故郡國之名可證古音。

春秋越國，《莊子》及《左傳》或稱『於越』又春秋邾國《左傳》稱邾婁 章氏以為越、邾為雙音。章謂最初越 即讀作『於越』邾即讀『邾婁』故章氏結論以為中國文字最初為複音綴，嗣後乃變為單音綴。

然吾人證明中國字音決為單音綴，章氏所舉之例不能成立。今分述之

漢人注音—古代注音用與某字之音恰合之字之音注之，然無恰當之音時，則有合聲記音法。如筆《爾雅》稱秦人用『不律』二字記音，不律者則為筆之合聲 如椎，《方言》稱齊人用終葵記椎之音，又《春秋》晉公子乘〈左傳〉作壽夢。〈左傳〉即系用合聲記音法。漢代亦以此方法注音，且漢人注音有若干名詞如緩言為××（即用合聲）疾讀之由合聲讀成原音）。慢聲（用二音）急聲（合二音為一音），徐讀（慢讀）疾讀

如申包胥〈國語〉稱『申棼冒蘇』用『棼冒』記包，不能謂『包』讀如『棼冒』也。由此可知〈淮南子〉之鴰鷂高誘注用三字擬兩音為合聲音法，而非兩字讀作三音也。漢人注音非兩字注一音者，章氏之說不足信。

（附）椎—古代之椎為四方形之笨重兵器。如形容人之笨拙亦借用椎字。〈漢書〉周勃人稱其『椎、少文』。如是古人且用椎以驅鬼避邪。（由風俗考證知五月時家家門口懸椎用以避邪。椎之音由《終葵》而來，後人以終葵為避邪，至唐終葵為人名，更終葵為鍾馗，益訛。據云鍾馗死後封為進士，唐代規律進士允乘馬而不允乘驢，故鍾馗騎驢而不乘馬

物類專名 雙音名詞何以只有一形體。蟋蟀、獅廌在聲音中屬於聯緜詞，二音非決對不同，而為有關係之二音構成。聯緜詞分二類

疊韻聯緜詞 如僬僥、傍徨 收尾音（韻母）相同

雙聲聯緜詞 如淋漓、澎湃開始音（聲母）相同

中國語言中聯綿詞最多，凡二音構成之字或名為聯綿詞者居多。故聯綿詞在中國語言中頗占重要

性。故明乎聯綿詞構成之來原，則章氏之說又不足為訓。

中國字音系單音，而中國文章、詩歌習慣用單音字太單調，故用字每喜用雙以求音調之和諧，如對仗即為東方神美之藝術。

然對句有時表面字相對而意義並不對仗，如〈詩〉『原隰哀矣，兄弟求矣』。又如劉孝標《答劉沼書》有句『隙駟不留，尺波電謝（表人之壽命在宇宙中為時極短能延長惟有文章）。』隙駟不留語見《莊子》為一句，尺波（一尺波瀾流動甚快）為一句，電謝（如閃電一閃即逝）為一句，就外形言為對仗，內容則為三意。不獨詩歌、駢文為然，散文亦若是。如〈論語〉『君子恥其言而過其行』恥其言過其行為對仗。

文章喜用雙句，語言亦喜用雙字，尤以狀詞中感單音字困難，最簡單之補救法即上或下加一聲音稱『加餘音』，狀詞變化最甚者莫過於〈詩經〉今列舉如下

狀詞下加餘音者

〈葛屨〉『宛然左僻』（古代結婚新娘入門，新郎迎新至門口使新娘從右先近以示禮貌）。『左僻』為動作 宛亦狀態動作，形容向左躲避時非常柔順。『然』則為狀詞下加餘音者

，〈小雅東山〉『潸焉出涕』潸、散漫纵横之貌『焉』則為餘音

〈小戎〉『溫其如玉』『其』亦餘音。附：玉貌、玉食、玉女、玉音不作玉石之音解而作美字解。賦中加餘音，加其字。如宋玉〈高唐賦〉『巫山赫其無儔兮』『其』為餘音。

〈靜女〉詩「愛而不見搔首踟躕』愛作隱暗解為狀詞。

狀詞上加餘音者

〈有斐君子〉『有』為狀詞。有斐君子與裴然君子同，斐文章也。

〈匏有苦葉〉『有瀰齊盈有鷕雉鳴』此『有』字皆為餘音。瀰水盛貌。『鷕』音鷕，雉鳴聲。車牽（轄）间關車之牽（轄）兮思變季女之逝兮』『思』不作思想之思解，無意義為餘音。『間關』為聯繫狀詞，形容上轄之態。變，美也。季、少也。

唐人詩中有用單音狀詞者多生硬困難。而杜甫詩『大漠孤煙直』此直字為單音狀詞，然杜甫用之甚佳，此固例外也。又《離騷》「紛吾既有此內美兮』。『紛』為狀詞。

〈詩經〉中狀詞用法多加餘音，後自加餘音變為迭字（以二字重迭為狀詞）故放迭字與加餘音為由同一線索變化而來，此由毛傳可證。

如《檜·匪風》『匪風發兮，匪車偈兮』毛傳，發發飄風非有道之風，偈偈疾馳非有道之車。又『楊柳依依』則是用迭字以狀楊柳之態。又『蕭蕭馬鳴，悠悠旆旌』毛傳言不喧嘩也。此亦不加餘音而用迭字。王維詩『漠漠水田飛白鷺，嚶嚶夏木轉黃鸝』如去掉。漠漠、嚶嚶二狀詞則此詩之意境全無謝玄暉〈東田詩〉遠樹曖芊芊。生烟時漠漠』芊芊漠漠、皆迭字 迭字用之較困難 讀起聲音不易變換，以同一字而重疊之，頗難將狀態描寫盡致，因之進一步而有關聯綿字之發生。

聯綿字即變換迭字之方法

1、首音不變而變尾音者，如』傍』字狀態左右來往，可變為』彷彷』，而尾音『彷』可變為『沛溥』。故『彷彷』可變為『傍沛』『傍溥』此稱曰雙聲聯綿字。

2、尾音不變而變其首音者 如彷字可變為彷徨，尾音皆尢韻，此稱曰迭韻聯綿字

聯綿字之構成由一字而來 如淹 普通有二義：1、作久解；2、作滯留解。『歲月忽其不淹兮』淹者、滯也 以淹作狀詞加餘音，如淹然、淹焉或淹淹等，又可變為淹冉（迭韻連綿詞）荏苒、凭染（雙聲聯綿詞）可見最初為單字『淹』後遂可变為淹冉及荏苒。又如『牢』用以狀固定之態 可變為雙字牢牢、牢籠（雙聲聯綿字）、皋牢（迭韻聯綿字）。

由此可證太炎先生所举物類專名之蟋蟀最初即為蟀，狀細微之聲，後變為迭字蟀然，又可變為蟋蟀。在造字之初成為單字至漢代此單一之字遂變為聯綿詞，而漢代人注書當然以通行之語言解釋 又『僥』可變為僥然，僥僥，可變為迭韻聯綿詞僬僥可。見聯綿詞：系由單字變成者。故物類專名 只可證為聯綿字，而不能言一字讀二音。

郡國專名 中國語言中凡專名詞多喜於其上或下加一發聲詞（在名詞上加一字者）或助語詞（於名詞下加字者）

發聲詞 如孟康小字九『漢書』稱曰『阿九』『阿』字即發聲詞。又呂蒙 亦呼曰阿蒙。《詩》九日斯螽振羽『斯』亦發聲詞《左傳》楚人謂乳穀，謂虎於菟（說文穀，乳也）楚人方言稱虎曰菟（說文，黑虎也。由此可知於字為發聲詞）。

助語詞 北平語稱啞曰啞吧 尾稱尾巴。吧、巴皆助語詞。《詩經》此例子亦多 如螽斯、柳斯、鹿斯皆助語詞《爾雅》『隹其夫不』。隹其本名『隹』，其亦助語詞』，夫不』即鵶也

故『於越』之』於』為發聲詞，猶吳之稱句吳也。郲婁之『婁』為助語詞。由此證明中國文字為

單音。

自文字代替語言以來中國字音即以單音綴為主。

聲調

語調—一句語言中可表示不同之意義。字調—一字以調子變化可以有不同意義如埋、買、賣三字其母音輔音同不可區別，而其字調不同，故意義亦殊 各國語音皆有其語調。字調則為中國所獨有。

字調 構成之原理 字調在以前之解釋謂即四聲。關於四聲構成之原理解釋有三派

（一）例字派—舉例證明。南史梁武帝不解四聲，周舍曰『天子聖哲』（天、平聲也，子、上聲也，聖、去聲也，哲、入聲也）王瞔著『四聲纂句』將普通所用句子皆注以四聲。近人趙元任以國音調子而用成語編成。研究字調必須先經例字之訓練（目治），然例子派只能解釋四聲之分析而不能解釋四聲構成之原理。

（二）體會派—唐時僧人釋處忠謂平聲哀而安，上聲厲而舉（高亢），去聲清而遠，入聲直而促。此對四聲之體會並無錯誤，然明瞭四聲者可以體會，不明四聲者仍無從捉摸。明時僧人釋真空『玉鑰匙歌訣』平聲平道莫低昂，上聲高呼猛烈強，去聲分明哀遠道，入聲直促急收藏。

（三）定義派—清初顧炎武《音論》謂平聲重遲，上去入輕疾 顧氏之說謬誤有二：一、因襲聲韻學史之錯誤；二、重遲輕疾不足以為界限。

詩最初與聲韻學有關，後以作詩而造成聲韻學史上二大錯誤。

1、詩韻 詩韻之由來—最初陸法言著《切韻》，對審音極詳密。故一韻之中有多至數十字者，有

僅三五字者，字數極不均衡。《切韻序》『欲廣文路自可清濁皆通，若賞知音便須輕重有異』。而詩韻將《切韻》分部之字數少者合並；字數多者獨立，結果詩韻依字數而分韻，非由音韻而分韻 詩韻中以平聲最多（占二本）上去入較少（各占一本）。

2、平仄。平上去入四聲皆為獨立調子決不可混合。江永《音學辨微》謂平聲音長。仄聲音短、平聲音空、仄聲音實。此定義過於玄妙 故定義派如顧、江二氏所解釋者皆誤。

研究聲音究當用何方法在未確定聲音定義時須先知音調之構成 研究音調構成之方法共四條

一、音質—分辨母音輔音因其本質不同可以分別（一為空間共鳴而構成，一因阻礙而成）然四聲非音質之問題，不能以元、輔音來解決。四聲與元輔音僅有間接關係而非直接。

二、長短—聲短非音調短之故，而為尾音有長短之故（韻短之故）。故長短不能解釋音調。

三、強弱—母音有強弱。共鳴腔大則強，共鳴腔小則弱，亦非調子不同以此仍不能解釋音調。

四、高低 人類語言發音聲帶顫動次數之多少可以形成高低。同一時間內聲帶顫動次數多則音高，反之則音低。

音之高低分二類1、簡單高低—跳的高低 跳踉式2、複雜高低—滑的高低（高低聯貫）如上尺乙四為跳的高低上 乙四 為滑的高低 昆曲中之滑與否與四聲頗有關係。

故中國之字調（四聲）即由於複雜高低而構成，或即高低錯綜升降而成。

四聲關係中國語言最大，中國文字為單音再加四聲變化簡單而能表多意

字調發生之原因有二　訓詁文法關係用字調最便
　　　　　　　　　　中國文學上之需要

一、訓詁文法的關係　中國文字為最進步之文字。以少數文字可以表達多數意義，且為單音。中國字與西洋文字之異點即不分詞性。古代文章中此點極重要，堪應注意。

如《公羊傳》入其門（名詞）無人門焉（動詞）；入其閨（名詞）無人閨焉（動詞）。

又《左傳·鄭伯克段于鄢》『毋使滋蔓（蔓延之意表動詞）蔓（名詞）難除也。蔓（狀詞）艸猶不可除……』。

《詩》『抑若揚兮』抑、揚皆狀眉目之間異常開展之貌。抑《說文》有『抑』『印』皆下按之意，本皆為動詞亦可用作名詞—眉以上，目以下曰抑或印 眉以上稱揚。

又『丁』字《說文》作尖銳鐵器也（名詞），亦可作動詞用。如丁稱人，壯年曰成丁，由丁有堅固之意。而引申為壯大之意，成丁之『丁』字則又為狀詞。《詩》『伐木丁丁』則代表丁丁之聲。

由此知中國字義可隨意改變，然辨別其詞性則賴乎音調。

詞性不分以簡禦繁，相對待意義亦不分。

如『乞丐』通常作向人行乞解，亦可作為餽贈與人解。《漢書·朱買臣傳》『買臣隨公車 都中待詔，公車書久不報，糧用乏，計吏卒更乞丐之……居一日，妻自經死。買臣乞其夫錢令葬之』。此乞丐與乞字皆作饋贈解而音讀如『氣』。

又如好與好（嗜好）惡與惡各表一詞性即因字調不同而分別。

故字調即因分辨表示詞性及分辨文法上之對待而設。

二、文學之需要　聲音與文學有關。古代音樂與文學為一體，後始分歧。鄭玄《詩譜序》謂詩之起源與音樂同時，由此可證文學、音樂不分。

元代時始有中原音韻。以北平音為標準音，因元朝最重要之文學為小說與戲曲　小說求普遍，戲曲求明瞭，而皆用白話寫成，且必須定一標準音不可，可見文學於聲韻極有關係。

a、小說在元前有二體裁：一、講玄理之六朝神怪小說；二、唐人傳奇。傳奇之發生乃風氣使然。因其有行卷，制度（將作好之詩詞寫於行卷呈與顯宦或名人閱覽）後有將行卷中寫為小說，以博閱者之歡，由此遂發生傳奇。

b、戲曲　唐宋有大曲，至元代雜劇與傳奇與以前迥異。用語言描寫且須至各地演唱，故須選擇一標準者，可見聲韻有時因文學背景而生不同標準。

［附］研究形體須求筆意—古人造字一筆一畫皆有意義，是謂筆意。

《顏氏家訓》『學者若不信《說文》之說則冥冥不知一點一畫有何意焉』。《說文序》『孔子述六經，左丘明述春秋傳，皆以古文，厥意可得而說』。

普通非筆意之形體則稱之曰筆勢，通以說文所列之字。作為筆意字研究，其他諸字則以筆勢研究之。然《說文》中亦有筆勢字（然吾人可自筆勢推出筆意）。

如米字中間之『十』即筆勢，毫無意義可言。又如『采』音『便』。獸足跡也。中間字『十』亦筆勢也。此類筆勢每為整齊美觀而加。

由篆文變為正書亦同上理。如『差』篆文作□從𠂹從左原當變作□，今正書之『差』字即增加筆勢。

又《說文》有從古文之象之字，即證明此字為筆勢，而古文之象為筆意。

又如『自』鼻也。為筆勢。或謂當作□象紋理，不通。最初字為筆意□象鼻形，太渺茫。因變為□加一口字注明在口之上是鼻也。後變為□更變為□（筆勢）。

今再討論白字 白篆文作□。從入合二。《說文》未言從古文之形，然可斷定系從古文之象。『□』古文白字。關於表顏色之字必須以實物比附之。如紅色曰赤，從大火，大火則紅色。又如黑，火從煙窗中出而熏黑也。如『朱』松木心，為朱色。可見皆比附實物而來。白字比附日光，古書中白字恒作日光解。

如《莊子虛無鬼》『虛室生白』。崔譔注『白日光所照也』。又《智北游》『若白駒之過隙』注『白駒、日也』。可見白字表日光，《漢書賈誼傳》『白晝通都之中』顏師古注『白晝，日也』。又的（音弟）從日。《爾雅》馬的顙。從日，表白也。『普』《說文》日無色也（無色即白色）

『入』，入從上俱下也，表日之光線 古人恒以入表日，外表月。

例『□』外表月，『閒』晚間閉戶月光照入也（表門內有間隙透入月光）閒之古文閒作『□』可見 即月字。又『□』古文『恒』字，亦從月，如月之恒也。可見外即月，內、入即日。日近而月遠，故內日而外月。《左傳》『日之道在內，月之道在外』。《國語》『姬姓日也，異姓月也』，《史記魏其武安侯列傳》『在日月之際』。

[illegible]從『入』入表日光，從二。《說文》『二』代表空間（天地之間）如『勻』，宇宙原始稱勻。大氣包括天地也。可見『二』表天地之間，從入含二者，表為四圍為日光，合起空間後簡單之，遂成白（筆勢）。

古代對文字之聲音異常注意，主要在使其調字合協。《左傳》『琴瑟若一誰能聽之』《文賦》『曁音聲之迭代，若五色之相宣』『迭代』即次序節奏之意。

中國四聲之構成可證明很早已有，惟只平聲入聲二類，後漢始有平聲，上聲之分。如《詩》『揚之水不流東蒲；彼其之子不與我戍許』。毛傳蒲、艸也，鄭箋蒲、柳也 由此可證後漢時有上聲讀法。

齊梁之時四聲始完備 梁前無去聲（如劉宋時詩，謝靈運、鮑照諸人之作、皆無去聲）。

去聲發源於永明體（謝朓、王融、沈約）。

四聲完備之時即文學家主張以調子作文章之時。

聲韻學最要者為辨明聲韻學上之名詞，有時同名而異物。如陰陽韻有陰韻、陽韻、稱陰陽。而調子亦有陰調陽調之分，亦稱陰陽（王國維五音論即將韻之陰陽，誤為調之陰陽）。有異名而同物，如『開合』古稱『重輕』是也（重＝合　輕＝開）。

中國音類之分析

聲紐論

（一）聲紐之定義　氣息自氣管籲出時，經發音器官之阻礙節制，或爆發而出，或摩擦而出，或由鼻孔泄出，形氣相軋而成聲者。西文謂之輔音，自其為一字之首音言之。中國謂之聲母。有『字母』

『音紐』『紐』『聲類』『體文』諸名，其實一也。

張載《正蒙篇》云『形氣相軋而成聲』『形』指發音器官『氣』指聲音而言。譚峭《化書》形氣相乘（牽制）而成聲。

字母　創于唐末沙門守溫，創三十字母（根據華嚴經而來。三十類別出於涅槃文字品）聲母稱字母，自唐末開始。

聲類　錢大昕、陳澧稱字母曰聲類，以字母之說出於佛典，加於中國字內，名不正言不順。以中國原有雙聲之名而稱之曰聲類。

紐、音紐　章炳麟所主張。孫愐《唐韻序》『紐其唇齒喉牙部仵順也而次之，因改稱聲母曰紐（見《國故論衡》）。

體文　此說見於慧琳《一切經音義》。六朝時即稱聲母曰體文。

六朝時更有體語—即以雙聲所組成之語音，與近代繞口令相類。

《南史》羊戎好為體語。時王齋戒令戎布床，須臾，王出，以床狹乃自開床。戎曰『官家狠狹，更廣八分』又羊元保（羊戎父）好與文帝奕，嘗中使至，元保問戎曰『上何召我邪？』戎曰『金溝清泚，銅池（音駝）搖漾（音軋）既（音替）佳（音ga）光景，當得劇棋』。此可見南方有體語。北朝亦然（魏收即喜言體語）。北朝隴西李元謙嘗過郭文遠宅。元謙曰『是（音的）誰（音堆）宅（音呆）第？』婢春風曰『郭冠軍家』。元謙曰『凡婢雙聲』，春風曰『儜奴謾罵』。

（二）聲母之類別

（甲）部位分析

（a）雙唇音　江永《音學辨微》稱兩唇相搏謂之雙唇音。『搏』字不當。等韻（隋唐韻）稱雙唇音曰重唇音。

定義：由上唇與下唇相接觸以節制外出之氣息

注音字母ㄅㄆㄇ（b p m）

中國舊聲母幫滂並明（並母只蘇州音有之）

國際音標 p p′ b m

（b）唇齒音 舊名稱輕唇音

定義：由上門齒下切下唇之內緣以節制外出之氣息

注音字母ㄈㄪ f

聲母非敷奉

國際音標 pf、p′f、bv m

錢大昕—古無輕唇音（不獨周秦無輕唇音，即隋唐六朝亦無輕唇音）。故如八、分二字皆重唇音。而宋以後『八』為重唇，而『分』為輕唇。

六朝隋時盛行切語反音，如清暑殿稱楚聲。楚聲切為『清』，聲楚則切為『暑』

劉宋袁滑全家死難，人為作切語及音為隕門。隕門切為『袁』，門隕切為『滑』袁滑為袁粲舊名。

陳後主叔寶切語及音為『少福』少福切為『叔』福少切為『寶』，福字今讀為輕唇音，寶為重唇音。

由此可知隋時無輕唇音，宋時只有與『魚』或『幽』拼者始有唇齒音。

劉悛舊名劉忱反為『臨仇』。齊世祖立舊宮，反曰『窮廄』。女惠太子立樓曰東田反為『顛童』。梁武帝立同泰寺開大通門，取反語協『同泰』。唐高改元通乾，以反語『天窮』停之。

凡聲母與後面韻母切合『成一音綴』時有時因韻關係可影響聲母部位。

如『k』（音『哥』舌根音）k a 音、k u 音、k o 音 然k與j y拼時則生變化（不易拼出其原因即由於口腔位置與唇齒相差過遠，不能成為音綴）語音學有軟顎作用簡稱顎化作用如k＋j＋i（變為舌面音）l i，（音雖變為舌面音）不加j不能成音由是可知聲母受母音影響可移動聲母之部位，由顎化作用而影響部位改變。

重唇音亦同樣生顎化作用如 p u 可切合成音惟 p y 相拼則生顎化作用

（C）舌尖前音 舊稱齒頭音

定義：由舌之前端抵觸上齒背近齦處以節制外出之氣息

舉例 注音字母ㄗㄘㄙ　z i　c i　s i

聲母精清從心邪

國際音標　ts　ts′　dz　s　z

（D）舌尖中音 舊稱舌頭音及半舌音

定義：由舌尖緊抵上齒齦節制外出氣息而成

舉例 注音字母ㄉㄊㄋㄌ

聲母端透定 泥 來（半舌音）

國際音標 t t′ n l

舌頭音及半舌音實際部位不分。如長江流域（尤以湖南、湖北為最）泥、來二母不分，如難、蘭不分，泥、梨不分，奴、盧不分。

（E）舌尖後音 舊稱正齒音一稱捲舌音

定義 由舌尖翻轉上抵齒齦後部節制外出氣息而出

舉例 注音字母 ㄓㄔㄕㄖ　zh ch sh r

聲母莊初床疏

國際音標 tʂ tʂ′ dʐ ʂ

（F）舌面前音 舊稱『舌上音』（正齒音之一部分，半齒音之一半）

定義： 由舌面前部與前硬顎接觸，節制外出氣息而成。發此音舌尖下降藏於下齒背置而不用

舉例 注音字母ㄐㄑㄒ　j q x

聲母 知徹澄娘 照穿神審禪日

國際音標 ȶ ȶ′ ȡ ȵ tɕ tɕ′ dʑ ɕ ʑ

（G）舌根音 舊稱『牙音』

定義 此由舌根與軟顎接觸外出氣息而成

舉例 注音字母 ㄍㄎㄏ g k h

聲母見溪群疑曉匣
國際音標 k k′ f g n x r
（H）喉音舊稱同
定義 由聲帶緊張節制外出氣息而來
舉例 聲母影
狀態之分析
（一）氣流通路之狀態
1、塞聲（破裂聲、爆發聲）如幫滂並 端透定 見溪群 b p，d t，g k
當氣息外出時，初則口程（程，通路也）與鼻程完全閉塞，繼乃驟除口程之阻礙破裂而出。
2、鼻聲如明泥疑 m n
當氣外出時，軟顎下垂，閉塞口程而使之致由鼻程洩出。
3、擦聲 如心邪曉匣審禪疏 s z x ɤ ɩ ç
凡發聲時口腔湊窄致氣息未達不能充分自由，因而帶有摩擦聲。
4、邊聲 如來ㄌ、ㄴ或稱分聲
凡發聲時氣息爲舌身所阻使之徐徐由舌之兩邊摩擦而出。
5、塞擦聲 如莊初牀精清從照穿神 tɛ tɛ ʣ tʂ tʂ′ ʣ′ tɕ tɕ′ ʥ′部位必須相同始有塞擦聲。

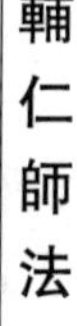

6、鼻擦聲　如日ɳ。

（二）流音之狀態

流音　凡一輔音與元音結合時因口腔部位不同，故其間必有一媒介物，此媒介音稱曰流音。如a塞聲之特殊現象　語音學中稱塞聲曰暫聲，以其不能延長故也。短促時間中有三步驟：1、阻，2、頓，3、放是也。

1、阻　語音學稱成阻。2、頓　語音學稱持阻。

3、放　語音學稱除阻。

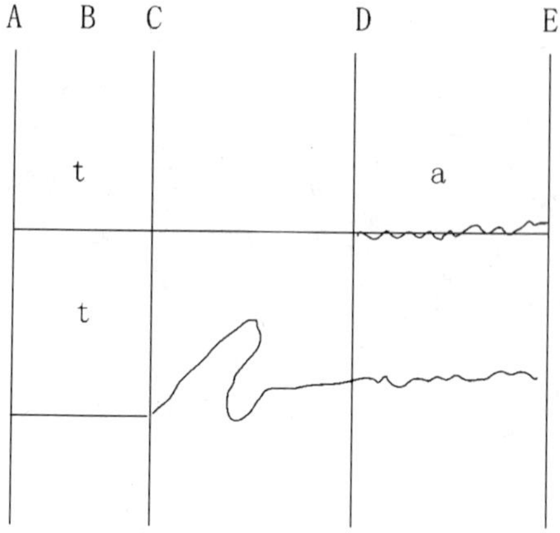

A　B　C　D　E

t　a

t

第一讀法為ta

第二讀法為da

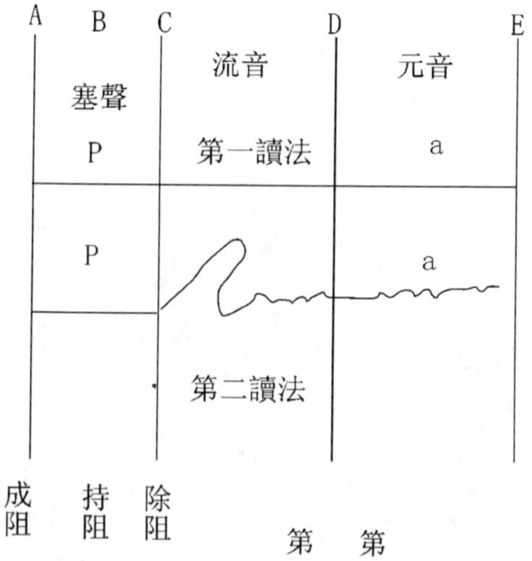

A　B　C　D　E

塞聲　流音　元音

P　第一讀法　a

P　a

第二讀法

成阻　持阻　除阻

第一讀音為ba八

第二讀音為pa

第一種流音　音流流音（流音中有元音成分）

第二種流音　氣流流音（流音中無元音成分）

凡塞聲必有此兩項流音其他諸聲則僅有音流流音而無氣流流音

前人稱氣流流音曰送氣，稱音流流音曰不送氣。送氣與不送氣之別在塞聲中頗爲重要。當讀『滂、p』『透、t』『溪k』等聲母時除阻之後有氣流吐出故謂之送氣聲。反之讀『幫b』『端d』『見·j』等聲母除阻之後並無氣流吐出故謂之不送氣聲。此兩類聲母受阻之部位及狀態皆同，所異者在流音耳。

二、訓詁學　三、語文要籍評介

蕭璋（一九〇九—二〇〇一）字仲珪，四川省三臺縣人。語言學家，訓詁學家。曾任浙江大學副教授，輔仁大學，師範大學中文系教授，系主任。中國訓詁學會常務理事，中國語言學會理事，主要著作有《釋至》《王石臞刪訂爾雅義疏聲韻述補》《文字訓詁論集》（包括《毛傳條例探源》《考老辨》《談轉注》等）。

一九四八—一九五〇）在輔大國文系（甲組）開設訓詁學、語文要籍評介課。

先生博學廣識，授課綱目清晰，除講授基礎知識技能外指導閱讀研究方法，開啟研究思路。時有個人心得創見。

先生述而不作，因之著述不多，唯一九九四年由「語文出版社出版《文字訓詁論集》，曾惠賜與我。

二、訓詁學

蕭璋

訓詁學為尚未研究成功之學問，與音韻學不能分離，清儒所謂以聲音通訓詁者是也。今日研究古音進步至何種程度，研究訓詁學亦進步至何種程度，故研究訓詁須先通古音。

一．論訓詁之名義

㈠東漢以前訓詁、詁訓字面講法

㈡東漢經師所用訓詁名辭與今日所言訓詁相近

㈢為訓詁立一新界說

二．論訓詁學名義

各家對於訓詁學之界說

三．論訓詁文字之関係

㈠說文形體與意義的関係

㈡以訓詁立場證明說文中之錯誤而證甲骨金文之正

四．論訓詁與聲音

㈠論轉注、叚借與訓詁関係

㈡聲訓問題

五．論訓詁之起源（文字訓詁始於何時）

㈠語言之流傳　㈡文體之嬗變　㈢制度之轉移

六．論訓詁之方式

㈠義訓　㈡以疋言釋方言　㈢以今釋古　㈣譬訓　㈤聲訓

七．使用訓詁之方式

㈠求確簡　㈡推本字　㈢通語言

㈠論訓詁之名義

訓　《說文》說教也。段注，說教者，說釋而教之，必順其理。引申之，凡順皆曰訓，如五品不訓，聞六律五聲八音始訓以出內五言是也。

詁　《說文》詁訓故言也。段注　故言者，舊言也。古所識前言也。訓者，說教也。訓故言者，說釋故言以教人，是之謂詁。分之則如《爾雅》析故、訓、言為三，三而實一也。漢人傳注多偁故者，故即詁也。《毛詩》云『故訓傳者，故訓猶故言也，謂取故言為傳也』。取故言為傳，是亦詁也。賈誼為《左氏傳》訓故，訓故者，順釋其故言也。

段氏以後來訓詁聯用觀念而注《說文》訓詁二字。實則訓詁二字分而釋之，風馬牛不相及也。《詩大雅．抑》《爾雅．釋詁》，《經典釋文》引《說文》無『訓』字。王念孫《廣雅疏證》亦不從《說文》。王說是，當無『訓』字。

(二)東漢以前所謂『古訓』『古言』『故訓』『訓故』『故言』『故』『訓』『古』與東漢後之『訓詁』意義畧有差異。

古訓　《詩·烝民》　『古訓是式』。毛傳『古故訓道也』　鄭箋『故訓先王之遺典也，式法也』。

《書畢命》　不由古訓，予其何訓……子孫訓其成式惟乂

古　《大戴記小辨》　哀公曰『寡人慾學小辨以觀於政其可乎？』孔子曰『爾雅以觀於古，足以辨言』。其上句有循弦以觀於樂，故下句爾雅以觀於古，爾雅非書名。爾、正也。

雅為雅頌之雅

古　古訓也　《易大畜象傳》　君子以多識前言往行以畜其德　古訓即前言往行。

古言　《詩大雅抑》　『告之古言。』　毛傳古言，古之善言

故訓　《毛詩故訓傳》　《經典釋文》則或稱故言若干章，可証故訓、故言通。

《顔師古漢志注》　魯故（魯詩）二十五卷下注云『故者通其指義也，它皆類此。今流俗毛詩改故訓傳為『詁』字失真耳。《說苑》『詩無達詁』。章太炎《國故論衡》《明解故上下》，分故事、故言（明解故上，《書》《春秋》者記事之籍是以有故事；《明解故下》識其時制通其故言）即今日所謂訓詁之意。

故　《國語·周語》『太誓故』韋昭注『故』故事也　明解故上，太誓有故，猶春秋有傳焉。又《周語》下引《詩周頌》昊天有成命一章曰『昊天有成命二后受之，成王不敢康，夙夜基命，宥密於緝熙，亶厥心肆其靖之……夙夜、恭也，基、始也，命、信也，宥、寬也，密寧也，緝、明也，熙、廣

也，亶、原也，肆、固也，靖、龢也』。
東漢以前『讀』字代表訓詁之義，見《史記》《孔安國傳》孔氏有顧問《尚書》，安國以今文讀之。王國維云所謂『讀』即定其章句，通其叚借。
《漢書·藝文志》古文『讀』應爾雅故解，古今語而可知也。
《後漢書賈逵傳》：『逵數為帝書古文尚書與經傳爾雅詁訓相應』。賈傳詁訓即《漢志》所謂『讀』也。
㈡東漢經師所用訓詁名辭與今日所言訓詁相近。
訓詁名稱當始自東漢，訓詁方式大備於杜、馬、二鄭。
黃侃　於《制言》第七期　《訓詁畧說》　謂訓詁不外三法　1.互訓　2.義界　3.推因　結論：漢以前無訓詁名而有訓詁之實。
義界《禮坊記》禮者因人之情而為之節文，以爲民坊者也，《左宣十二年傳》夫武，禁暴、戢兵、保大、定功、安民、和衆、豐財者也（所謂武之七德）。此可證先秦有訓詁之事實。推因（推名物之來源推其得名之因）《孟子·滕文公》庠者，養也。《論語·顏淵》政者，正也。《說文》天，顛也。
以今釋古　《孟子·滕文公》《書》曰『洚水警予』。洚水者，洪水也。
以雅言釋方言　《左宣四年》『楚人謂乳、穀，謂虎於菟（指鬥伯比子，今尹子文）』。
《後書賈逵傳》　雖為古學（指《左傳》）兼通五家穀梁之說（五家即尹更始、劉周慶、丁姓、王彥）
又云詔令撰歐陽、大小夏侯尚書　古文同異，逵集為三卷，帝善之。後令撰齊、魯、韓詩文毛氏異同。
劉師培中國文學教科書（今在劉氏遺書中）三十三課論漢宋訓詁學釋例。漢儒六經諸子咸有注釋，大抵因其文難解之故耳。鄭玄曰『述謂訓其義也。』又曰『述謂述其古事。』又曰『就原文字之聲類，考訓詁，捃秘逸』則訓義、述事乃鄭君說經之例，亦即漢儒說經之例矣。然則訓義，較述事尤難，故漢儒之學亦以訓詁為最精。

㈢為訓詁立一新界說

先舉『錄』字為例　錄之本義《說文》錄、金色也　今則用作記『錄』之意。漢捕繫曰錄，決獄曰錄囚。錄之借義，借為刻木彔彔之彔。

鏤鏤、鏤鎪、離婁皆有雕刻空明之意（亦同屬來母字）。『錄』古韻在屋部　『鏤』古韻在矦部　屋、矦二部互為平入。

契本義為刻，引申為契約，契刻有束約意。

《荀子修身篇》程役而不錄，楊倞注：『錄、檢束也』。

錄字由彔得來，彔由契字得義。

《漢書敍傳》宜頗攝錄盜賊。《晉書溫嶠傳》敦為大逆之日，拘錄人士自免無路。

『錄』聲轉為『慮』（錄慮雙聲）《莊子逍遙遊》今子有五石之瓠，何不慮以爲大尊而浮于江湖！司馬光注慮為結綴（亦束約之意）《說文》『錄』字段注　錄、叚借為省錄字，慮之叚借也，故錄囚，即慮囚。云庸錄者，猶無慮也。

字義衍壇，約別為本義與引申義，解說本義者謂之詁，詁者故也，所以推其原也，解說變義者，謂之訓，訓者順也，所以推其變也。

二　論訓詁學之名義

㈠各家對訓詁學之界說

黃季剛訓詁學之定義　黃侃《訓詁畧說》（制言）訓詁者用語言解釋語言之謂，至於以此地之語，釋彼地之語，或以今時之語，釋昔時語，斯固訓詁之所有事，而非構成之原理。蓋真正之訓詁學，即以語言解釋語言，初無時地之限域也。

李方桂說　關於字義的引申分化，我們現在關一部重要的著作，就是一部大字典，把每一字在古書中的用法和出處都寫出來。靠字典的字義，如許氏之因形取義，劉氏的音訓，都是不足為憑的。此類研究不患其材料之不多，但患其材料之不精確可靠，如果一字的音義的引申變化，從古到今清清楚楚地明了以後，有數十字就可以粗得條例矣，材多而雜，則有掩沒條例之虞。

字義的引申變化敝意可分爲兩類：一類是純粹的字義的變更與音無涉的，如『聞』古義為耳聞，而今語則變爲鼻聞（方言更有以聽當作嗅講的）。第二類字義的變跟着音變來的，如『量』（平聲），『度』（入聲）為動詞。『量』『度』（去聲）為名詞（聲調的變化亦屬音變）等，這是最簡單的。這種變化可以很複雜，與古代文法極有關係，不能只拿章氏『成均圖』的音轉條例來衡之，換言之古音部分極不相同之字，可以同從一語根演化出來，詞中別有條例，我們現在毫未得其門徑而已（度　廣韻十一暮、徒故切。法度『名詞』去聲，廣韻十一鐸，徒落切　度量『動詞』入聲）。

㈡聲韻學是歷史的語音學；訓詁學是歷史的語義學，而訓詁學必須依賴聲韻學。顧炎武答李子德書『讀九經自考文始，考文自知音始，以至諸子百家之書莫不皆然』。戴震《段氏六書音均表序》『訓詁、音聲相為表裏，訓詁明，六經乃可明』。錢大昕《段氏詩經韻譜羣經韻譜序》『古人以音載義後人區音與義而二之。音聲之不通，而空言義理，吾未見其精於義也』。

三　論訓詁與文字之關係

陳澧《東塾讀書記卷十一》小學一字有數義，古人取易見之義以造字形。許君即據字形以説字義。此有兩例：其一、字形即本義，許君説本義又説字形，如『止』下基也，象艸本初出有址（基之義與止之形相應）。永、長也，象水巠之長是也。

㈠以訓詁説明《説文》形體之隱晦而難解者。

如所説文『所』二斤也從二斤。所缺其音讀。大徐語斤切，則以與斤相近之音讀之，考『質』從『所』聲而經典每以斧質連文，與以物相贅義不相合（《説文》質以物相贅也）《公羊傳昭廿五年》，『君不忍加之以鈇質』。斧以斫人，質以荐㮟。秦策曰『今臣之㮟不足以當椹質，要不足以待斧鉞』。釋宮『椹』謂之虔。《説文》不錄，蓋枕之別體，猶『媅』又作『妉』矣。凡横於下可作荐者，皆謂之『枕』《素問》《骨空論》曰横骨為枕。《小爾雅》曰『軫』謂之枕，是也。斧質用以莝艸。《公羊襄廿七年傳》曰夫負羈縶，執鈇質從君東西南北。其單言質者《韓非小過》曰公宮令捨之堂，皆以錬銅為柱質。《墨子備城門》曰爾柱同質，此以質為礎基也。《穀梁昭八年傳》置旃以爲轅門，以葛覆質以爲槷此以質為閫限也。《九章算術少廣篇》劉徽注張衡語：立方為質，立圓為渾（渾即軍，軍本圓圍之義，則質以立方得名，即『所』字也。斤背後刃薄作正面形，兩斤顛倒相輔，即成立方，此所從二斤之誼也。

㈡以訓詁發明商周古文字之形體，訂正說文之誤解

如『元』《說文》元、始也從一從兀（小徐本作從一兀聲、非）。按甲骨文、金文『元』字皆作[illegible][illegible]等形與小篆無異，但甲骨文、金文從元字偏旁則『元』『兀』多不分。如寇從攴完，金文作[illegible]從人從攴在宀下會意，亦從元。又如『賓』《說文》從貝㝚聲其古文作[illegible]似從『元』。甲骨文作[illegible][illegible]金文作[illegible][illegible][illegible]

《左僖卅年傳》『狄人歸其元』。《又哀公十一年傳》『公使大史固歸國子之元』杜注並云，『元、首也』。《儀禮士冠禮》『始加元服』《曲禮》『牛曰一元大武』鄭注並云元、首也。

『元』之本義應訓為『首』，故漢時謂民曰元元，或曰黎元（猶言蒼生）。字或作『頑』。《益稷》『庶頑讒說』。頑即元元之『元』。故《史記》『易庶頑為諸衆庶。』頑猶黎元，元為人首，故後起之字有頑（說文頑、棞頭也），有顛（說文顛、大頭也），有顯（說文顯、顛頂也）。

《說文》『兀、高而上平，從一在兒上』。元、兀古本一形之變，義亦應與元同，故其後起字有髡（說文髡、鬄髮也，或作髡，兼取元首棞頭之義）。

故元為人首，訓『始』非初義。

又宜《說文》『所安也，從宀之下一之上多省聲。』䛠古文宜，𡧯亦古文宜』。按甲骨文宜作[illegible][illegible]金文作[illegible]亦作[illegible]與《說文》古文同。

《詩鄭風・女曰雞鳴》『與子宜之』。毛傳『宜、肴也』又《魯頌閟宮》『是饗是宜』宜與饗對文見義，

此與宜之本義相近，蓋俎有大房俎之名。全牲或半牲在其中，如人之在房内。而□為全物側面形□正似房屋之側面形因其盛全牲或半牲故其物仿造房屋而製，正如豕廁之圂而甲骨文作□也『俎』與『宜』皆□之變。因金文有作□者與俎形相近也，故俎亦有肴義。《儀禮鄉飲酒》『禮賓辭以俎』。俎者，肴之貴者也。

王國維有《釋俎》見《觀堂集林卷三》。

籩豆大房即俎豆也。

金文大豐毁『王卿大宜』　貉子卣（治王牢於廠咸宜』

矢作丁公簋『乍作冊矢令隩俎於王姜』。噩侯鼎『王宴咸酉』。

《詩》『來燕來宜』燕、饗也。『宜』亦宴也、饗也。

卜辭《殷契萃編第十片》，乙丑卜，又𡚸於土芍□小宰。郭沫若云□字舊釋為俎。

案秦泰山刻辭『者產得□』。古□『國民和衆』，漢封泥『□春左園』，《說文》□古文『宜』均是宜字。宜有肴義，當由用牲之法來。

㈣論訓詁與聲音

音有變遷，然文字不能表示。研求古音，亦不可自不能代表語言變遷之文字中研究，可籍轉注、叚借以求。以轉注、叚借解釋中國文字之孳乳、演變與語言之分化。

轉注—代表語言流變，一語詞表一意義。語詞因地域、時間之分，意義雖不變，而以其他音素為代表。就文字說，甲地以此符號記錄，而乙地用另一符號表示，而二者意義相等。

一義以多字代表，而此多數字率由一語言轉變得來，此多字皆本字所不同者，為音素問題。

叚借—一義本可以造一字，代表語詞，然不另造字而以一聲同之字代表之（使他字分擔此語詞）。或語詞原有相當本字，然遺去本來符號，而以另外符號為代表。

章太炎《轉注叚借說》（《國故論衡》）。

『余以轉注、叚借悪為造字？則汎稱同訓者，後人亦得名轉注，非六書之轉注也。同聲通用者，後人雖通號叚借，非六書之叚借也。蓋字者，孳乳而寖多，字之未造語言先之矣。以文字之代語言，各循其聲，方語有殊，名義一也，其音或雙聲相轉，疊韻相迆，則為更制一字，此所謂轉注也。孳乳日繁，即又為之節制，故有意相引伸，音相切合者，義雖少變，則不為更制一字，此所謂叚借也』。

研究訓詁學首須破除轉注、叚借之障礙（可從古音入手）。戴東原所謂以聲音通訓詁，意即在此。

戴震《六書音均表序》『訓詁音聲相為表裏』。段玉裁《廣雅疏證序》『治經莫重得義，得義莫切於得音』。又曰『轉注、叚借二者馭形者也，音與義也』。王引之《經義述聞序》『引王念孫曰，訓詁之指，存乎聲音，字之聲同聲近者，經傳往往叚借，此皆主以聲音通訓詁者也』。

轉注例說，逆、迎也。関東曰逆，関西曰迎。逆、迎皆本字，二字同源，且有聲音上之関係（魚陽對轉）。同兩部韻主要元音相同（或相近）則收聲亦相近。

《廣雅疏證序》　『聖人製字，有義而後有音，有音而後有形，學者考字。因形以得其音，因音以得其義，治經莫重於得義……』。

依高本漢語辭類符號迎、逆二字主要元音 a 同，惟一加鼻音 ŋ 一不加鼻音而已。

又《說文》『芋、大葉實根駭人，故謂之芋。』《說文》『莒、齊謂芋為莒』。
芋、王遇切（普通語）屬見紐字，莒、居許切（齊方言）屬喻紐三等字。芋、莒古音同屬模韻，故芋、莒聲紐異，韻部同。喻紐三等字係由匣紐變來。

匣、見二紐関係 匣紐k（牙音）見紐g（喉音）｝今日解釋同為喉音發音部位同，發音方式不同。見為爆裂音，匣屬摩擦音。可參閱章太炎『古雙聲說』。

莒、芋主要元音同 只莒無w合口介音，但o即為合口，故w有無無関。

叚借例《詩鄭風緇衣》『還予授子之粲兮』毛傳粲、餐也 粲《說文》為米六斗大半斗曰粲，倉案切。『餐』《說文》吞也，七安切。粲、餐爲同音叚借。

《詩周南葛覃》『害澣害否』毛傳害、何也。又《召南何彼襛矣》『曷不肅雝』。鄭箋曷、何也。『害』《說文》傷也，胡蓋切。『何』《說文》儋也，一曰誰也，胡歌切。『曷』《說文》何也，胡葛切。害、何、曷為同音叚借。

害古音在祭部，曷古音在祭部，何古音在歌部，三字皆匣紐字，主要元音亦同。

『盇與何不』《檀弓》『子蓋言子之志與公乎』鄭注『「蓋」皆當為「盇」 盇、何不也』。《國語魯語》『君盇以名器請糴於齊』韋昭注『盇、何不也』

盇古音屬帖部匣紐，何字見前。『不』、古音屬咍部幫紐，『何不』疾言為盇。

『對』與『答』《尚書說命》『敢對揚天子之休命。』偽孔傳對、答也。《詩桑柔》『聽言則對。』鄭箋對、答也。《禮記燕居》『子貢越席而對』。鄭注、對應也。《儀禮鄉射禮》『既發則答君而俟。』鄭注答、對也。《書顧命》『用答揚文武之光訓』金文每有『對揚王休』之語。《詩小雅雨無正》『退』『遂』『瘁』『誶』『答』『退』為韻　是對、答二語同根相轉。『對』古音屬沒部端紐、『答』古音屬合部端紐。對對為二字，漢文帝改對為對（見說文）非也。

《方言》黨、曉、哲、知也楚謂之黨或曰曉，齊、宋之問謂之哲（注：古書中往往知（智）哲通用。《書皐陶謨》『知人則哲』《史記》夏本紀作『知人則智』。『能哲而惠』，《史記》作『能知而惠』）《說文》』哲『知也陟列切。哲古音屬祭部端紐，知陟離切，古音屬支部端紐，黨多朗切，古音屬陽部端紐。

知與哲為轉注，知與黨為轉語，知、哲、黨可謂之同根（註：今人謂知曰『懂』其黨聲之轉也，黨、陽韻，懂、東韻。古韻東、陽最近通押）。

聲訓　訓詁字與被訓詁字聲音有密切関係，以聲音相同相近而作訓釋。

對、答也，逆、迎也，粲、餐也，壺、觚也，此是本聲音自然流轉，以叚借現象而用訓詁方式表示。訓詁字與被訓詁字相同相近，此是聲訓之一種，今研究聲訓問題不及此種。

今討論聲訓解釋名物之由來（命名之由來）如『庠』、養也（多偏於主觀）。

章太炎語言緣起說　語言之初，當先緣天官，然則表德之名最夙矣。然文字可見者，上世先有表實之名，以次桄充而表德、表業之名因之。後世見有表德表業之名，以次桄充而表實之名因之，是故同一聲類，其義往往相似（注：章太炎語言緣起說何以言馬？馬者武也…何以言人？人者仁也…此皆以德為表者也…。水之言準，火之言毀…金之言禁，有形者大抵皆爾…實、德、業三 各不相離。人云、馬云是其實也，仁云、武云是其德也；金云、火云是其實也；禁云、毀云是其業也。一實之名，必與其德若與其業相麗，故物名必有由起。雖然太古草昧之始，其言語惟以表實，而德業之名為後起，故牛馬名最先，事武之語乃由牛馬孳乳以生。世稍文，則德業之語早成，而後施名於實）。

《劉熙釋名》為純訓詁書。《釋名序》『自古造化製器，立象有物以來，迄於近代，或典禮所製，或出自民庶，名號雅俗，各方名殊，百姓日稱而不知其所以意，故……論敘指歸謂之『釋名』』。

舉例《管子水地篇》云水者，萬物之準也，《白虎通義》云水之為言準也，萬物本均有準則也。

《說文》水、準也 《周禮考工記·栗氏》『權之然後準之』鄭汪故書準並作水。水、準二字是否相近，先以目治。

《說文》準、平也，從水隼聲。按隼即鵻（職追切）之或體。準陽聲，古韻在魂部。隼、陰聲，古韻在脂部。《詩小雅沔水》『沔彼流水，朝宗於海，鴥彼飛隼，載飛載止，嗟我兄弟，邦人諸友……』

水、隼、（準）弟同叶『準』。水、準二字聲近韻同。

章氏語緣起步驟實（名）{業／德}名（實）。《釋名》所釋乃第二『名』。

又『未』《說文》『未、味也，六月滋味也。』《史記律書》『未者，言萬物皆成有滋味也。』《釋名》『未、昧也。日中則昃，向幽昧也。』《淮南子天文訓》『未者、味也。』各家聲訓互有差異。又如《說青、徐言風，踧口開脣推氣言之。『風』，放也，氣放散也。《文》『馬、怒也，武也。』《釋名》風，兖豫司冀横口合脣言之。『風』氾也，其氣博氾而動物也。

凡某物命名無以呼之，恆以其事業德行命名。

以聲音通訓詁之專書《轉語二十章》戴震，《文始》章太炎，《釋大》王念孫　殘篇。

漢語辭類　高本漢（B e r n h a n d　K a r l g r e n）

戴震《轉語二十章序》人口始喉下底脣末按位以譜之，其為聲之大限五，小限各四。於是互相參伍，而聲之用備矣。參伍之法，台余予陽自稱之詞（《爾雅釋詁》卬吾台予朕身甫余言我也。台朕賚畀卜陽予也）。在次三章，吾卬言我亦自稱文詞，在次十有五章，截四章為一類，類有四位，三與十五數其位皆至三而得之，位同也。凡同位為正轉位同為變轉……凡同位則同聲，同聲則可以通其義。位同則聲變，而聲變而同，則其義亦可比之而通（注：　戴震轉語釋補　曾廣源著。）

大限五—謂發音部位（喉舌唇齒牙）小限四—謂發音方法有四。

四位—閉塞塞擦之不吐氣者為第一位，如見、端等，閉塞塞擦之吐氣者為第二位，如溪、透等　鼻音為第三位，如疑、影、喻（按戴氏以影喻二紐為鼻音）泥等摩擦音為第四位，如曉、匣、心、邪、非、敷、奉等（按戴氏於非、敷、奉從今音）。

五限—喉牙　見　溪羣　影喻　曉匣

舌頭　端　透定　泥　來

舌上　知　徹澄　娘　審禪

正齒 照 穿牀日

齒頭 精 清從 疑 心邪

輕重脣 邦 滂並 明微 非奉敷

義近釋轉亦相同。

《廣雅疏証釋詁》『佳、大也』疏証云善猶大也，善謂之佳，亦謂之介，大謂之介，亦謂之佳，佳、介語之轉耳。

又『封、大也』疏証云封、墳語之轉，故大謂之封亦謂之墳，冡謂之墳，亦謂之封。『冡』大也。義同，聲轉亦相同。

《廣雅釋器》『湔、濯滫也』疏証云『《爾雅釋木》『梢、梢櫂』郭注云『謂木無枝柯，梢濯長而殺者。長謂之脩，亦謂之梢，亦謂之櫂。臭汁謂之滫，亦謂之湔，亦謂之濯，事雖不同，而聲之相轉則同也。

王念孫《釋大》（以聲紐作綱領頗進步）

第一見紐

岡、山脊也，亢、人頸也，二者皆有大義，故山脊謂之岡，亦謂之嶺，人頸謂之領，亦謂之亢。强謂之剛，大繩謂之綱，特牛謂之犅，大貝謂之魧，大瓮謂之頏，其義一也。剛、頸、勁，聲之轉，故强謂之剛，亦謂之勁，領謂之頸，亦謂之亢，大索謂之緪。岡緪亘聲之轉，故大繩謂之綱，亦謂之緪，道謂之堩，亦謂之吭。

此即擴大《廣雅疏証》之說法，將語言的轉變，意義的引申（語義的轉變），成一種比例（相印證），又能自然歸納，少有附會。

章氏語言緣起說，提出語根。

語言緣起說『如立一「為」字以爲根，（為）者母猴也』，猴喜模效人舉止，故引申為『作爲』其字則變作『僞』。凡作爲者異自然，故引申為詐僞。凡詐偽者異真實，故引申為譌誤其字則變作『譌』。『為』之對轉為『蝯』，『僞』之對轉復為『諼』矣。

章氏以此法貫通說文内六千餘字，其較前人進步者，即㈠提出語根；㈡尋求字之演變孳乳，以糾前人漫無涯涘之弊。（『為』根據甲骨文、金文為手牽象之形乃作爲之意《說文》釋誤）。

章氏《文始》敍例　音義相讎謂之變易，義自音衍謂之孳乳。（注：孳乳重在義之引申，變易重在音之對轉）。例如《文始》一『為』對轉『寒』變易為『蝯』，母猴好爪動作無猒故孳乳為『僞』。

《文始》說法過於武斷，以《說文》初義即為語言本義極不可據，且與事實不盡合。

李方桂答沈兼士《右文說在訓詁學上之沿革及其推闡》『……如章氏之立（為）為根。（為）母猴也，於是就認猴是最初義，這是很武斷的。『為』字的形就算他最初是猴，但是為字的音是最初有『作爲』義，還是有猴義，實在是不能定。從『作爲』義不易造音符，於是從猴義得形這是很可能的。從語根上立論，猴義之『為』，與作爲之『為』是否有関，還不能說。既使有関，猴義也可以從『作爲』義引申出來』，李氏批評頗允。

《文始》一書今可斷章取義讀之。

高本漢《漢語類》優點有四

一、求語根，除用漢字外，且能更給予語言上的認識。

二、分析音綴極為詳細，如『光』k為音首，u為音頸，a為音腹，ŋ為音尾。首尾屬輔音，音頸屬介音（洪細開闔），a為主要元音。

三、高氏特別注重收尾輔音。以前戴東原已能區別m n ng三音（知陽聲輔音收尾分此三大類）。陰陽對轉，陽聲轉陰聲語尾消失，陰聲轉陽聲增加語尾。如歌（a）轉寒（an）a + n即得，寒轉歌『an』中去n即得。

中國古韻家認為陰陽對轉即增加（陰轉陽）與減去（陽轉陰）語尾。高氏則謂陰陽對轉並非語尾消滅，而大部分在語尾變化，並發現脂部收音有r，脂iar文an對轉。前人謂脂陰聲無語尾，高氏則謂脂有收尾輔音r。r與n極易對轉。

四、分中國語詞為三組，先以收尾輔音為主，次注意音首分四大類。

1. K k′……音首
2. t k′ d d′ t s t z
3. n e l
4. m p b

音尾
ŋ k—g—z
n—t—đ—r
m—p—b
B 表

A m p b

B k k′ t t′ d n n l m p b

共歸納二千餘語詞，列為十表。音首根據B表，音尾根據A表，凡無收尾輔音（歌部字與魚部字之一部分無收尾輔音）之語詞，則棄而不用。

研究語言當重意義，然高氏並不注意意義。二千餘字中或以五六十字或以三四十字（間有十餘字者）為一『語族』，過於氾濫，須俟將來比較研究方能清楚。高氏雖云此是初步範圍，即此初步範圍亦嫌太大。故高氏此書頗有大膽的嘗試，只是一个實驗，而非完成之作品。

高氏並提示語詞的變化與文法上之関係。如從（動詞）蹤（名詞）語族包括範圍太廣 如H 條 P 音首，N 音尾 貝、拜二字。貝、拜 同音，而語言毫不相関，高氏以古文字曲証拜、貝有関。

高氏謂貝為古時作貸常用之貝殼 拜乃携貝殼作贈獻呈之珍品。拜字原始意義在古器物刻文上之題示係表明一人呈獻數串貝殼。

阮元積古齋鐘鼎款識 引江德量（江秘史）。高氏以爲後簡作又可作倗然非拜字實是朋字（五貝為朋）。音讀為朋，意謂賜貝即《說文》輔也之倗字。

麟按。商承祚《殷虛書契類編第八》『倗』字下云『貝五為朋，故有『倗』字從之。後世友朋字，皆叚朋貝字為之，廢專字而不用。幸許君尚存之于《說文解字》中，存古之功可偉也』。古金文中友倗字多與卜辭合，望敦作入拜，僤鼎作入拜。

拜《說文》作捧，金文作，揚雄作（從雙手下拜也。隸書之拜字蓋從揚氏寫法得來）。『拜』字吳大澂謂即《詩》『勿翦勿拜』之『拜』即『拔』也。象拔艸狀。故高氏之說非。

又如l—n以輬、輛、轢、輳為一語族。高氏稱輛乃通釋 原於兩乃俗說（但無確據），意謂輬輛轢輚皆一聲之轉，同表車輛踐地之意。然《說文》中無『輛』字 古書中多用『兩』字 如詩『百兩將之』『百兩迎之』，應劭《風俗通》謂一車為『兩』以其兩輪之故（兩即兩馬駕車之謂，猶四馬駕車曰乘也）。

輬、輛聲近而語言則毫無関係。輬亦後起字，《漢書霍光傳》（六十八卷）載，光屍柩以輼輬車。師古曰『輼輬本安車也，可以臥息』。《說文》輬、臥車也。轢，《說文》車所踐也，故高氏之說亦未為得。

五、論訓詁之起源

訓詁起源　1.語詞之變　2.文字—轉注、叚借之障礙　破除以上二種之障礙，乃有訓詁。又推字之本原（得名之自），亦訓詁起源（此種方法較後）。

㈠語詞之變遷　揚雄《方言序》　初別國不相往來之言也，今或同，而舊書雅記，故俗語不失其方，而後人不知，故為之作釋也。明陳第《讀詩拙言》一郡之內，聲有不同，繫乎地者也；百年之中，語有遞轉，繫乎時者也。

語詞之三種變化

1.語音之轉移—即同一語言因時地之不同其義不變而音變，但語根相同。

2.語義之變遷—即同一語言因時地不同其音不變或小變而義變。變化有二種(1)變義（變化極多甚至變為相反義）(2)引申。

3.詞匯之不同—即同義不同音之兩種語詞，因時地之異致產生甲時代、甲地域用某一語詞，乙時代、乙地域則用某一毫無同根関係之另一語詞。如甲地稱『桌』乙地稱『案』丙地則稱『檯』。

1.語音轉移舉例　《說文》尗、豆也　尗象豆生之形也。豆本象器皿之形　段玉裁注《說文》登字曰周人之文皆言『尗』少言『豆』者惟《戰國策》張儀云韓地五穀所生非麥而豆。《史記》作『菽』。吳師道《戰國策》校注云古語祇稱『菽』，漢以後方呼『豆』。若然則豋、登字蓋出漢製乎（注『豋《說文》豆屬，「登」《說文》豆飴也）

章太炎《新方言》謂豋、登二字可能戰國時有謂菽與豆為古今語，猶之《說文》俶（善也）俶（氣出土即『透』的語言　昌六切）皆訓『始』。但『始』非二字本義可知古代有作『始』的語言將俶、俶當作音符看待。

《傷寒論》云『初「頭」鞭後必溏』。『頭』即始意。可見漢代亦將頭字作始的意義。頭今語，俶古語。又《說文》『于、於也』二字在漢代通用。『于』見於《詩》《書》　『於』見於《論語》。

又『衣』『殷』二字皆代表祭祀又代表朝代，二者有密切関係。

(1)作祭祀義《殷虛書契前編》二卷廿五頁二版　自上甲至于多后衣止尤。『大豐敦』衣祀于王不顯考文王喜（饎）上帝。　孫詒讓《古籀餘論》中大豐敦『衣』字二、見以文義推之並當為『殷』之叚字。《說文》『殷從㐆從殳』與衣音近，故叚『衣』為『殷』。《禮記中庸》壹戎衣即《書·康誥》殪戎殷是其証也。殷祀謂禘祫。上云『王衣祀于王，不顯考文王下云『三衣王祀』義亦正相承貫。『三殷』不知何義，或即指祖宗及大祖，后稷而言欤?

(2)作朝代義

《公羊文公二年》傳『五年而再殷祭』何休注殷、盛也。

卜辭無『殷』字。殷朝之殷本自郼地得名。卜辭皆稱『商』，如大邑商。殷之名當起於盤庚遷都之時，經典與金文多用『殷』字亦偶有用『衣』字者。《尚書康誥》『今治民將在祇遹乃文考，紹聞衣德言。往敷求于殷先哲王，用保乂民』僞孔傳訓『衣』為『服』，言服刑其德。王引之《經義述聞》已駁其誤，惟王氏以衣讀若《少儀》『士依於德』之依亦未當。今按『衣德』即『殷德』與下文殷先王哲相應，至言服行《尚書》自用『服』字如《康誥》『明乃服命』是也。金文如沈子𣪘念自先王先公迺𢻊克衣（殷）。《呂氏春秋》《慎大篇》夏民親郼如夏。高誘注郼讀如衣，今兗州人謂殷氏皆曰衣。

『衣』祭名　商及周初用之。『殷』語音之變，周初以後用之。

衣郼　朝代名　商以後偶用之。殷，周及周後用之。

衣脂部，殷諄部，脂諄對轉。二者只收聲不同『衣』收聲為 r　『殷』收聲為 n 而已。以上因時代之轉異。

因地域之轉異——以通語釋方言（通語今通語、凡語　皆非方言）

例　《說文》逆、迎也。《方言》關東曰逆，關西曰迎。可知迎為通語，逆為方言。

《方言卷二》㜜、獪也，秦晉之間曰獪，楚謂之㓷，或曰㜜，楚鄭曰蔿。郭璞注亦獪聲之轉也。

《方言卷十》婠、獪也，江湖之間凡小兒多詐而獪，或謂之猾皆通語也。錢疏云『婠、獪古同聲』，《說文》話，籒文從會作譮，是其証也。

《方言卷十二》嫣、僈也　郭注爛僈，健狡也。

蹶、獪、姡古屬『曷末』部，蹶、十七薛　紀劣切。獪、十七興古邁切。姡、十五鎋　下刮切。蹶、獪、姡　就音標可看出其聲韻的關係。

猾　古屬『沒』部字，十四黠，戶八切。蔿，四紙，韋委切，嬀、五支，居為切。

獪（秦晉）

蹶（楚）姡　（江湖之間）

猾（江湖之間）

蔿（楚鄭）嬀（未著地名）

㈡語義之變遷

《爾雅》朕、我也　秦漢則用作皇帝之專稱。

例　墳墓　墳為大坊（古義）（注：《爾雅釋邱》墳大防）、《說文》墳、墓也（非古義乃後起義）。

墓、兆域也（從《御覽》引《說文》）。坋、塵也。百坋，大防也。濆、水厓也。

《方言》卷一　墳、地大也　青幽之間凡土而高且大者謂之墳。郭璞註，即大陸也。

《詩周南》遵彼汝墳，毛傳大防也。

《禮記檀弓上》『孔子曰：　古也，墓而不墳。』鄭注、墓謂兆域，今之封塋也，土之高者曰墳。《楚辭》

《哀郢》『登大墳以遠望兮。』王逸注水中高者為墳。《廣雅》《釋邱》墳、厓也。

《說文》墳、墓也。

《方言十三》冢、秦晉之間謂之墳。（郭注取名於大防也）……凡葬而無墳謂之墓，（郭注言不封也，墓猶慕也）。所以墓謂之𡉈，錢繹《疏證》云《說文》冢、高墳也，周官冢人掌公墓之地。郭注、西山經注云冢者、神鬼之取捨也。釋山云：山頂冢。釋詁云：冢、大也。鄭注云：冢封土為邱壟，象冢而為之。《釋名》云：冢、腫也，象山頂之高腫起也。是其義也。《廣雅》《釋邱》墳墓、冢也。王念孫云：自秦以前謂葬而無墳者為墓，漢則墳墓通稱，故《水經》渭水注引春秋說題辭云邱、墓也。

義之轉移

①因時代而縮小

先秦通語

墳　大防高土（詩、周禮、楚辭）。高起之墓，秦以後之通語。

　　別語（高起之墓），如列子天瑞『墳』如也。釋文墳如，如墳墓也。《周禮》有冢人有墓，大夫無墳人之官。可見墳之別義於先秦不甚通行。

②因時代而擴大

墓　秦以前皆以無墳為墓，墳墓（漢以後）通稱（義之引申）。

③因地域而擴大

《方言》墳、地大也　青幽之間凡土而高且大者謂之墳。按青幽之稱土而高且大曰墳，原本古語，然在漢時通語，僅稱高起之墓曰墳則為擴大。

④因地域而縮小

《方言卷十三》冢、秦晉之間謂之墳。按《說文》冢、高墳也。《周禮冢人》鄭注冢、封土為邱壟，象冢而為之。《釋名》云：冢、腫也，象山頂之高腫起也。據此可知特高之墳稱冢為漢人之通語而秦晉之間獨稱特高起之墓『墳』。可証漢人之通語於義為縮小。

㈢詞彙之不同

《日知錄》—古人謂倍為『二』（孟子卿祿二大夫）秦得百二，言百倍也，齊得十二，言十倍也。又云匈奴謂中國人為秦人，猶今言漢人耳……西域傳……師古曰謂中國人為秦人，習故言也是矣。

又夏曰『校』殷曰『序』周曰『庠』

《爾雅》《釋天》載、歲也。夏曰歲（取歲星行一次），商曰祀（取四時一終），周曰年（取禾一熟），唐虞曰載（取物終更始）。

『載』為語詞其義與『歲』無関　載、才、哉於義皆有相同點，『載』古音與『茲』同。

《左傳》　今茲魯多大喪，明年齊有亂　《孟子》今茲未能，以待來年　可見『茲』與『年』同義。故稱年、稱稔　皆由農事一年一熟得來。

歲　《說文》木星也。越歷廿八宿宣偏陰陽，十二月一次。郭沫若據古文字作進一步之解釋。可參攷《金文叢攷第八》毛公鼎年代一節，及《甲骨文字研究》釋歲，謂『歲』即『戉』之異文。

歲又有祭名之義。

祀、祭無已也。祭祀，年祀皆與『嗣』義有関。《公羊桓公八年傳》春曰『祠』何休注云『祠猶食也，猶繼嗣也，春物始生，孝子思親，繼嗣而食之，故曰祠』。《公羊定公八年傳》『定公順祀』何休注『見其相嗣不已，長久常然。』徐彥疏云『祀者無已，長久常存』。

郝懿行《爾雅義疏》按《尚書・大傳》引《書》曰『三歲考績』。是唐虞亦曰歲。《禹貢》之作十有三載。是夏亦曰載。《洪範五行傳》云維王后元祀。鄭注『王謂禹也』。是夏亦曰祀。《大傳》又引《書》曰，高宗梁闇，三年不言，是商亦曰年。《詩・殷武》云『歲事來闢』。是商亦曰歲《周禮・哲簇氏》云十有二歲之號。大史云『正歲年以序事』。是周亦曰歲也。然則此類蓋亦通名矣。

甲骨文有受年、有年、受黍年諸句、其中年字皆不作年歲之義。

『歲』甲文中皆作祭祀名稱，（皆見《天壤閣甲骨文存並考釋》）。

經典亦有此用法，如《墨子・明鬼》篇引古語曰歲于祖若攷，以延年壽。《尚書・洛誥》烝祭歲文王騂牛一，武王騂牛一。按此歲字亦應作祭義解，孔疏解為『歲首』既有增字解經之嫌，於文亦不辭。

此兩『歲』字皆與甲骨文所用之『歲義近』。

歲作年歲義

小臣它敦（成王時器）『其萬年用卿（饗）王出入』

曾姬無卹壺（出土於壽縣，字體與楚王酓章鐘極近，時代亦極近，同為惠王時物）。『隹王廿又六年』

金文之歲亦多作年歲義，今所見最早者如曶鼎（郭沫若定為周孝王時器，在西周中葉後）『昔饉歲』

又『來歲弗賞（償）』

又如甫人盨（東周前後）『萬歲用尚』。

又如甫人父匜『其萬人用』。郭氏《兩周金文辭大系》謂『人』字以彝銘通例推之，疑叚為『年』

今按同時，同人所作之器一用年，一用歲。

又如齊國之器㈠國差罐『國差立事歲咸丁亥』

㈡陳猷釜『陳猷立事歲口月戊寅』

㈢子和子釜『口口立事　歲口日丙午』

又如陳騂壺『再二立事歲孟各戊辰』

毛公鼎『用歲用政』。此歲字為本義『戊』

商器　豐簋『唯王六祀四日』

戊長簋『在十月唯王廿祀昔日』

大盂鼎（西周前期）『隹王廿又三祀』

吳彝　（西周中期『隹王二祀』

師遽敦（西周後期）『隹王三祀斯月既生霸辛酉』

驫羌鐘（戰國）『隹廿又再祀』

楚王酓章鐘（戰國）『隹王五十又六祀』

年祀並用　如畢叚敦（西周前期）唯王十又四祀十又一月丁卯……孫孫子子萬年用享祀

麟按『戉』者『戊』之異文，其字本作𢦏，象戊之形。由𢦏形變則為𢦏增點則為𢦏于省吾《殷契駢枝三編》有古兵器作◎形者，謂𢦏之兩點即◎之彎曲處也。此亦可備一說。𢦏當讀為歲，割也，謂割牲以祭也。

《書洛誥》『烝祭歲文王騂牛一，武王騂牛一』吾師唐立厂先生謂『此亦王𡧍之禮。烝即卜辭之王𡧍䒑

『祭』即卜辭之王𡧊夗，歲即王𡧊歲』。舊以祭歲連讀者誤。

麟按　蕭仲圭先生解『祀』字宗何休說，以爲祭祀、年祀皆与祠字有関。余意何說乃以聲訓附會者，非的詁也。按『祀』甲骨文作□□諸形從示從巳，巳者蛇也，上古艸居患蛇，由極端恐懼，而變爲崇拜奉之若神明。甲文又有靈妃，靈即巫，妃從女、從巳即女人弄蛇者，因以蛇為神，故每年致祭稱曰祀。又以年只一祭，故後人稱一年為一祀。

又何休注『祠』字曰『祠猶食也……繼嗣而食之故曰祠』。此類釋法，臆度附會殊不可解，按『祠』甲骨文作『□』從□乃人之倒文，表自天降下者，口者表言語也，祠原作司後增示作『词』始表祭祀之意。

按時代作表

甲骨文

祀　商

金文（豐簋　戊辰簋）　西周前期（大盂鼎）　西周中期（吳彝）　西周後期（師遽敦）　戰國（齊国器）

國 { 鷹羌鐘（韓）　楚王酓章鐘（楚）

歲　今所見最早者　西周中期（曶鼎）　東周前後（甫人盨）　春秋中葉後　國差𦉜（齊器）

年　西周前期（小臣宅敦）　下至戰國各國皆用極為普遍。

『祀』為商代用作紀年歲之語詞，至西周前期，穀熟之年亦用作年歲之語詞。歲字今可考者，至少可言西周中期已用作年歲之語詞。三語詞中『年』字最為普通，祀、歲二字比較少用，然周及韓楚（韓楚之用祀或為方言之存古者，或為摹古不敢斷定）。並兼用『祀』字。周與齊國亦兼用『歲』字，可見祀、歲二語詞在周以後亦為通語，不過較『年』字程度不同而已。今閱先秦典籍，祀亦尚有通用，如郝氏所舉至秦以後祀字漸廢而歲字亦成廣泛之通語也。

至於載、玆二語詞大約起於戰國初季。

因地域而分者

《方言五》甌、甂陳魏宋楚之間謂之題，自関而西謂之甂，其大者謂之甌。題，郭璞注今河北人呼小盆為題。

甌，錢烎謂甌與區有関。區、《廣雅》小也，故區語詞有小義。甌的語言係由『區』字得來。以舊日聲訓目光來看，可云甌之為言區也。

甂題　即匾匴，椑榹即錍匴。甂題聲轉為匾匴；椑榹聲轉為錍匴。

劉宋何承天纂文（今佚，《一切經音義》引有）匾匴薄也，今俗呼廣薄為匾匴，関中呼錍匴。

題今轉作楪、碟　參看《廣雅釋器疏証》題、甌甂也條，及章太炎《新方言卷六》。

語法之嬗變

語助字　《易・乾文言》曰　『或之者疑之也。』《公羊定公十五年傳》曰而者何，難也；乃者何，難也，曷為或言『而』或言『乃』，乃難乎而也。《公羊僖公廿六年傳》何休注　弗者不之深者也。

《詩周南・葛覃》『葛之覃兮施于中谷』毛傳中谷，谷中也。孔正義云，中谷，谷中倒其言者，古人之語皆然，詩文多此類也。陳奐《詩毛氏傳疏》『中谷、谷中』此倒句法『中谷有蓷』同。凡訓詁中多用此例。

又《詩》『既見君子，不我遐棄』孔穎達正義云：不我遐棄猶云不遐棄我，古人語多例，《詩》之此類衆矣。

語源之探求

《詩》《書》之中並無音訓材料，在晚周思想解放時之諸子百家作品始有音訓材料。

㈠以形傳義　《左傳宣公十二年》楚子曰『夫文，止戈為武。武王克商作頌曰載戢干戈載櫜弓矢』又曰『夫武，禁暴　戢兵、保大、定功、安民、和衆、豐財也』。

按『武』古文字及小篆皆從止從戈。止為足趾『武』之本義為荷戈征伐之意，故武有伐義。《春秋繁露楚莊王》篇及《古微書》引《春秋元命苞》並言武、者伐也。又《孟子・滕文公》下引《太誓》曰『我武維揚』。《左傳正義》引《書》馬融序作『我伐維揚』。『武』字又有『步』『跡』之義，如《詩・下武》『繩其祖武』毛傳『武，跡也』《國語・周語》『不過步武尺寸之間』。韋昭注『半步為武』。

㈡以音傳義（聲訓）《論語》政者，正也。已率以正，孰敢不正。按『政』甲骨文、金文皆見從攴從正。從攴者，驅馭管理之意，從正者，正從『止』，其原始文字為𠯑与足字同一形源，其本義為足趾。政之本義，蓋為長官役使人民之義，與馭馬、馭牛同。故引申為事、為職。《晉語》『敢歸諸下執政』註，執、事也　《漢書梅福傳》政者、職也。

又如《孟子》『征之為言正也，各欲正已也，焉用戰？』案《說文》所載正篆為『延』或体作『征』。金文亦有此兩体，其字從『辵』從『彳』從『正』皆取行動之意。故《毛傳》及《釋言》（尔雅釋言）皆曰征、行也。引申為征伐。訓征為正，當為《孟子》一家之言。《說文》解作正行，段氏依之，而以『征』為形聲包會意，均未安也。

義通：『君』《逸周書》太子晉解侯能成群者謂之君。《荀子王制篇》君者，善羣也。羣道得，則萬物皆得其宜，六畜皆得其長，羣生皆得其命。《韓詩外傳》『君者，何也，曰羣也。羣天下萬物而除其害者謂之君』。

如以上諸例知『君』字之義與美、善有関，訓詁學上稱曰『義通』。

俞樾《群經評議》美、善，君也。

《詩終風篇》其君也哉　先秦兩漢以來皆釋以群意似不恰當；若云美善之意則明文訓詁亦無。《詩經》『文王烝哉。』毛傳烝君也。韓詩，烝、美也『洵直且侯』。毛傳『侯、君也』。韓詩『侯、美也』。

（《詩・大雅》）克明克類，克長克君。

『君子』《白虎通》　君、群也　《莊子天下篇》薰然慈仁謂之君子。

美、大、君（君王）義通。

皇　訓為君，又訓為美，又訓為大。《白虎通》『皇、君也、美也、大也。天人之揔，美大之稱也』。

正如訓為『君』又訓為『美』（《廣雅》）。又訓為『大』（爾雅）。

長　之訓為君（《廣雅》）《周語》『古之長民者』韋昭注，長、猶君也。又訓為善（《廣雅》）而張訓為大（《廣雅》）。

侯　訓為君（《爾雅》）又訓為美（《鄭風羔裘》洵直且侯）《釋文》引韓詩『侯、美也』。

字體之差異（文字之訓詁，以文字之体類差別而產生）

1.古今用字習慣之不同（古今字）

古今字術語，鄭玄已用之，《曲體》鄭注『余、予古今字』魏張揖有《古今字詁》（今佚）

古今字分二類

①　同一字之古今構造不同（即以今體釋古體）

如《說文》舄、䧿也　象形。『䧿』篆文從隹、昔聲。《廣雅釋器》鬴、釜也《說文》以釜為鬴之或体。段注舄字曰『此以今字體古字之例。古文作舄，小篆作䧿……

②　非同一字而古今各用一體，傳注家以同音、同義而為訓詁。

《說文》于、於也。段注凡《詩》《書》用『于』字，《論語》用『於』字。蓋于、於二字在周時為古今字，故釋詁毛傳以今字釋古字也。

《廣雅·釋詁》『予、與也』。王念孫疏証或謂予、與二字同聲不當並見。案《爾雅》云『輔、俌也』『嗟、蹉也』『迺、乃也』《廣雅》云『壹、弌也』，『煖、煗也』若斯之類皆同聲而竝見。蓋古今異字必以此釋彼而其義始明。『予』之訓『與』亦猶是也。《廣雅·釋器》鬴、釜也條下《疏証》亦主此說。

《廣雅・釋艸》『葠，地精人參也』王引之疏証『案古人詁訓之體不嫌重複，如崇高字或作嵩，而《爾雅》云『嵩、崇貴也』篤厚字《說文》作『竺』而《爾雅》云『篤、竺厚也』。《字林》以䐗為古『嗟』字，而《爾雅》云『䐗、嗟也』孫炎以『遹』為古『述』字《爾雅》云『遹、述也』若斯之類皆所以廣異體也。

《說文》『舄、誰也』即雀字。舄、雀為一字。舄字形寫法，誰形聲寫法。

『於』乃古文『烏』，本象形。以於、于二字語音相同故相叚借，而『於』之本義晦。

王筠《說文釋例》謂異部重文如『往』，彳部。『迬』，辵部二字實一字。

《廣韻》十五海『乃』語詞也，汝也『廼』古文。

廼、乃古今字　就字體言『乃』較『廼』為古，就字之使用言『廼』較『乃』為古。《書・堯典》『乃命義和』《漢書麻志》作『廼命義和』《詩・緜》『廼立冢土。』《周禮》《太祝司農注》作『乃立冢土』。

石鼓文、繹山碑皆以『廼』為『乃』字。

金文有『乃』『廼』二字，但字義不同。『廼』之義與後之『乃』義同。『乃』字則大率用為第二人稱代名詞之領格，如矢簋『廼命曰，今我隹命汝二人亢眔矢爽右于乃寮，以與乃友事』

《爾雅釋言》遹、述也。《說文》述、循也，遹、回辟也。段注『述』字曰『古文多叚借「遹」為之，如《書》『祗遹乃文考』《詩・遹駿有聲》『遹追來孝』。釋言毛傳皆曰『遹、述也』是也。孫炎曰

『遹』古述字，蓋古文多以遹為述，故孫云爾，謂今人用『述』，古人用『遹』也。凡言古今字者視此。

《詩》『遹修厥德』。《漢書東平思王傳》作『述修厥德』。按金文有『遹』字，如宗周鐘『王肇遹省文武勤强王』。今文又有述字如小臣謎簋『述東』述借為遂。遂東，往東也。

假借轉注

一、假借⑴本無其字之假借（暫畧）⑵本有其字之假借（通借別字）。

本有其字之假借

王引之《經義述聞卷卅》《經文假借》『經典古字聲近而通，則有不限於無字之假借者，往往見存，而古本則不用本字而用同聲之字。學者改本字讀之，則怡然理順。依借字解之，則以文害辭。是以漢世經師作注有『讀為』之例，有『當作』之條，皆由聲同聲近者，以意逆之而得其本字，所謂好學深思，心知其意也』。

按古書通借之由來　鄭玄言之最明。《經典釋文》條例引鄭康成云『其始書也倉卒無其字，或以音類比方，假借為之，趣於近之而已。受之者非一邦之人，人用其鄉同言異字，同字異言，語兹生矣』。鄭玄《周禮序》『就其原文字之聲類考訓詁，捃秘逸。捃秘逸者，指尋出其本字而言。王念孫、引之父子，段玉裁皆發明鄭氏之說者，本鄭氏之精神，而發揚光大者也。

《周禮秋官薙氏》鄭注『薙、讀如鬀。小兒頭之鬀，書或為夷。此皆翦艸也。字從類耳』。賈公彥不知類即聲類，而云『人髮之鬀以髮，薙艸還草下為之，故云類也』誤矣。鬀、夷、薙音近義通。

又如陵遲或作陵夷《漢書王嘉傳》『法度陵遲』。師古注，陵遲即陵夷也。遲《說文》頓行也，夷平也，遲、夷古音相近。

本字字義與字形相符　如『餐』《說文》吞也，從食𣦼聲（形聲字）。大體言之可以《說文》為根據（《說文》對每一字所下訓詁定義）。《說文》宗旨為『是正文字，確定義界』然『遲』雖為別字而『夷』亦非本字。夷的字形與平之意義並不符合（『夷』《說文》《卷十·大部》夷、東方之人也，從弓從大）二徐本，作夷、平也，從大弓，東方之人也。段注本則謂夷、東方之人，從大從弓，無『平也』二字。蓋夷之字形本義為東方之人，作『平』字解釋，乃後起義。段注本乃根據韻會小徐本。今小徐本乃張次玄所修。

故假借有二種　1. 求本字如餐

2. 非本字夷。遲雖是別字，夷亦是別字然夷作『平』義通行已久，『遲』作平義通行未久，故陵遲二字必以陵夷為之作解。

轉注　章太炎《國故論衡轉注假借說》云『轉注者繁而不殺，恣文字之尊乳者也』。因轉語而造字謂之轉注，如『迎』『逆』本一字，因地域不同各本鄉音造字而成爲兩個專字。

如尟《說文卷貳下是部》『是、少也。尟俱存也，從是少。賈侍中說』。《唐韻》蘇典切，音選。『是少也』不詞，『尟俱存也』猶不通。段注校本作『是少、逗，俱存也　注此釋上文是少之意是此也。俱存而獨少此，故曰是少（仍不可解）。注又云《易繫辭》『故君子之道鮮矣』。鄭本作『尟』云，少也。又尟不及矣，本亦作『鮮』，又釋詁，鮮、善也本或作尠。尠者尟之俗。

《釋名》釋疾病『癬、徙也。浸淫移處日度也。故青徐謂癬為徙也。

阮元《揅經堂集卷一》《釋鮮》，謂鮮與『斯』相同，又《說文》霹讀如誓 《詩》有『兔斯首』（斯、白也）。鄭箋謂『斯、鮮也』。齊魯之間鮮聲近『斯』 故『鮮民之生』即『斯民之生』。鮮，寒部，斯、徙 齊部，二部混而不分，『是』字亦齊部字。

《荀子・正名篇》頗有助於訓詁，其作是篇乃針對當時詭辯家而言，如『今聖王沒，名守慢；奇辭起，名實亂是非之形不明，則雖守法之吏，誦數之儒，亦皆亂也……異形離心交喻：異物名實玄，紐貴賤不明，同異不別，如是則志必有不喻之患，而事必有困廢之禍（奇辭指詭辯，異形指文字，異物指文字代表之意義）。

《公羊傳》即受正名影響，而給予每字以一確定之界說，如『車馬曰賵，貨財曰賻，衣被曰襚』又如『天子曰崩，諸侯曰薨，大夫曰卒，士曰不錄』等是也。

《墨子》亦含正名之義如『盡莫不然也，或也者不盡也，信言合於意也』其他各家無不含正名之義，惟儒家標榜最盛耳。

六、論訓詁之方式

訓詁之目的本在易曉釋難識，以已知解未知，以常見釋罕見，以直言易曲語。語言之事，甚為複雜，然欲達到此目的，絕非易易，必採各種途徑，始克為功，此訓詁之方式也。

訓詁方式至繁，若詳加分別，則遽數之不能終其物。且一種訓詁往往佔有兩種以上之方式，強為之分，則不免顧此失彼，故學者於此皆無完善之分類。今暫採朱宗萊《文字學形義篇》《訓詁學要一章中》

所分之七大例而去其『形訓』一例，共為六類，酌增子目。

一、　義訓　按義訓一辭，本對形訓、音訓而設，實則形訓乃訓詁偶然之事，不足單為一類。（音訓乃義以外而有聲音関係者）蓋訓詁本在意義，因無所謂義訓、非義訓，嚴格言之，義訓之名頗不妥善，此編以綱目所関，暫用此名，然不足為訓也。

1.直言其義之例　即直言其字訓某字者；以一字釋一字為常例。如《毛傳》『述、匹也』《爾雅》『初、始也』毛傳『洸洸、武也』，《春秋公羊傳》曰『京師者何？天子之居也，京者何？大也。師者何？衆也。天子之居必以衆大之辭言之』。

2.陳説其事之例　劉師培曰『有以一事釋一字之義者，則多用『為』字以爲確指之詞，亦有用『謂之』者，其例亦同』。如《爾雅》『善父母為孝，善兄弟為友』。賈逵《左傳解詁》『貪財為饕，貪食為餮』古傳『一宿為信』。孔氏《論語》注『阿黨為比』。

3.以狹義釋廣義之例　劉師培曰『有以數字釋一字之義者，此由一字所含之義甚廣，非一字所能該』。又曰『有言某謂某義者，則必本字含義甚廣，而注文以狹義解之』。如《周禮》『體國經野』。鄭玄注曰『經謂為之里數』。

《尚書・大傳》『食者，萬物之始，人事之本也，故人政先食』。

《禮・樂記》『故曰：樂者，樂也。君子樂得其道，小人樂得其欲』。鄭玄注曰『道、謂仁義也；欲、謂邪淫也』。

何休《公羊解詁》曰『去惡就善曰進』。

有舉一字而申其用者，如禮記云『禮者，用人之情而為之節文，以爲民坊者也』。

有舉一字而窮其義者，如《左傳》『夫武、禁暴、戢兵、保大、定功、安民、和衆、豐財者也』。

4. 遞處相為訓之例

劉師培曰『此由本義難明，惟既以彼字訓此字，則彼字所含之義亦為此字所兼有矣。

《禮記》曰福者，備也，備者，百順之名也。《尚書大傳》曰『征伐並用搜狩以閑之，閑之者何？貫之，貫之者何？習之。

《莊子·齊物論》『庸也者，用也，用也者，通也；通也者，得也』。《鬼谷子》《抵巇篇》『巇者罅也；罅者桓也　桓者成隙也』。

5. 增字以釋之例　此例皆為發揮整句之意，嚴格論之不能成立。蓋訓詁本在詮釋，由一句中提出之單獨語詞不在章句，以古人於釋語詞之外，兼有牽連以釋章句之全體者。故隨便列之。如詩『窈窕淑女　君子好逑』毛傳曰『窈窕、幽閒也，淑、善，逑、匹也。言后妃有關雎之德，是幽閒貞專之善女，宜為君子之好匹』。

《周禮·天官冢宰》『辨方正位』鄭衆曰『別四方正君臣之位，君南面，臣北面之屬』。又《天官·冢宰》『一曰治典，以經邦國，以治官府』。鄭注『典、常也。經也，法也。王謂之禮，經常所秉以治天下也。邦國官府謂之禮法，常所守，以為法式也』。

《孟子》曰『《詩》曰雨我公田，遂及我私，為助為有公田。由此觀之，雖周亦助也』（劉師培曰引他文而伸其言外之義者）

《荀子》曰『《詩》曰，明明在下，赫在上。此言上明，而下化也（劉云引他文而發揮其德義者）。

二、以雅言釋方言

《公羊傳》『吳人謂緩為善，謂伊為稻』。

《周禮・春官小宗伯》『卜葬兆甫竁亦為之』。鄭玄曰『竁謂葬穿壙也，今南陽名穿地為竁』。郭璞注

《方言》曰『汝南人呼欺為「譴」，訰回反。亦曰「詒」音殆』。

三、以今語釋古語

《說文》『爾』下云『麗爾，猶靡麗也』靡麗漢語。

論語『必也正名乎』。鄭玄曰正名謂正書字也，古者曰名，今世曰字。段注《說文》序曰『字者，乳也』。

《周禮・外史》《禮經・聘禮》《論語・子路》篇皆言『名』，六經未有言『字』者。秦刻石，書同文字此言『字』之始也。

《儀禮・聘禮》『百名以上書於策，不及百名書於方』。鄭注『名、書文也，今謂之字』。

《周禮・春官宗伯外史》『掌達書名于四方』鄭注『古曰名，今曰字。使四方知書之文字得能讀之』。

名與字　《釋名》孳，字也，字，愛物也。

《列子・楊朱篇》『惟荒土功子產不字（不愛也），過門不入』。

按字之本義為孳生。《說文》字、乳也。《廣雅・釋詁》字，乳生也。《易・純六二》『女子貞不字（產也），十年乃字』。

虞翻訓『字』為妊娠。《山海經・中山經》『苦有木名曰黃棘，其食如蘭，食之不字。』郭璞注曰，字、生也。《易》曰女子貞（固久也）不字。

《曲禮》『男子二十冠而字，父前子名，君前臣名。女子許嫁笄而字』。鄭注成人矣，敬其名。檀弓『幼名，冠字，五十以伯仲死謚周道也』

按『字』之得名非為文飾（《廣雅・釋詁》字，飾也。《廣韻》《七志》『字』下引《春秋》說題辭曰字者，飾也）。實由孳生義之引申而來。蓋古人先有名，後有字，字皆由名而生，故古人名與字多相應。《白虎通》曰聞名即知其字，聞字即知其名。蓋名之與字義相比附也（此點可參看王引之《經義述聞廿二卷春秋名字解詁》）。如李耳字聃。屈原名正則，字靈均是也。

字，孳同音相借。

四、以此況彼

朱宗萊云，字各有義，義各有當訓詁者。因字而施，不容雜亂，於是有比附為訓之例。蓋文辭以人而殊，制度因時而變，直言則不易曉，以人所共見習知之事物，委曲譬況之斯不煩言而解矣。如云『某猶某也』『某之言某也』，『某某若今某某之屬』，皆此類也。

『猶』段玉裁云凡漢人作注云『猶』者，皆義隔而通之。如《公》、《穀》皆云『子孫、猶孫也』，謂此子孫之孫字，同孫遁之孫。《鄭風・傳》『漂』猶吹也，謂『漂』本訓『浮』因吹而浮，故同首章之『吹』。凡鄭君、高誘等每言『猶』者皆同此。（《說文》讎字注）。段又云『凡漢人訓詁本異義而通之曰『猶』（說文弃字注）』《詩・蘀兮》『蘀兮蘀兮，風其吹女』又曰『蘀兮蘀兮，風其漂女』。

《詩・周頌》『維天之命，於穆不已』《毛傳》孟仲子曰，大哉天命之無極而美周之禮也。鄭箋云，命猶道也，天之道於乎美哉。動而不止，行而不已。孔疏曰『天之教命即是天道，故云命猶道也』按不言命道也，而云猶道也者，正如段氏所謂『其義相因相足，而不相同也（《說文》「公」字注）』。《周禮・天官冢宰》『體國經野』鄭注『體猶分也』賈疏言體猶分者，謂若人之手足分為四體得為分也。

《禮記・鄉飲酒》義『禮以體長幼曰德』。鄭無注。按此體字亦分之義也。

『若今』『如今』

凡言『若今』『如今』者，皆是以今制況古制，誠以古今制度不甚相遠，故以今況古。例如《周禮・春官典瑞》杜子春云『以徵守者，以徵召守國諸侯，若今時徵郡守以竹使符也』。《周禮・天官大宰》『官屬以舉邦治』鄭司農曰『官屬謂六官其屬各六十，若今博士大史、大宰、大祝、大樂屬太常也（司農據《前漢書・百官公卿表》）』。

五、音訓（分同字為訓及異字為訓兩種）。

1．同字為訓　如《孟子・滕文公》『夏后氏五十而貢，殷人七十而助，周人百畝而徹，其實皆什一也。徹者，徹也。助者，藉也。趙歧注徹，猶人徹取物也，藉者，借人，猶人相力助之也。《莊子・天運篇》『恩怨取與諫教生殺八者，正之器也。唯循大變天所湮者為能用之，故曰正者『正』也其心以爲不然者，天門弗開矣』。

《禮記・郊特牲》『壻親御授綏，親之也。親之也者，敬之也。敬而親之，先王之所以得天下也』。鄭注『言已聽之所以使之親已』。

《樂記》『樂者，樂也。君子樂得其道，小人樂得其欲。（如樂以和志，即得其道也）。

2．異字為訓

（a）同音　《文選》注引《春秋元命苞》曰皇者，煌煌也。

（e）　疊韻　《白虎通十二》雜錄

（c）雙聲　《白虎通》爵者，盡也。各量其職盡其才也。陳立疏証云『案爵本酒器，《說文》爵，禮器也。《毛詩》引韓詩說曰爵，盡也，是也。亦取盡意，因引申為爵秩之字，以並取手盡意也，爵、盡雙聲為訓。

音訓之方式　大體而言，分同字、異字。細分之可為

（1）日，實也。

（2）政，者正也。

（3）釋名『日，實也，光明盛實也』。

（4）《天官酒正》鄭注『醴猶『體』也，成而汁滓相將，如今恬酒矣。盎猶『翁』也，成而翁翁然蔥白色如今酇白矣』。

三、語文要籍評介

蕭璋

文字一、以體裁分者

㈠《史籀篇》——《漢志》載十五篇，建武時亡六篇。許慎《說文》對篆文之解說，乃據章帝時，王育對《史籀篇》（九篇）之解釋。

王國維有《史籀篇疏證》。其序有二疑—作者，時代，三斷。

1.籀文非書體之名。《史籀篇》亦祇用當世通行之字，有所取捨，而無所謂創作及增省。羅振玉《殷商貞卜文字考》謂『史籀』一篇亦猶《倉頡》、《爰歷》、《凡將》、《急就》等篇，取當世用字，編纂章句以便誦習，其識卓矣。

2.《史籀篇》文部應用九千字。唐張懷瓘《書斷》以為籀文有九千字。孫星衍重刊宋本小字《說文序》，亦以為《史籀篇》為九千字。《漢志》云：『諷九千字。』不言『籀』。《說文》加『籀』字，亦以為『籀』讀書也，非指籀文也。

編為章句。《史籀篇》亡，《倉頡篇》亡，《凡將篇》亡，《急就篇》存，《千字文》存。

3.《史籀篇》當為秦之《倉頡篇》。《倉頡篇》據許氏《說文序》，郭氏《爾雅注》所引皆四字為句。又據近日敦煌所出殘簡，又知四字為句，二句一韻。《倉頡》文字既取諸史篇，文體亦當仿之。又觀於其墻二文，知篇中之有複字，旁姚諸字，知用字之多假借皆與《倉頡篇》同。

《說文》『牆』字籀文有二寫法1.[illegible] 2.[illegible] 皆見《史籀篇》。

㈡《倉頡篇》七章（李斯）《爰歷》六章（趙高）《博學》七章（胡毋敬）——《漢志》《倉頡》一篇與六藝畧小學類小序有出入。小序云：『漢興閭里書師合《倉頡》、《爰歷》、《博學》三篇斷六十字為一章，凡五十五章，為《倉頡篇》。

秦代書同文並非以文字學眼光勘定，而是以實用眼光勘定。其標準有二1.普通化；（約定俗成），2.簡單化。

程邈在《說文序》中凡兩見一、定隸書二、作篆。段玉裁以為序有錯簡，謂程邈不得兼定篆、隸。而《封氏聞見記》謂太康初發冢得一棺，其『和』（棺前曰和）上之文字近乎隸書。可知程邈非作隸書，而是勘定而已。

秦始皇廿六年統一文字，可能以《倉頡》篇為實行標準。卅七年始皇道崩，遺詔立太子扶蘇，而趙高、李斯陰改詔立胡亥。《說文》序引《倉頡篇》有『幼子承詔』語。段謂『幼子承詔』即指胡亥登極事。故『幼子承詔』，必為《爰歷篇》中語，而不可能為廿六年實行之《倉頡篇》中語。由此可推測《爰歷》六章決非與李斯《倉頡篇》同時頒行者。故《倉頡篇》自廿六年起實行，通行至始皇死後。趙高當權，始通行《爰歷篇》。

秦代統一文字情形多受荀子影響，倉頡造字傳説最早見於《世本》，《荀子解蔽》及《韓非子》。章太炎《檢論》論文章緣起，謂倉頡造字亦勒定之意。《荀子解蔽》『好書者衆矣而倉頡傳之者壹也』（整齊劃一之意）。故荀子『壹』之思想，影響李斯書同文之實行。《荀子》中『一』『壹』用法不同『一』數目字普通用法。壹有統一義，加强義。

倉頡篇之流傳：《漢志》『漢興閭里書師合《倉頡》《爰歷》《博學》三篇斷六十字為一章，凡十五章，並為倉頡』。此明漢世通行之《倉頡》與秦稍異。

《漢志》：『《倉頡》多古字，俗師失其讀。宣帝時徵齊人能正讀者，張敞從受之。』此明宣帝以前，雖俗師失其讀，然畢竟民間尚流傳此書。

《漢書》《揚雄傳》『史篇莫善於《倉頡》，作《訓纂》』。此明《倉頡篇》在新莽時代猶被人重視。

《說文序》『諸生競逐說字解經誼，稱秦之隸書為倉頡時書云：『父子相傳何得改易』。又云：『又見倉頡篇中「幼子承詔」因曰古帝之所作也，其辭有神仙之術焉』。

《流沙墜簡卷二》第八簡有『倉頡作』三字又墜簡中又有殘簡四簡，四十一字。此明後漢時《倉頡篇》仍為社會課字之專書。

《隋志》梁有《倉頡二卷》杜林注亡，（《漢志》有杜林《倉頡故》），則《倉頡》當是亡於梁。

《漢志》又云：『自爾秦書有八体：一曰大篆，二曰小篆……八曰隸書。並云：』初有隸書，漢律試八体，最者以為尚書。史書或不正輒舉劾之。漢隸本諸秦隸，可知秦律考試亦可用八体。

隸書淵源甚早，不過至秦乃為之定標準，故書同文，不僅篆書，即隸書亦統一。

㈢《凡將篇》一篇（亡）《漢志》司馬相如作（佚）其文可攷者有曰『黄潤纖美宜制禪』（文選蜀都賦注引）。有曰『鍾磬竽笙筑坎侯』（《藝文類聚》引）。《唐志》猶存亡於宋。唐顏師古急就章注，自序『司馬相如依《凡將》篇俾效書寫，多所載述，務識時要』。《漢志》—元帝時，黄門令史遊作《急就篇》。成帝時將作大匠李長作《元尚篇》，皆《倉頡》中正字也。《凡將》則頗有出矣』。

㈣《急就篇》一篇《漢志》史游作（游，元帝時為黄門令）（存）。宋葉夢得謂凡二千二十三字。《急就篇》之流傳—顧亭林《日知録》曰『漢魏以後、童子皆讀史游《急就篇》』。晉夏侯湛《抵疑》『鄉曲之徒，一介之士，曾諷《急就》習甲子』。

魏書崔浩傳『浩既工書，人多託寫《急就章》。從少至老，初不憚勞，所書蓋以百數。』《儒林傳》（《魏書》）劉蘭始入小學，書《急就篇》，家人覺其聰明。《北齊書》李繪六歲未入學，伺伯姊筆讀之間輒竊用。未幾，遂通《急就章》。

李鉉九歲入學，書《急就篇》月餘便通，自唐以下自學漸微。

孫星衍《急就篇攷異》自序『其羅列名姓諸物五官者，姓不與名連屬。名取嘉名，諸物五官舉其大畧，備世行用。不獨初學於此究心，亦通人所宜實事求是。是故鄭康成、孔穎達注經，李賢注史，皆引此書。

張懷瓘《書斷》以爲章草始於史遊。宋羅願（《爾雅翼》）已反對草書起於《急就篇》（見羅願跋顏師古《急就篇注》）。近人顧實（中國文字學）亦反對章艸起於《急就篇》之說，謂《漢志》明曰『《急就篇》皆《倉頡》中正字。』故可知《急就章》當是篆書。

蕭仲珪先生以爲《急就篇》既非艸書，亦非篆書，當是隸書體。

1.宋羅願跋顔師古注《急就章》曰『是時元帝善史書』。見《漢書》《元帝本紀》。段玉裁謂史書即隸書（見段氏《說文序》）而遊為此篇皆稍稍近。有傳稱遊『勤心納忠，有所補益』豈此類耶。

2.《急就章》開章即曰『急就奇觚與衆異，羅列諸物名姓字，分別部居不雜廁，用日約少誠快意，勉力務之必有憙。

所謂『與衆異』『衆』當指《倉頡》、《凡將》諸書所異者，即《倉頡》、《凡將》用篆書，此書用隸書為異。隸體書寫較篆書為速，故云『急就』也。

《漢志》謂《急就》，《元尚》皆《倉頡》中正字。《凡將》頗有出入。《凡將》所以補《倉頡》之外者，所補當為小篆。《急就》既無所補，則所撰之目的，當為備世之用。配合全篇內容，取述，當為隸體。《元尚》想亦用之。

《急就篇》約二千二十三字，所取皆備世行用之字，在當日頗合乎時代進步而實用。故書家每喜用其作底本。漢李長《元尚》篇在《急就篇》後，但今日失傳。《急就篇》體裁似因實創，此為流傳因素。

㈤《千字文》梁周興嗣隋志載一卷、《梁書文學傳·周興嗣傳》：次韻王羲之書（梁武帝之命）。宋葛勝仲序，侍其瑋續千字文（見郡齋讀書志）云『昔梁武帝得王逸少取書千字文，雜亂不可讀，命陳郡周興嗣次為韻語，以便臨玩，後世謂之《千字文》歐陽率更，張長史，道人智永輩各有蒿書本行於世……千文為天下官府若市井簿領會數之用久矣』。明顧絳序明呂裁之《千字文》『小學之書，自古有之。李斯以下，號為『三倉』。初《急就篇》最行於世，自南朝以前，初學之童子無不習之。而千字文則起於齊梁之世，今所傳『天地元黃』者。又梁武帝命其臣周興嗣取王羲之遺字，次韻成之，不獨以文傳，而又以其巧傳。後之讀者，苦『三倉』之難，而便『千字』之易，於是至今為小學家恆用之書爾。

二分別部居。

㈠《說文》　略。

㈡原本《玉篇》　梁顧野王撰。隋志三十卷，今本同。

卷數問題—宋陳彭年大廣會益本，分上、中、下三篇，亦為三十卷。《南史》《顧野王傳》，作《玉篇》二十卷。二十卷之說錯誤。《南史》《野王傳》與《陳書野王傳》大體相同，而畧有增損。《陳書》作卅卷，可見《南史》之誤。（《南史》之作，後於《陳書》）。

《隋志》《顧野王集》十九卷。《陳書》本傳作文集二十卷。顯係玉篇序文及總目別為一卷，夙附文集之中。後之讀者出諸文集，以益玉篇，文集遂減，而玉篇特增。日本《見在書目》及《弘決外典抄》皆作卅一卷。錢謙益《絳雲樓書目》所載《大廣會益玉篇》亦作卅一卷。此多出之卷，為序及總目。其實卅一卷與卅卷皆是也。《後漢書》《儒林傳》『許慎作《說文解字》十四篇』。《說文敍》『此十四篇五百四十部…』。許沖上表作十五卷。《北史》《江式傳》亦稱十五篇，《隋志》作十五卷。正文內容十四篇，序、總目一篇，故云十四篇，十五篇均可。《玉篇》之卅卷、卅一卷之說當以《說文》例之。

大廣會益本有原序及原啟，然無總目。

《玉篇》總纂之目的—顧序『微言既絕，大旨亦乖。故五典三墳競開異義；六書八體今古殊形。或字各而訓同，或文均而勢異。百家所談，差互不少。字書卷軸，舛錯尤多。難用尋求，易生疑惑，猥承明命，預纘過庭，總會衆篇，校讎群籍，以成一家之製，文字之訓備矣。而學慚精博，聞見尤寡；才非通敏，理辭彌躓。既謬先蹤，且乖聖旨。』

又野王進《玉篇》啓云『殿下…復留心圖籍，俛情篆素。糾先民之積謬，振往古之重疑，簡冊所傳，莫今此盛。野王沾濡聖道，沐浴康衢，不揆愚淺，妄陳狂狷。

字各而訓同（多字一義，轉注），文均而勢異（多義一字，假借）此與《說文》只求本字、本義不問其他之義不同。

《玉篇》時代—當成於梁。

謝啓昆《小學攷》云『按野王父烜為梁臨賀王，字名正德，梁宗室，《南史》有傳。稱兇惡好武不文。當時童謠云『寧逢五虎入市，不欲見臨賀王父子』。其惡之如是。以儒術知名（見《陳書》顧野王傳），故序云『預纘過庭』，啓稱殿下為簡文帝也。張煦云『中有云：「殿下天縱岳峙」叡哲淵凝。』嚴可均指為臨賀王德明為大同中進呈之啓。

今按：野王妙齡撰述，實承家學而為之。用核史實，皆相符合，殆無可疑。至啓文所言『殿下』既非指簡文帝，更非指臨賀王，當指梁武帝。《梁書蕭子顯》傳謂『太學博士顧野王奉令撰《玉篇》』今本《大廣會益玉篇》卷首亦箸有『梁大同九年三月廿八日，黃門侍郎兼太學博士顧野王撰本』。可知此書在大同間撰成。進表，亦應在是時。大同，武帝年號，簡文為武帝第三子，在其後矣。臨賀王則兇惡之輩，與啓中所稱頌者既相背，且更無令臣下修纂此高文大冊之意趣也。惟武帝則時代性格一切皆合。

《南史》卷七《武帝本紀》『少而篤學，能事畢究。雖萬機多務，猶卷不輟手：撰《通史》六百卷，《金海》三十卷。製旨《孝經義》，《周易講疏》及六十四卦、二繫、文言、序卦等義，《樂義》《毛詩》《春秋》答問，《尚書》，大義《中庸》，講疏《孔子正言》，《孝經講疏》凡二百餘卷。王侯朝臣皆奉表質疑。帝皆為解釋。修飾國學，增廣生員。立五館置五經博士…大同中，於臺西立士林館，領軍太府卿賀琛，舍人孔子祛等，遞互講述。皇太子，（昭明太子），宣城王亦於東宮宣猷堂及揚州解開講。於是四方郡國，莫不向風』。

《陳書》野王傳『大同四年除太學博士，遷中領軍，臨賀王府記事參軍。宣城王為制史，野王及瑯琊王褒並為賓客。王甚愛其才』。是野王之撰《玉篇》恐在為臨賀王記室參軍以後。

《南史》《武帝本紀》論曰『製造禮樂，敦崇儒雅，自江左以東年逾二百。文物之盛，獨美於玆』。按此亦與啓文合。

今按顧氏原本《玉篇》編纂目的，既為總會衆篇，校讎群籍。故其書非為《說文》之專載本義。每一字下大體先箸錄經傳古注，次及《爾雅》《說文》《方言》等諸小學書。於各義之後。有需自下己意者，則加『野王案』三字。楊守敬跋文云『按野王所收之字，大抵本於《說文》，其有出於《說文》之外者，多引《三倉》等書。於字異義同且兩部或數部並收，知其網羅蒼、雅，在當時已為賅備。』曲阜有桂馥《說文》系統圖。羅聘（兩峯）畫。1.許慎，2.呂忱，3.顧野王，4.江式，5.徐鉉，6.徐鍇，7.吾丘衍。桂氏以顧野王為承《說文》之統系，此種觀念有誤。蓋顧氏《玉篇》僅取《說文》形式，然精神則迴然不侔也。

《玉篇》分部問題　張煦斷定《玉篇》原本亦為五百四十二部。張煦謂《篆隸萬象名義》一書，於中正字及其次第，特與原帙殘卷對較相合。由是知《篆隸萬象名義》無改《玉篇》原帙字數及其次第。特大減原帙注文而為之。

今按原本《玉篇》五四二部與《說文》五四0部比較互有出入其比較如下：

1.《玉篇》較《說文》增多之部有『父』『云』『喿』『冘』『處』『兆』『磬』『孛』『牀』『戈』『單』『丈』十二部。較《說文》減少之部有『哭』（二上），『延』（二下），『教』（三下），『盾』（四上），『東』（六上），『畕』（六下），『㱃』（八下），『后』（九上），『介』（十下），『弦』（十二上）十部。

2.與《說文》互異之部，《說文》立『畫』部《玉篇》改為『書』部。《說文》『哭』部有『喪』，從哭從亡。原本、今本《萬象》皆入吅部。《說文》『㢟』部有延從㢟，聲　今本《萬象》入『廴』部。《說文》『教』部有斆從教從冂、臼，今本《萬象》入『攴』部《說文》『盾』部今本《玉篇》《萬象》立『省』部以『盾』字屬之。

原本《玉篇》部目增多，原因有二：

1.後起之字如爸、䶊等依《說文》部首無法隸屬，故別出『父』『喿』等目以統之。

2.不用後起字之隸屬純為實際需要而立者。如『云』『兆』。此點可証顧氏《玉篇》之宗旨比《說文》注重實用，故不講本字、本義。『云』之立部首以經典傳記等多以『云』字作說話之義，不用本義。本義同『雲』字，經傳以『雲』『云』分用。《玉篇》配合實際使用情形別立『云』部。兆《說文》

以為『兆』之古文屬卜部，但經傳隸體皆通行『兆』字，故配合實際而別立一部，以便檢查。原本《玉篇》部首雖大體根據《說文》，但因其編製宗旨在『總會衆篇，校讎群籍』，故重在字義之分化與實際之用處，與《說文》偏於講本字、本義不同。故其排列部首，《說文》以形為綱，以義為緯，而聯貫五四〇部。《玉篇》以義為綱，以形為緯而聯貫五四二部，其所謂『義』指字之實際通用之義，而非所謂與字形相合之本義，此則許、顧二氏基本不同之處。再如《說文》卷三以『言』『誩』『音』『辛』『丵』諸文字為類《玉篇》卷三以『人』『兒』『父』『臣』『男』『民』『夫』『予』『我』『身』『女』『兄』『弟』為類，明乎此，然後知段玉裁所評《玉篇》部首之說未當。段玉裁曰：後許為字書者，字非最目之先後，今不傳嗣。此顧希馮《玉篇》其目以義為次而乖謬不可通者，如『兄』『弟』二目次於『人』『兒』『父』『臣』『男』『民』『夫』『予』『我』『身』『女』諸部之間，而不知兄之本義訓『茲長』不訓昆弟。『弟』之本義訓『韋束』次第不訓叔季。訓昆第。訓叔季者，其引申之義耳。為顧目次，則此二篆失其本義。』又如『毛』部『而』部次於『羽』『角』『皮』『革』之間，而不知『毛』謂眉髮之屬『而』謂人須，引伸乃用於鳥獸。為顧目次此二篆，失其本義，誤以人體系諸物體也』（《說文》序段注）。

按段注實未明顧氏編《玉篇》之宗指，故爾有此迂拘之論。但顧氏部目排次亦有不免矛盾者。如『而』字據《萬象名義》所列有『汝』『語助』『乃』『能』『豈』五義，今本《玉篇》作語助也，乃也、能也。又頰之毛曰『而』今作『髵』，似應以而部列入卷九『曰』『乃』之中，不應入卷廿六『再』『角』之間。

總評　按文字之書自《說文》之後，呂忱《字林》江式《古今文字》皆為大書，但皆以《說文》為主。江式上《古今文字表》『晉世義陽王典祠令任城呂忱表上《字林》六卷。尋其況趣，附託許慎《說文》而按偶章句，隱別古籀奇惑之字，文得正隸，不差篆意也。』尤以江書雖於《說文》之外旁及孔氏《尚書》、《五經音注》、《籀篇》、《爾雅》、《三倉》、《凡將》、《方言》、《通俗文》、《埤倉》、《廣雅》、《古今字詁》、《三字石經》、《字林》、《韻集》諸賦文字詁訓。假借之誼，僉隨文而解音讀。楚夏之聲並逐字而注。但自言求譔集古來文字，以許慎《說文》為主，故其書以篆文為正體。凡古籀、奇惑俗體咸使班於篆下，各有區別。《玉篇》編製在二書之後。江書上表在北魏武帝延昌三年，在梁武帝之前。

《玉篇》訓詁搜羅之富固可比擬江書，獨能以經典實際之訓詁按次排列，不以《說文》本字、本義為主。字體不標篆文、古籀而以隸、楷書之，此為特異有進步性。江書未撰成，（《北史》本傳，其書竟未能成）。縱即成之，恐非此書所敵。

《玉篇》與《說文》根本不能比較，皆為創作而非因循。因許、顧二氏目的不同，故編纂方法亦異。

今本《玉篇》。

今本《玉篇》之來源—楊守敬跋原本《玉篇》殘卷云『按顧氏《玉篇》經蕭愷等刪改行世（見《梁書蕭子顯傳》）。至唐上元間有孫強增加字之本，又有《玉篇》抄十三卷。（見日本《見在書目》）。是則增損顧氏之書，在唐代已有數家。釋慧力《像文玉篇》趙利正《玉篇解疑》當別自為書，與顧氏原本不相亂。今按蕭愷等既刪改此書，可知原注之簡化，在當時已有此舉。而日本國《見在書目》所載之《玉篇抄》雖原書不可見，証以《萬象名義》之全本《玉篇》。而注文僅錄訓詁，不及所引之書，蓋可知其内容之為何簡化。孫強等增損之本，自亦增正文而損注文。以此推之，今所傳陳彭年大廣益會本，其注文之簡化，當非由陳氏輩所刪削，乃所據或即孫強之簡注本。陳氏等不過增廣正文字數，所謂『大廣益會』是也。至陳氏等所增之字或與《廣韻》相應，可校勘後作一比較。

今本卷四百部『腼』《說文》云『面和也』。野王案『柔色以蘊之』，是以今為『柔』字。又卷四貝部『県』《說文》云『倒首也』賈侍中云謂斷首倒懸也。野王謂縣首於木上、竹頭，以肆大罪，秦刑也。由以上二條觀之，是證今本《玉篇》亦殘存原本刪削之未盡者。今日不能推觀《玉篇》之体例，因或刪彼留此，或刪此留彼。可知為民間自然之刪削。陳彭年所據者即此。故今日簡本《玉篇》並無若何價值。

《篆隸萬象名義》今本《玉篇》與原本《玉篇》訓詁之比較。

原本《玉篇》訓詁最詳，並皆著明出處。《萬象》訓詁本原本《玉篇》不著出處，有時较原本《玉篇》訓詁為少。如『㕯』原本《玉篇》『奴沒』『如劣』二反。《說文》『言之内也』。《埤蒼》『下聲也』。野王案《禮記》『其言㕯㕯然，如不能出其口』是也。今為『吶』字在口部。《萬象》皆『奴沒』反。訥不出口。今本《玉篇》『㕯』、奴沒切，又女滑、如劣二切，下聲也，言不出口也。今本《玉篇》『吶』奴骨切。《論語》曰『君子欲訥於言』。訥、遲鈍也，或作『吶』《萬象》『吶』奴骨反，遲鈍。由上可知，今本《玉篇》訓詁雖較《萬象》為少，但有時亦有《萬象》不載者。如㕯『下聲』是也。

今本《玉篇》訓詁有簡，有詳。著明出處；有不著明出處。取捨之間，漫無標準（原本《玉篇》於通用字或重文而形旁相異，例為分列。但皆有注明，以資聯繫。今本《玉篇》於此點往往刪去）。是知其底本當由唐宋間遞刪而來者，雖標孫强字面，是否即為真正之孫強本，亦有問題。今日如得原本《玉篇》，訓詁之詳，可以諸本《玉篇》及《萬象》合參可也。

《篆隸萬象名義》—日本釋空海撰，卅卷。當唐開成（文宗）會昌（武宗）時。

楊守敬《玉篇》殘卷跋謂『其分部隸字以此殘卷本校之一一吻合。則知其全書皆據顧氏原本，絕無增損淩亂』。其說是也。按今殘本《玉篇》與《萬象》比較其收字與次弟大體相同，偶有字數彼此出入，或次第出入者，大概傳鈔之誤也。至於《萬象》加篆，大約意在補《玉篇》之缺乃空海所加以備檢查。惟其字不見於《說文》者，亦標篆文。有時以通借之字體當之（如『潦』篆作『尞』）。不知係空海杜撰，抑有所本。如『禩』『祴』諸字亦不見於《說文》。而《萬象》皆有篆文。然觀《說文》新附之字，其來源亦由歷代傳説文之後加，亦皆標篆體，可知其風不自空海始也。今傳之《篆隸萬象名義》各篇，有錄篆書者，有不錄篆書者，當是傳鈔之問題。蓋今本《萬象》亦非空海原本也。

新撰《字鏡》　十二卷（當唐昭宗光化中）。卷一至卷十一為各字部首，計分一百五十六部。卷十二為雜類，計有雜字第百五十七（字之不能分入部首中者）。『重點第百五十八』（重字如『丁丁、嚶嚶之類』）『連字第百五十九』（如苗裔、不肖、沛然、從容）『臨時雜要字第百六十載九章）（内分捨宅章，農業調度章，男女裝束及資具章，機調度及織縫染事馬鞍調度章，木工調度章，鍛冶調度章，田畠作章，諸食物調度章，河海萊章等）。

每部之字除原列外，有時忽攙《切韻》，忽攙晉王義《小學篇》，排次至無條理，且一部之後，有時忽從形旁，忽從義類，甚而雜入連語，如『天』部之後，又收蒼天、青陽等章。連語如又收柳角、諸星名。又部首之中偶然又雜入非字形之部首。如卷二『父』部之後繼以『親族』部，甚中所收皆為親族之專名，如高祖、伯父、小男、姑甥等與字形毫無関係。可謂淩亂無條，然其立目不依《說文》，注意楷書筆畫，有其進步之處，玆逐條論之。

卷九阝（邑）《玉篇》及《萬象》均依《說文》立『邑』部。《字鏡》立『阝』部以『邑』旁之字隸、楷皆作『阝』。後之《康熙字典》與通行及學生字典尚皆作『邑』。雖合理論，但不如『阝』之切合實際。

卷一人（亻）《玉篇》及《萬象》均依《說文》統立『人部』一部。《字鏡》則立『人』『亻』兩部。以『介』『企』等字入人部，以『保』『倡』等字入亻部。《康熙字典》立『人部』，下注『亻同』。收字則混，尚不如《字鏡》劃分之清，其他通俗小字典，則多立人部一部，並『亻同』二字而不注明。

卷一灬火　《玉篇》《萬象》均依《說文》立火部。《字鏡》立『火』『灬』兩部。以『炳』『灰』等入火部，以『烈』『蒸』入灬部。《康熙字典》火部『灬同』。通俗字典並不注『灬同』。

卷八犭，卷十犬　《玉篇》《萬象》立犬部。《字鏡》立『犬』『犭』兩部。以『戾』『獒』入犬部，以『猶』『狡』入犭部。《康熙字典》在三畫犭下注云『同犬』。通俗字典並不著『犭』字。

卷九之辵部　《玉篇》立辵部。《字鏡》立『之』『辵』部不立辵部。《康》立辵部於四畫下『辶』下注云同『辵』。通俗字典有辶、辵兩部皆收字相同者。

卷十一文部　《玉》、《萬》立攴部。《字鏡》立『文』部《康》『攴』部下注『文同』。通俗字典常有不注『文同』者。

卷十刀部十一刂部　《玉》、《萬》立『刀』部《字鏡》立『刀』『刂』部以『切』『劈』入『刀部』，以『創』『刊』入刂部。《康》刀部下注『刂』同。通俗字典並不注『刂同』。

卷十（二七）方部　《玉》《萬》有方部，僅列『遶』『万』二字。《字鏡》立『方部』以從𭤨之字如『旗』『旌』入之。《康》及通俗字典皆有『方』部無『𭤨』部。

卷二　手部（扌）《玉》《萬》立『手』部。《字鏡》立『手』部『扌』部。以『攀』『摹』入手部，以『檢』『把』入扌部。《康》立手部，並在三畫扌下注同『手』。通俗字典有立『扌』『手』兩部，但收字相混。

卷四　十九网、網部《玉篇》立『四』部（僅收四字）又立『网』部。《字鏡》立冈部以罩、罝入之。又立『四』部以罷、罰入之。《康》立网部，又在五畫四下注同『网』。通俗字典有僅立网部者。

卷九十二　二部　《玉篇》無『二』部。《字鏡》立亠部以『亦』『元』『亨』屬之，《康》立『二』部。

卷十一（廿五）《玉》《萬》不立『文下一點』《字鏡》立『文下一點』以『且』『丘』入之。《康》立一部　通俗字典同文下一點。

卷十一（卅）　文下木點　《玉篇》不立『文下木點』《康》及通俗字典亦不立。《字鏡》立文下木點以『枲』『集』等入之。卷十一（卅三）品字様《玉篇》及通俗字典《康熙字典》皆不立此部。《字鏡》立『品字様』以『品』『𠔻』『卉』諸字入之。卷十一（卅一）《玉篇》及通俗字典《康熙字典》並不立。《字鏡》立『首角』部以『着』『曾』『若』『羑』入之。卷十一殳部（卅一）《玉》《萬》及《康》通俗字典並作『殳』部。《字鏡》立『殳』部注云『從口從文』。

由於後二條可知此書注意『通俗寫法』切合大衆實用。

以上諸點為此書之創見，不知係昌住自創，抑是中土原有此分部之法，而昌住畧加增損。觀日本文化本原於唐，或此書固有其張本也。為字典之學者，於此書應三致意焉。

至於篇内所收之字，除標明『切韻』『《玉篇》』（極少）小學篇外，其於不知本原。所引之反切，訓詁不著出處，其簡畧有似《萬象名義》，或與《玉篇》不無関係。當與《萬象》通體校勘後，始可作詳論也。今人於此書尚未有作研究者，於分部之改進，尤其無人注意。治小學者，不可忽畧此書也。

㈥《類篇》　四十五卷。十四卷，目錄一卷。每卷分上中下共四十五卷。舊題司馬光撰。此書編在《集韻》修成之後，其編纂原委與宗旨，詳見書後記。寶元二年（宋仁宗）十一月翰林學士丁度等奏：今脩《集韻》添字既多，與顧野王《玉篇》不相參協，欲乞委脩韻官將新韻添入，別為《類篇》與《集韻》相副施行』。時脩韻官獨有史館檢討王洙在職，詔洙脩纂，久之，洙卒。嘉祐二年九月以翰林學士胡宿代之。三年四月宿奏乞光祿卿，直祕圖掌禹錫大理寺丞張次立同加校正，六年九月宿遷極密副使又以翰林學士范鎮代之。治平三年二月范鎮出知陳州，又以龍圖閣直學士司馬光代之。時已成書，繕寫未畢，至四年十二月上之。』四庫據此謂光是書特繕寫奏進而已。傳為司馬光修非其實也。按是書之內，往往有司馬光按語，但無王洙、胡宿、張次立、范鎮諸家語。如卷二中辵部下，臣光曰『變隸部『作辶』。又辵部中『䢓』才用切。《說文》隨行也。臣光曰『與前文「迦」字同』。按同部前有『迦牆容切。《說文》相聽也』。又八卷中從部『從相聽也，從二人』。『䢓』從慈用切《說文》隨行也。『辵』從隸作『從』……又並牆容切，相聽也……《說文》『刅』相聽也，『從』隨行也。又卷二下『足部　踞𡱂，斤於切。居或作踞、𡱂　踞又居禦切。《說文》蹲也。臣光按：《說文》屍部『居』字云：『俗居從足，只當𡱂，今本《說文》誤作「踞」宜無「斤於」一音』。八卷下居、𡱂斤於切《說文》蹲也，俗居從足，居……今大徐本《說文》踞，蹲也。居禦切『居』字云蹲也，九魚切。『踞』俗、居從『足』。小徐云𡱂一本從『居』。段本於居下改『踞』為『𡱂』。是溫公於是書不惟專在繕寫、奏進，兼有修正之功，特當時稿已大體寫定，未能實地照改，僅加按語以明而已。四庫之說恐未全當。

《名苑》　小學考著錄司馬光作。

『昔者魯哀公問社於宰我，宰我對曰：周人以栗，曰使民戰慄。……孔子聞之深非之曰：「成事不說，遂事不諫，既往不咎」。戒其後復為也。兩漢以來儒者務為此態，旁貫曲取，行辭蔓說，至有依聲襲韻，強為立理，誠可憫笑者甚衆。此非宰我『栗社』之比邪。今以《集韻》本為正，先以平上去入韻正其聲，次以《說文解字》正其形，次以經傳諸書證其實，命曰，《名苑》其有法制云為時遷物變者亦略敘其沿革，欲以人知其源流變態云』。

蓋司馬光修《類篇》時，類篇已寫定。有不愜已意處故加按語。又可能不滿於《類篇》而著《名苑》以補之，猶劉知幾之作《史通》也。

《四庫提要》謂《類篇》『用《說文解字》例也，凡分部五百四十四』。而姚覲元（文田，據揚州曹楝亭本重刻）《類篇》為五百四十三部。草部、木部、食部、水部此四部字較多，故各分上下，故為五百四十四。其中部次與《說文》同，無一毫差謬故，仍是五百四十部也。四庫定為五百四十四，誤矣。

四、說文講讀

唐蘭（一九〇一——一九七九）字立庵浙江秀水人。古文字學家、歷史學家。曾任輔仁大學、北京大學教授、故宫博物院研究員、副院長。著有《殷虚文字記》《天壤閣甲骨文存》《古文字學導論》《中國文字學》等。

先生在輔大國文系（甲組）開設古文字學導論（已由齊魯書社出版）、說文講讀、甲骨文字研究，金文研究。

先生講授《說文》不取「六書」。創三書六技說經常叮囑學生辨識古文字不可臆斷。所授說文講讀有以下幾點：

一、《說文序》詳講；

二、結合講解文字指導閱讀《說文》方法；

三、以古文字证許書、段注解釋之正誤；

四、以常用字、同源字為重點，有選擇的講授。卷一、卷二取字詳，其餘漸略。如足部文八十五只取二，疋部文三全取，齒部文四十四取二。此因卷一、二中已指導閱讀門徑。說文講讀每周二課時，時間一年只講至卷八。適值先生在北大開設說文從九卷開始，因命我至北大連續聽完。今唯卷七、卷十一、卷十四筆記遺失。

四、說文講讀

唐蘭　一九四八年

《說文》在漢時確為空前絕後，唯我獨尊之文字學書籍，為研究文字之標準。唯晚近地下材料出，於是《說文》始稍貶其值。鐘鼎文字研究始于宋代，但不過百年。故研究成績不甚卓著。明清時，開始研究並珍藏。乾嘉之後精研者甚多，故《說文》之字並不甚古。吳大澂有《說文古籀補》，材料豐富。古錢、陶器出土甚多，一九〇〇年更有甲骨出土。

《說文》中之文字可分三類

小篆—李斯所作時代較遠。

古文—較小篆時代為早，《說文》之古文乃古文經也（《春秋》《尚書》《周禮》之文）。秦火之餘夾壁所藏，後人以為自孔子故宅中發現者，必孔子所書而為最古文字者，誤也。（古文經乃自孔子廟壁中發現者非故宅也。實孔子子孫所作，亦秦時通用者也，亦即六國晚期之文字（東土文字）。

籀文—即大篆。前人以為周宣王時文字，王國維以為六國晚期之西土文字，亦恐有誤。蓋《詛楚文》張儀詈楚懷王之文也，為楚懷王時代之作品，但已非籀文形式，可知籀文實為春秋時代西土文字。

今人已可見商『盤庚遷于殷』時文字（小屯）盤庚至殷亡約二七三年。

甲骨文可分五—八期，每期寫法均有不同。

倉頡篇　爰歷篇　博學篇共三千三百餘字。揚雄倉頡《訓纂》共二千四百字。古文經字不多（不二字）。

籀文，《漢志》載十五篇後佚一篇，字不足千字，今存僅四五百字。今見甲骨文（不二字）約有四五千字，鐘鼎文約萬字。

商金文，六國金文，漢金文，古錢，陶器，石刻皆待考據研究。

許叔重所搜集之材料不如現代之多，亦不如現代準確，因材料限制，故《說文》不能完善。但《說文》為除開一切地下古文字材料而研究古文字最重要之書籍。吾人當以批評眼光研討《說文》，糾正其劣點，保存其優點。

《說文》之內容不盡可信，以時代距今二千年以前材料不足故也。以前《說文》之中包括文字學，研究文字學不得不研究《說文》。現代則文字學可包括《說文》，根據現代所得材料與知識，可將文字之理論與內容研究更較《說文》為佳。

前人批評《說文》多評各家之註，而于本文無所異義，即因不能發現與許慎同等或竟超過之材料，不敢對許文加以非議。

古文字新系統分為四時期即

殷商古文字

東西周古文字

六國古文字

秦漢古文字

綜合稱之曰『名始』（唐先生著未出版）研究文字之發生與演變。

無論任何字皆有其演變之歷史，故文字學即為一整個文字歷史。

《說文》部首不盡可信如『丨』字根本無孳乳，且《說文》重要字不盡在部首，故以部首講《說文》不無錯誤。

上古文字當分為二系統

春秋以前只太昊、少昊、炎帝、黄帝之名無庖犧、神農、有巢、燧人、祝融、軒轅、陶唐、有虞諸偽造名字、《詩》《書》中絕無以上諸人之記載。

春秋以後戰國時代如《孟子》《莊子》《易擊辭》皆有庖犧……有虞諸人之記載，戰國人士思想進化，以為古代某一文化，某一發明必經某人之手。

許叔重以八卦引入《說文》序中，以為八卦與文字相像故也。後人多有附會，以為八卦與文字為一物。如坎☵極似小篆以為即水也。離☲附會為火字。以草書『天』附會乾卦『三』皆誤。震、艮、巽、兑、更無附會之說。

八卦起源約在商朝，而殷初即有文字，是文字早於八卦，故二者無任何關係。

《說文序》神農氏結繩為治。《易》僅云『結繩為罔罟以佃以漁』放結繩記事與漁獵社會有關。

又『黄帝之史倉頡見鳥獸蹄迒之跡……初造書契』《世本·作篇》專考證何物為何人所發明。謂倉頡作書，史皇作圖或誤作畫。畫與書形體相類，誤為「史皇作書」又誤史皇為黃帝。《說文序》「倉頡之初作書蓋依類象形故謂之文，其後形聲相益，故謂之字。……字者言孳乳而寖多也……改易殊體……靡有同焉」。「改易殊體」許慎以為文字係漸演變而來，後世每誤會以為不變。

六書

《說文》與《漢書藝文志》劉歆《七略》有「六書」之稱，《周禮》鄭眾注亦有「六書」之稱。三者名稱略有不同，而皆不當有誤，因許慎之師為賈逵，逵為徽子，徽為劉歆弟子，鄭眾為鄭興子，興亦劉歆弟子。許、鄭之說皆本自劉歆。

劉歆 ┬ 鄭興—鄭眾（《周禮解詁》）
　　 ├ 杜子春
　　 ├ 賈徽—賈逵—許慎（《說文解字》）
　　 └ 班固（漢志）

象形—實名，指事—虛名。

會意。《說文序》「比類合誼，以見指撝，武信是也」。《左傳》，「止戈為武」，《穀梁》「人言為信」之解釋有誤。「武」字並非止戈之意。古作[illegible]止——趾（示人行路之意）故武字本義有二：步武，如「王武於召」。威武，戈可殺人，行路持戈戰鬥之貌，示有威武也。「信」字本為形聲字，「言」形「人」聲。

古無會意字自《左》《穀》之後，《說文》乃有會意字，如「尖」「奣」之類是也。

轉注前人解釋多有不當。

老者左回，老字右轉，故曰轉注。

建類一首，即指《說文》五百四十部首，而言從木，皆有木意；從水，皆有水意。此種說法則轉注等於形聲。

『初哉首基……俶落權輿始也』。『始』即建類一首，初、哉……則同義。

老考也，考老也，是謂轉注。

考老疊韻，且同義，故曰轉注。

以形注聲，以聲注形，故曰轉注。

轉注為一義數字如『老』『考』『𦒱』『句』『至』『毛』皆老之義，造字者於其上各冠以『耂』者則成為考耇者耋耄。建類者，建老之類，以老為首也，轉注與孳乳字不同，如工、江、紅、杠諸孳乳字未發生前『工』字可代表為江、為紅、為杠，多種意義。轉注則是一義數字。

假借與引申不同。《說文序》『假借者，本無其字，依聲托事，令長是也』。本無其字依聲托事是假借，令、長則是引申。令本作命令解，長本作長老解，變為縣令、縣長僅意義變更，是引申，非本無其字。『來』本為割麥之意，與走來之意無關，作出來之『來』用是假借。又如『之』草初生貌，古讀為『低』音。『之』字本身無意義。學而時習之的『之』為虛詞，此亦假借字。

許氏釋六書多有不當。

一分類不清。指事、象形、會意、形聲為四種文字；轉注、假借為兩種用法，無實字。許氏則混為一談。

六書當分為三類　指事、象形—屬於文之類
　　　　　　　　形聲、會意—屬於字之類　六書三耦說
　　　　　　　　轉注、假借—屬於用之類

二解釋不明。任意舉二字為例，說明六書，而不依原則討論，故解釋無法清楚。

後人將六書更有分為十八類卅六類者，卅六類將每類分為六類，如象形，又分為象形兼象形，象形兼指事，象形兼會意，象形兼形聲，象形兼轉注，象形兼假借。

唐先生以古文字分法當分象形、象意、形聲三類。

許叔重以為古文在籀文之前，誤以孔子宅中所得古文經之文字為古文。然孔壁中之古文經無從證明為孔子所書，且亦不定為古文也。如『一』，《說文》弌古文弌。古文不當較今文為繁，故《說文》之古文乃古文經也，『弌』乃古文經上如此寫，而非古文之寫法也。

古文經 後人以為最古所書寫之文字，然其時代當僅在秦伐六國之時。魯人所書者在後，始皇燔書，魯人乃藏諸壁中，故古文經當係魯人所寫之經書。

《說文序》『至孔子書《六經》，左丘明述《春秋傳》皆以古文』。此古文亦係六國時代之文字，當較《史籀篇》為晏。許氏乃誤以為籀文時代在後，且曰與古文或異者誤矣。

《說文序》『自爾秦書有八體』秦代統一文字只許用小篆不應更有八體之說，若秦之前又不應有小篆之名。『尉律』蕭何所作，中亦應言及八體，故知亦必非漢朝創始者。由是可斷定八體之說，必在秦亡之後而漢未統一之時，一般人士收集秦未統一前之文字，與秦時文字合稱之曰『八體』。

八體之解釋

大篆—《說文》中以為與《史籀篇》為一類之文字。可稱《史籀篇》之文字為大篆，而不可稱大篆為《史籀篇》。即今所見到之周時文字。

小篆—秦統一後之文字

刻符—虎符字，符牌字，六國時之刻符文字。最初為一塊木簡或銅牌上刻以字如（亡縱一乘）等字樣，後進步為二片以相契合因為符令。

蟲書—近於圖案字 如『王』蟲書作[illegible]，『子』蟲書作[illegible]

摹印—與普通文字不同，來源最早，遠在商代即有此類文字。即刻一類似現代圖章之物印於範上（土塊），次將銅液傾入土範，乃成為銅器上所刻之文字。

署書—匾額類文字。

殳書—方形物（六面、八面之多面體）上所書之文字，通稱剛印字。格局上受拘束。

隸書

八體又可分為兩個系統

大篆　小篆　蟲書　隸書　文字也

刻符　摹印　署書　殳書　用途也

馬頭人為長『長』《說文》作[illegible]，古文字作[illegible]，隸書作長，故誤為馬頭人。

人持十為斗，『斗』古文字作 隸書作 誤為人持十蟲者屈中也，『蟲』小篆作 隸書作蟲　故誤為屈中。

《說文解字》第一篇上

一　古文一—弌並非古文字而係古文經之寫法。『一』字仍為最古之文字，最古記數刻契一、二、三、亖、×、∩十、八、九（一二三四五六七八九）（丩）（十廿卅卌）後將刻契之記數符號應用作文字。

『易之以書契』書契二字聯用可知二者之關係。契上文字亦只上列數位而已。由是知未有文字之前已有『一』字，然為記號非文字也。

周代以『壹』代『一』以『三』代『叁』。壹本為壺，後變為壹（聲音相近而假借），『二』古代代表『二』字者，如『雙』、『兩』、『再』。《周禮》『十有再就』即『十有二就』。貳（弍）字上古亦常用作『二』之意，如『貳車之斧』即『二車之斧』。『弍』可讀『太』，『太』與『再』音近故可假借。後以貳代表『二』『再』之意，於其上加二畫成貳，由貳省『貝』遂又變為『弍』可知弍本有此字，弌、弍根本無有，乃據弌字而造者，皆古文奇字也。

『元』與『兀』為一字，蓋髡、軏、虺皆從兀旁，而髡可寫作髡，軏可作転，虺可作虮。《說文》上部『帝』『字』古文諸上字皆從『一』篆文皆從『二』由此知元字在古文字中作兀（ ）篆文作（ ）——皆像人頭，上增一筆乃成。『元』本義作『頭』解 元首即頭也《孟子》『勇士不忘喪其元』。

天　《說文》『從一大』誤。天、顛也。天、顛皆頂上之意。天原意為人之頂（顛），故頭頂上稱『天靈蓋』亦稱『頂』。

古文字天字之演變　　　皆象人形而其首特顯著與『元』同。天、甲骨文作

丕　《說文》篆文作　誤。丕當作　，乃由不字演變而來。

《三國志》曹丕稱帝。吳闞澤曰『不及十年，丕其沒矣』。丕字為不十也。

吏　《說文》『從一、從史、史亦聲』誤。吏字上部象旗之形，必非從一從史。吏古文字作　與事　本為一字、古文字或作　持旗出使於外也。

上　《說文》作『上』，上當作二。段玉裁改上作二，是也。甲骨文即作二或　，上下合作『二』。段氏云上篆文，下則不當。上篆文作　，下作　，秦小篆上下即作　　，漢末始有寫作上丅者（見吳大發神讖碑）。

帝　帝、朿古同為一字啻即讀朿（刺）字音。皇帝之帝係假借，無意義。

旁　《說文》旁溥也。旁溥二字當聯念，為雙聲聯語。

古文字作　从凡方聲，凡即盤也，後簡單筆劃成

又『雱』，不當與旁同言，應在雨部，從雨方聲。

《說文》部首皆有相連之關係　一二示王……。

示　《說文》『天垂象見吉凶，三垂日月星也』，誤。示並非從上，三垂說亦不通。古文字作丅。

觀夫祭、、諸字，示必為一可放物之器。尤以叙字表能於其上放樹，則其面積必大。由以上推斷，『示』者乃古器時代祭祀放祭物之器。古文或作丅可能為放祭物之大石。示在古文中解釋每與主同義，甲文作工加一筆即為主。甲文中有皇帝名『示壬』『示癸』《史記》則作『主壬』『主癸』。

天神、地祇、人鬼凡受祭祀者皆稱示，後專以地祇稱示。

《說文》宀部『宗』從『示』。黃河曰河宗，泰山曰岱宗，《說文》『尊祖廟也』。

祿　甲骨文作象碌磚、∴象米　古代『祿』作『錄』無示旁，本為多米之意，家有餘粟自為福祿也。祿穀原為一字。

祥　古祥字無示旁。古畜牧時期多喜食羊肉，以為其味最佳。美、善皆從羊，引申為吉羊之羊。

福　甲骨文作、、。祭祀時以手擎壺灑水于石（示）上為福。

祐　從示從手。甲骨文作原為説明之意。祭祀時祈天佑助。

祀　示、蛇　祀字何以從蛇　古文字（改　為以棍驅蛇之意（妃）即女巫。古神話時代對蛇極端恐懼且崇拜，凡女子能弄蛇者則奉之若神明。甲骨文中『靐』妃即女人弄蛇者，因以蛇為神，故每年致祭稱曰『祀』，又以每年祭祀一次故後亦稱一年為一祀。

祖　古文字作原為刀俎之俎，祖父之祖為假借字。祖古音讀作『答』更分為二：都都—爹，

呀呀—爺

父　同斧，以手持斧之意，父親之父，為假借字。

鬃或作祊　野地祭為『𠆣』林內祭稱『禁』房內祭稱『宗』。匚在屋外大門以內祭祀之稱也。鬃為後起字。

一太祖口｛二口—三口／四口—五口｝至第六代祖時，即將第七代祖移至門內祭祀，第七代祖時，又將第三代祖移至原第二代祖之地位；第四代祖移至第三代祖之地位，餘類推。

口方與匚方同。甲骨文中上甲作田，報乙作㔯，報丙作㔰。祏甲骨文作𠂆石也。《說文》『祏宗廟主』是也。

祉　古文字作[illegible]，匕象人爬伏於地之狀，作[illegible]亦可。《說文》作祉不當。比不應同向[illegible]、[illegible]皆『從『字，而非匕也。

祠　甲骨文作[illegible]或[illegible]　表人向天禱告之意。後加示旁作祭祀之意。

礿　表勺中有水以水或酒祀天。

禘　祭也。甲骨文字常見[illegible]字而無示旁。『帝』為祭祀之名稱，同時亦用作上帝、皇帝之『帝』用。上古禘天、禘祖。

祫　禘祫連用，五年二祭，一為禘，一為祫。甲骨文作[illegible]

祝　《說文》『一曰從兌省』不通。兄字本讀為祝聲。覯、柷、呪皆讀祝聲可知。兄字古音讀況（音恍）古代稱兄作𠂒即『往』字從兄㞷聲　父兄常作父𠂒今讀兄作兄。《說文》不能解釋。象跪拜神前祝禱之形。

祈　古文字作[illegible]後簡化作旂通作『蘄』如『以蘄眉壽』

禦　甲骨文作[illegible]　後期作[illegible]　《詩》『以迓田祖』『迓』即禦字，迓、禦音同。禦、古音讀若迓

社　古文字作[illegible]（土）土地之神也。凡地上所生之物，人每多祭祀。[illegible]象物自地上生出之形。

祟　古從木作柰。古祭祀一種。《說文》『神禍也』。

示　《說文》『從二示』誤。古文字作[illegible]或[illegible]表二根籌碼並立。古人稱籌碼為『算子』。後變為[illegible]與古文字之T相近遂誤為[illegible]示　表十數也。詞牌《卜算子》—卜卦時所用之算子也。

禁　林中有祭祀，禁人入內之意。引申為禁止之『禁』。

覃　《說文》讀作『厚』。厚、覃古音同，為一字也。

王　甲骨文作[illegible]、[illegible]後變為[illegible]王　金文作[illegible]與玉不同。

《說文》中二說均誤。

吳大澂謂王從火　但火作[illegible]王字無從以上二形者。吳氏說不通。吳其昌謂王象斧頭亦無稽之談。

徐中舒　謂王象人形狀。

董作賓《殷曆譜》謂王先作[illegible]後作[illegible]再加一橫為皇帝之帽益屬可噱。

王字或作[illegible]與土不分。字之偏旁從土者，亦可從王。『金』字[illegible]上從土下從王，王亦代表土也。

閏　商代無閏月之名而有十三月、十四月之名。一年有十二中氣，十二節氣，如冬至為十一月中氣，夏至為五月中氣。中氣與中氣間為節氣。每月有一中氣，一節氣，如多出一月，（十三月）而此月

恰無中氣，則以此月為閏月，故有『無中置閏之說』。

皇　《說文》謂『從自王』誤。皇原作□表陽光。日方昇出地面，煌煌然之意。『皇』古文字又作□與『早』字形近義同。

汪榮寶『釋皇』（北大研究所國學季刊第二卷一期）謂皇為王冠，誤。

玉　『潤澤以溫，仁之方也……勇而不忮，絜之方也』古論語中有此類語。『玉』與『工』為一字，工原作口，玉原作□後省作□再省作□玉。實係象一玉之形，非三玉相連也。

古三玉相連作丰或半。

瓊　即琁。段注本置琁於璿字下以為璿字不當。

今發現有孟琁碑即孟瓊碑。

《詩經》瓊琚即琁琚　琁即瓊字，徐本是也。

珦　朽玉也。段玉裁改作玉。珦、玉二字解釋不同，玉，琢玉工也。

璧　瑞玉圜也。肉倍好謂之璧。□。古文字作□、□

瑗　古文字作□象相引也。大孔璧，好倍肉。

環　肉好若一。

璜　半璧玉也。古文字作□或□、□不從玉，為懸於身上之裝飾品。

珩　即璜字。

璋　甲骨文作璋

琱　古文字中未發現此字。周時作[glyph]。古文畫作[glyph]可推知與『雕』同義。

玩　與『翫』皆寶貝之意『乍弄鳥』（以為寶之鳥）。銅器有『天君乍元弄』元弄即玩弄也。

玤　古文字作丰（與丰不同）串玉也。

豐古文字作[glyph]象蘿根。

玲　為石名非玉也。或作瑊塑。《穆天子傳》作玲瓏郭璞注音『質』。

古代以革字代塑字《史記》『鞗革有鶬』即鞗塑有鶬。

瑤 玓 瓅 ｝螺鈿也

玫瑰　火脊珠也　玫瑰係火燒料器紅石，故稱火脊珠也。

璣　珠之不圓者。

琅玕　綠松石也。

珋　《說文》寫法誤。古文字作[glyph]，[glyph]無上『一』筆。『柳』古文字作[glyph]，瑠璃也。火燒之透明料器。亦稱吠瑠璃（壁瑠璃也）。

璗　金之美者，與玉無關。

靈　古文字作霝 古稱巫為靈（《楚辭》）。

玨　北方讀『角』當讀作『瑴』，二玉合為一玨，或稱二玉相合為一工。工、玨、玉、一聲之轉。

瑴　古文字作[古文字形]即瑴字。以棒擊玉也。『攻』同。『玉』名詞，『攻』動詞。

班　從『刀』者有分開之意。古音班、分音同，皆重唇音。班亦可作頒。頒從分聲。

氣　《説文》雲氣也，誤。氣、乞同。古文字常以乞代氣。甲骨文『三』即氣字，有『三至』之説即『氣至』也。

氛　《説文》『祥氣也』。古人喜望氣。

士　《説文》『數始於一，終於十。從一從十。子曰推一合十為士』均誤。

古文字作丄與『牡』同，為代表雄性之意。

壻　夫也。婦人莫不得以為夫，處女莫不願得以為士。

丨　《説文》『下上通也，引而上行讀若囟，引而下行讀若退，是『丨』有三種讀法。滚、囟、退，此係漢人杜撰之讀法。

囟同進，故上行曰進，下行曰退。

丨→[古文字形]→十故『丨』當即『十』字

中　《説文》『內也』。宋本作『肉也』，或『而也』。或曰中龢也。『龢』誤為『而』。

古文字作[古文字形]或作[古文字形]《説文》中（古文）[古文字形]（籀文）

甲骨文有[古文字形]、[古文字形]、[古文字形]一般誤為『旗』，或『斿』字，實即『中』字[古文字形]可加○成[古文字形]、，可加〇成　可知中字原象旗形。〇為旗之中心點可以手持之也。初期為　後變為　再變　旗為標幟可為招聚信號使人集中。軍隊有中軍、左軍、右軍。王或師居中，其旗亦居中。可推測中字之意義乃由旗字得來，而加以引申者。中字亦不當從『丨』當別立一部。

⿸㫃丨　當作⿸㫃工。下從『工』不從『丨』。古文字作　（⿸㫃工）。旌旗杠貌，從㫃工聲。工象柱槓形。古文作　、　。《說文》讀『醜善切』，廣韻中讀如『幢』。

屮　古文字作　。艸古文字作　。　二者不分《漢書》凡艸字皆以屮替可知屮、艸同

屯　《說文》『難也』。說法勉強。甲骨文有　或　、　（屯日）作春字用。　象枝葉婀娜（柔軟之意）。春天生物皆新生，故象柔軟之貌。甲骨文只有春秋之名，而無夏冬之名。稱今春、今秋皆今年之意，稱明春、明秋皆明年之意。樹木又生長萌芽謂之春，穀稻收成曰秋，故以春秋代一年。

于省吾先生著《殷契解字》以為甲骨文中有　字為屯（春）字。

唐先生則以為豖字之倒文。豖之正文有作此形者。

每　武罪切。『武』古音讀『母』。『每』字與艸木之意無關。

古文字作　。　象長髮，故每字為年長女人之象形，象其頭上有髻也，猶之『先』字古文字作　象老人有長髮。

長古文字作　象人之長髮，引申作『長』字解。

莓　艸盛上出之意。

毒　從艸毒聲。其實毒、毐本一字

又如瑇瑁（玳瑁）『瑇』則音『代』（代與毒同音）可知。毒字古音亦讀玳聲，與中無關。

坴　陸字右上旁從坴。古文字作　、　象壁虎形，六朝後即有蠍虎之名（當稱蜥蜴及守宮）。

漢瓦上有蠍虎之形山上多壁虎，名之曰『陸』。

熏　古文字作　或作　與許說不同，從『黑』不通。

蘇　古文字作　無艸字，右旁不從禾而從木。蘇葉也。食蟹時，用蘇葉以怯寒。

柬、煉、熏為一字。

苷　甘艸。

蒠　忍冬。

芺　苦芺也。李陽冰謂『上從竹下從犬，犬聞竹聲而笑』。笑即芺字。漢代有一時期字之從草從竹者不分。（茀、第，蕭、簫）

《說文》無笑字，『芺』假借為好笑之『笑』。

葑　又稱菘，原為蘿蔔一類。

薺　疾黎快讀為薺。

菡　荷花未發為菡萏，已發為夫容，亦稱扶渠。

茄　扶渠莖，蓮、扶渠實。

蔤　扶渠本（藕牙也）。荷、扶渠葉。

藕　扶渠根。

蕭　艾蒿也，今稱蒿子。

芍　可讀的、勺諸聲。蓮子稱『菂』，亦可寫作『芍』，蓮子心稱『薏』。芍、《說文》鳧茈也。即今言荸薺也。古音讀鳧為不（重唇音）。

菰　雕胡也。一稱蔣，通稱茭白。

荊　《說文》楚木也。刕古文荊當作[glyph]或作[glyph]下從刅（創）。[glyph]原象人身上有樹枝刺傷之形。『創』原意亦受傷之意，荊字從艸刅聲，表小木可刺傷人者。

葉　甲骨文作[glyph]象樹之有葉狀，後變作[glyph]。葉或以為『果』字誤也。

茲　《說文》艸木多益。甲骨文作[glyph]

[glyph]—茲
[glyph]—絲

茲字可寫作[glyph]，後人讀作『玄』非是。

茲字原象絲之形狀，故上下出頭並無關係。

苗　《說文》「艸生田中，從艸從田」。古文字作□或以為「甫」字，誤矣。甲文「甫」作□不作方田形，苗或作□。田字古文字可作田。

菽　當作菿，「大」也。

若　《說文》擇菜也從草右，「右」、手也。一曰杜若香艸。
「若」字在《說文》中不當為□，而當為叒字。若從艸右聲。
古文字作□、□、□從手持艸，即《詩經》中「采采芣苡，薄言有之」之「有」字，從艸有聲。

蕢　古文字作□《說文》「艸器也，從艸蕢聲」。□古文蕢原當作□杵也。從杵舂之使潰也。

析　甲骨文作□以斤伐枯樹析斷之也。本從木不從艸，而析可作□後變為□又從手矣。

芥　大篆寫作莽可下加一艸字　如芥可作莽是也。

苟　苟字與□字相通。讀若「亟」。
苟古文字作□、□古文字作□

草　《說文》不作艸木之艸解而作「皁」字用。皁、皁莢也。
甲骨文「十」可變作「甲」小篆依此類推，將早、卓、戎、變作皁皁甙皆不當。

春　《說文》作□《玉篇》艸部無春字，春字在日部。《說文》小徐（徐鍇）本從日、艸、屯聲　段玉裁本小徐說。

春當作從日屯聲　（収→廾誤作→艸→草　且當在日部寫作萅

春[古文字形]春
泰[古文字形]泰
秦[古文字形]秦　其下皆有二手（収）此為相同點。凡収字每變作廾如[古文字形]變為弆是
奉[古文字形]奉
奏[古文字形]奏

蓐　陳艸復生也，從艸辱聲。蓐字在古字中實即薅字。

薅→蓐→蓐古文字中『林』與『廾』通用處極多，如[古文字形]可作[古文字形]

辰　古文字作[古文字形]象大蚌殼用以割草種田挖土之具，故農字從辰。拔去田中之艸曰薅；或茠。許慎以為從蓐、好省聲，誤。當係從女『辱』聲。

莽　茻　實即艸字。甲骨文從艸從茻不分。如[古文字形]可作[古文字形]

莽為象意字與莽聲無關。

說文解字第二篇

小　說文『物之微也，從八、丨見而分之』。此說不通。『小』古文字作[古文字形]，少作[古文字形]

『小』、『少』、『尐』一字也，皆象沙之形狀。

八　數目字。《說文》『別也，象分別相背之形』。『八』字作『別』字係後來說法。

分　《說文》『別也從八從刀，刀以分別物也』。

尒 [古文] 古文字作↑•—即《說文》木部『檷』，絡絲。

尒說文『詈』之必然，謬矣。

曾 同甑古文字作[古文]

尚 《說文》『從八向聲』『尚』古文字作尙『向』古文字作 二者無關。

豙，豕上增畫兩點同『遂』。《說文》『從意也』。

詹 《說文》『多言也』。又有『譫』字亦訓多言也。

古文字作[古文]從言、石聲，擔也。

介 《說文》『畫也、從人從八』不通。羅振玉謂介、甲冑之意，象人掛甲之形。古『介者不拜』。『介』古文字作[古文]。羅說亦不可信。

古文字中有[古文]、[古文]（疒）。介上之點表水或塵土為草芥本字。芥草屑也，『圿』塵土也，故旁之點象水與塵土等微細之物。

[illegible] 兆《說文》段注以為『兆』字誤矣。『兆』字《說文》作[古文]古文字作[古文]。原本《說文》讀兵到切，是即分別之意。『兆』古文字作北亦不從八。『行』古文字作[古文]象十字路口之形『兆』則三叉路也。

兆即『派』字，凡路分為三歧或九歧曰派。

公 原作[古文]上下不分開，『容』之本字為宂，原作[古文]。貌。古文字作[古文]皆象人頭。

公伯 亦人頭也。可引申為『長』如公伯諸侯之長也。

余　《說文》『語之舒也』誤。余、舍古不分，古無房屋宿於野地。於樹搭屋。[古文字形]加兩點成余。

釆　辨也，與采字不同。『釆』古文字作[古文字形]『釆』古文字作[古文字形]丂古文釆易訛作『（平）』《書經》『平秩南譌』『平即辨（釆）之誤。《說文》謂象獸指爪分別也，誤。釆古文字作[古文字形]↓[古文字形]其意與尞字相類。『尞』用火焚燒之意。『釆』在古文字中即燔之意。

番　古文字作[古文字形]籀文箕也。形與箕類似。箕古文作[古文字形]、[古文字形]

潘　淅米也。

半　許說從牛，自古文字觀之非牛也。[古文字形]半斗之意。

[古文字形]　寫作[古文字形]則誤為從八從牛矣。

胖　當入月部，古代稱半豬為胖。甲骨文爿作丿有『一豕又一丿』語。一爿即一半之意。謂胖為廣肉之義，係後起者。

叛　原義為反，反古讀板。叛又可假借為『畔』字。

叛從半反聲。一曰半聲反聲，形聲字稱此為兩旁皆聲。又如『铻』『嘏』皆兩旁皆聲。

牛　《說文》謂象角頭三封尾之形，說法勉強。『牛』古文字作[古文字形]象牛頭，猶之羊作[古文字形]亦象其頭也。

牡　古文字作[古文字形]《說文》從牛、土聲，誤。當為從牛士聲。士代表雄性也，士古音在『魚』部，士古音在『之』部，牡古音在『幽』部，以韻母論則之、幽二部相近。

犅　公牛也。古文字作[古文字形]《說文》特牛也

牝　古文字作[古文字形]代表雌性。祖母亦稱匕，今作『妣』《說文》畜母也。

犙　三歲牛。古文字中恒見。

牭　四歲牛也。《說文》牭從貳誤。犕即二歲牛也。

牲　《說文》『牛完全，整畜也。』活牲以祭祀。

牢　《說文》『閑養牛馬圈也』。古文字作[古文字形]後作[古文字形]

掔　牛很不從引也，象以手牽牛狀。甲骨文作[古文字形]古文字作[古文字形]

犀　古文字作[古文字形]

物　雜色也。牛稱物因各種顏色，又引申作各種物件之物，《說文》『物、萬物』古文字作[古文字形]、[古文字形]、[古文字形]『勿』之本意為地下挖土

犧　宗廟之牲也。此字不當有牛旁。

犛　西南夷長毛牛也

犛　旄牛也。

告　[古文字形]《說文》『牛觸人，角箸横木所以告人也』。今觀字形角並無横木之形。古文字中有[古文字形]始係角箸横木之形。其實牛字亦即『告』字[古文字形]→[古文字形]。猶之羊字即『吉』字[古文字形]

牛古讀奧（ａｏ）與音告（ａｏ）音近，故牛、告、原為一字，後音變，乃分為二。

由　、牧　造亦可證明『牛』『告』為一字。

嚳　古作告。帝嚳古書或作帝俈。古文字中未見此字。

口　古文字中從口字者甚多，古時文字較少，故或以一形體代替多方面意義，如口字即有三來源

一口齒　二笑盧　三開口

口齒　凵笑盧。凵開口也。

吾　古文字作　↓　↓吾象酒瓶上纏繩之狀。

君

命　古文字中『命』與『令』為一字。

召　『評也』從刀在凵（器皿）中。古文字　『召』字。

問　從口，為口齒之口。

唯　或作『惟』發語詞。

哉　甲骨文作　、　春秋時代加口字作　在商代時已為發語詞。

咠　口在耳邊為低聲耳語之意。古文字作

台　作『以』字用。

啟　　、　，開、啟意義相連。

咸　《說文》『皆也，悉也』古文字為象形字。　　原為保守之意。

右　助也　口以手助之。徐鍇言不足，以左復手助之。

啻　啻＝商　意與『適』同。

吉　《說文》『從工口』，誤。『吉』甲骨文早期作[glyph]後作[glyph]、[glyph]、[glyph]為食器[glyph]、[glyph]、[glyph]諸形皆象食器）。其下之凵為笑盧。古代食物考究故有『善』意。（[glyph]敦字）。

周　古作[glyph]或有口或無口，不從用　田[glyph]皆『周』字小篆誤作『用』。[glyph]下從周，畫或作[glyph]，[glyph]下從琱（[glyph]）可知『周』與『琱』解釋同，（雕刻玉也）。田

象玉　象備雕琢之意，《說文》釋『密』，誤。

唐　[glyph]大言也。從口庚聲。啺、成湯之『湯』。甲骨文中均作唐。
周代姓唐之『唐』字，以此字代替。[glyph]即陽盧。象酒杯之狀，即後之觴字。

㕣　《說文》『語相訶也』。古文字或作[glyph]、[glyph]（辛）本為古代兵器。

吟、含、叫、句　原為一字後變為二，吟與含、叫與句本為聲音符號。置於上下左右並與意義無關，今將上下變更即讀作二音，分為二義。古書有『吟而不言』句即『含而不言』之義可知吟、含意義相通

吝　從口文聲。恨惜也。古文字同。

各　各《說文》『異辭也，從口夊，夊者，有行而止之不相聽意。
各與正意義相反。正[glyph]、[glyph]

各[古文]、[古文]、[古文]一各

正、象二足向口走過去，正當作『征』『王於出征』。

各、象二足向口走過來，各當作『格』『祖考來格』。

凵　坎之古字，張口也

吅　驚呼也。表說話人多之意。

或作[古文]音『娘』。

襄　字小篆作[古文]即從[古文]字變來。《說文》『亂』也。从爻工交口。解釋迂曲。最古文字作[古文]象人頭上頂物之狀，送物者多為女人，故引申為『娘』字。後加偏旁[古文]、[古文]聲[古文]從土[古文]聲。

嚴　喧嘩之意。古文字從三口或二口作[古文]或[古文]

咢　[古文]譁訟也，《說文》從吅屰，屰亦聲。不當从吅。

古文字作[古文]或[古文]三口或四口不一定作二口。本為花萼之意。簡作器或作『噩』。

單　《說文》『大也從吅早、吅亦聲，闕』。誤。古文字作[古文]非口字今訛作單。[古文]早期作丫，丫即『幹』字，為古代兵器及狩獵用者之叉形物。為象形字，不當分作上從吅，下從早而為形聲。

獸　古作『狩』字講，用丫，有犬輔助以狩獵。

戰　用戈用丫，代表戰爭。

哭　《說文》『從獄者聲』誤。當從『犬』謂『犬嚎之聲如哭也』亦誤。哭即咢或噩字。『咢』或作『器』去下吅字則成哭字，與犬形相似，乃誤為犬。

喪　亡也。古文字作[古文字形]去掉下半成[古文字形]仍是咢、噩字　噩有不祥之意，引申作喪亡之喪。

走　《說文》『趨也從夭止』一後人以為上從犬，犬走路也，不通。

二因夭說文作夭或改作夭止亦誤。

古文字[古文字形]、[古文字形]皆大字[古文字形]、[古文字形]為『夭』字即走路之意　象走路時兩手一前一後

徙　古文字作[古文字形]象人走路。

趣　疾也，從走、取聲。

趞　《說文》『趬趞也，從走、昔聲，一曰行皃』。

趙　古文字皆以『肖』代聲。

止　《說文》『下基也，象艸木出有阯，故以止為足。』古文字作[古文字形]象脚趾。與『足』字同。

踵　可變從止作從足　為踵。

堂　可變從止作從足　為堂

峙　可變從止作從足　為跱

歫　可變從止作從足　為距

踧　可變從止作從足　為踧

躄　可變從止作從足　為躄

歬　《說文》『不行而進謂之前，從止在舟上』誤。前字不從『舟』。

古文字歬作[古文字形]下從『用』作甪。『用』古文字『桶』用以濯足之器，　當為濯足之意即

『湔』字也。

歷　古文字作水稻長成後，人於稻田中來往經歷也。象意字非形聲字。

歸　古文字作從帚、𠂤聲。歸從止。歸聲乃後起字。

㞢　讀若『撻』。《說文》所杜撰者。古文字反正皆可，　亦『止也』。

翜　『不滑也從四止』。古文字作象三足（三止）。

翜　音翜古代出殯時，人手持大羽毛稱翜即今之翣也

亦稱柳翣（雪柳）。疑翜、翜為一字。

癶　此字不應有。

登　《說文》『上車也，從癶、豆象登車形』，誤。

『登』古文字作一用以盛肉等，一以作油燈

古文字有豆中放肉以祀祖豆中放米祀祖。

《左傳》『用鄫子於次睢之社』可見古代殺人祭神之事甚為普遍，今美洲墨西哥之紅種人即用活人

祀祖，為野蠻民族之風俗。

豋作烝嘗之烝字用。𢍏。春祭祖曰禴，夏祭祖曰祠，秋祭祖曰嘗，冬祭祖曰烝。

登　《說文》『以足蹋夷艸，乃後起解說。古文字作原象走路不正之意。刺即潑刺　以杖擊

足之意；足被擊則行不正也。

步　二足一先一後象走路之形。古者一步長五尺。

歲　《說文》『木星也從步戌聲』。歲從戉不從戌　古文字作、、、或作何以代歲星則不可解。古人以歲度天文曰『推步』（以走步之法測天）。

此　古文字作即呲（跐）字。

正　《說文》解釋牽強。古文字作詳見前『各』字條。

乏　『反正為乏』之說不通。『乏』字為正之反，係特殊之意，非形體上者。

干、盾古之干盾為射箭時必須用者。

象雙手持干戈之形。

古稱靶子為正、曰『鵠』、曰『的』或連稱正鵠、鵠的。《史記》『終日射侯不出正』。古人習射有專司報告中與不中者（藏於靶後）稱『唱獲』。習射時，唱獲人防誤被射中，乃持盾以防身。所持之盾曰『乏』。射者必求中於正，故不中正為乏也。

甲骨文有字即乏字，　亦象盾之形。

是　《說文》『直也，從日正』　古文字作不從正　即子字。甲骨文作從子，止。

韙　本與韋字同，相反為訓乃訓為是。

辵　古文字作又即彳止字，同『延』字。辵與延實為一字，但彳止上可加物如加豕為（逐）。『延』則不能加物。

跡　《說文》籀文跡從朿，速古文字作

逹　《說文》『先道也』。金文作與帥同義。

徒　《說文》『步行也從辵土聲』，當寫作辻

𨑨　《說文》『正行也，從辵 正聲』，與延不同，同『征』。

述　《說文》『循也從辵術聲』。

過　《說文》度也。

進　《說文》『登也 從辵閵省聲』，誤。進本從隹聲。

造　《說文》『就也』。古文字造從舟作[illegible]或[illegible]

遻　《說文》 辿也　甲骨文作[illegible]

逆　《說文》『迎也　從辵屰聲』。古文字作[illegible]乃『大』之倒文。（大象人）象人自對方來，而另

一人相向以迎接也。

遇　《說文》『逢也從辵、禺聲

遘　《說文》『遇也』。

通　《說文》『達也』。

㢟　迻也　依《說文》寫法有三1、辵2、彶（徙）3、屎（屟）

屟乃『屎』字是也。說文有『尿』無『屎』字

甲骨文屎作[illegible]尿作[illegible]係象形字。

《說文》凡不潔之物多從尾，如屟（尿）屎字亦當依例作屟

尾字原作[illegible]。上古人以掛尾為裝飾。《說文》誤寫作[illegible]或[illegible]故屎即屟字。屎之作

『徙』乃假借。金文常以屎字代『徙』字。

一祉字多出一重文，將屎以為祉字；二以屎為祉，金文缺屎字。

說文重文之錯誤

不當在一起之字放於一起，如屎當分入人部。祉當分入止部。又如氛、雰二字一從氣，一從雨

《說文》亦並於一處。

還　《說文》『復也』。

遣　《說文》『縱也』。

遲　《說文》『徐行也』。或作遟。古文字用『遟』者少見。

邁　《說文》『馬不行也，讀若住。』邁馬河邊。邁同駐

遹　《說文》『回避也』。

違　《說文》『離也』。

達　《說文》作[古文字]。右上從『大』。古文作[古文字]右上不從大。

遂　《說文》『亡也』。古文字作[古文字]即逐字。

追　《說文》『逐也』。

遠　《說文》『遼也』

迂　金文作[古文字]從辵從走可通

邍　《說文》『高平之野，人所登同『原』

道　《說文》『所行道也一達謂之道』。

遽　《說文》『傳也一曰窘也』。

邊　《說文》『行重崖也』。

彳　躑、丑亦切。躅丑玉切。躑躅雙聲。

躑躅或寫作躊躇、踟躕、峙躇、蹢躅一也。

從古文字觀點看彳亍二字即行之或體。讀若丑亦切之彳，丑玉切之亍皆不當。如武𢓊，行𢓊

雖只畫一邊仍是『行』字。

古代『行』字象大道之形狀，不作走路講，為名詞，有『䘙』字亦讀行

意義始為走路。䘙字後廢，遂變『行』為動詞。彳亍亦變為動詞。彳《說文》解釋有誤。小步亦

走路也，象人脛三屬相連不通。彳亍為聯綿語，有語音無文字。

德　《說文》『升也』

復　《說文》『往來也』。篆文作復

往　《說文》『之』也。古文字作[古文字]不從『辵』應寫作[古文字]不應作『往』

㞷(㞷)——徍—往　狌—狂　洼—汪　暀—旺

彼　往有所加也。古文字中罕見，唯有[古文字]者即『皮』字。

微 《說文》『隱形也』。

後 《說文》遲也。

得 《說文》『行有所得也』。『得』古文字作⿰彳⿱貝寸上從『貝』。《說文》作⿰彳⿱見寸上從『見』。彳部㝵字曰『古文省彳』見部亦有㝵字。

得字有二讀法 一讀『德』聲，二讀『敗』。甲骨文借『得』字為『敗』字。敗後音轉為㝵・故『礙』從㝵聲。

禦 《說文》使馬也。從彳從卸。甲骨文作[古文字形]从卩、午聲，御從彳卸聲。禦從辵、卸聲 古文字無『卸』字。

馭 《說文》古文御又從『馬』 古文字作[古文字形]

廴 長行也。即彳字 古作乚（不規則寫法），故彳、廴實一字也。

廷 《說文》『朝中也從廴壬聲』。 古文字作⿺乚土或⿺廴彡代表地點。

延 《說文》『行也從廴正聲』。征古文字作征，從廴從彳同，故延、征當是一字。

建 《說文》『立朝律也』。 古文字作⿺廴聿亦不從彳

㢟 說文安步㢟也。㢟同遷。遷、延為疊韻聯語。

行 說文人之步趨也。從彳亍。

衛 《說文》『將衛也』。今以『帥』字代之。帥字原意為佩巾。

率 古文字有⿲彳率亍字即率也。

衛《說文》『宿衛也』。『韋』古文字作『[illegible]』象城郭包圍或保衛之意。後簡作[illegible]此說不甚通。『口』既象城郭，不應在路之中間。

古文字後又加『帀』作[illegible]。帀與方同義。

齒《說文》『口齗骨也，象口齒之形』。然牙齒不應生於同向。古文字作[illegible]乃真象齒也。

齝《說文》『吐而噍也』。噍同嚼。

牙《說文》『牡齒也』。古文字作[illegible]。牙、[illegible]齒皆象牙形。

𤘆《說文》『武牙也』。今俗謂門齒外出為虎牙。

𤘘《說文》『齒蠹也』。𤘘或從齒作『齲』

足《說文》『人之足也在體下。』

疋（音疏）《說文》『足也』。與『雅』古音近乃假疋為『雅』，故疋亦讀雅。足、疋本皆作[illegible]、[illegible]。『楚』從足從疋均可。

古文以為《詩·大雅》之『雅』亦以為『疋』字。

距《說文》『鷄距也』。

路《說文》『道也』。

𤴡《說文》『門戶疏窗也』。

𤕟《說文》『通也，從㐅疋，疋亦聲』。

品　《說文》『眾庶也，從三口』。『品』字當有二種解釋。

一象許多筥盧之形。二多口（只能代表許多聲音，不能代表許多人）。

古有金三品之說即黃金、白金（銀）赤金（銅）

喦　《說文》『多言也』

喿　《說文》『鳥群鳴也』。多口表喧張之意。

龠　《說文》『樂之竹管三孔以和眾聲也，從口侖。古文字作𠱜或𠃬即象雙竹管之形。𠁁本為象形字。《說文》誤。

龢　《說文》『調也從龠、禾聲。讀與『和』同』。

冊　《說文》『符命也』。諸侯進受于王者也。象其劄一長一短，中有二編之形。故今有『冊命』一詞。古文箫。古文字作𠕋、𠕁

嗣　《說文》『諸侯嗣國也』。

章太炎謂冊字有二讀法　一讀『典』聲如典，二讀『冊』聲如柵。

嗣當從冊、司聲，不當再加『口』字，《說文》從冊、口，司聲，誤。

扁　《說文》『署也，從戶冊，戶冊者署門戶之文也』方沔切。『方』古音讀『邦』（重唇）『邦沔』讀如扁。

說文解字第三篇

㗊　《說文》『眾口也，從四口讀若戢。』

嚚　《說文》語聲也。

囂　《說文》『聲也』。

嘂　《說文》『高聲也，一曰大呼也』。即『叫』字。

器　《說文》『皿也』。古文字作□象器皿而以犬守之也。《說文》象器之口不通。

舌　《說文》『在口所以言別味者也』。古文字作□象舌伸出口之狀，然其端兩歧非象人之舌也，係象蛇之舌。

𠯑　《說文》作□古文字作□亦象舌，『活』今從舌，當從𠯑，甜從舌。

舓　《說文》『以舌取食也』。舓或作䑛（音拭）

干　《說文》『犯也，從反入從一』誤。古文字作丫象叉形。

𢆉　說文撖也　古文字亦干字，忎『悍』。

屰　《說文》『不順也，從干下。凵屰之也』大誤。『屰』古文字作□即大之倒文也。

谷　《說文》『口上阿也，從口上象其理』。以為上膛也，不通。

谷今寫作『𣪊』其上八八當連不當分，谷即『去』字。

『去』《說文》作□從口從凵可通。

『法』字右旁從『去』古文字即作□。卻＝却　腳＝脚可證

[口+卻]从口卻

臄从肉豦聲　此可解作口上阿也。

丙　舌貌《說文》誤。

『宿』古文字作[glyph]或[glyph]象席形。　　當讀作三年禫服之禫　即禫（簟）字並非象舌。

只　《說文》『語已詞也』非。只即兄字變成者。『兄』古讀『祝』聲祝、只聲近。

㕯　㕯=吶。形聲字㕯部所屬之字並非從㕯

矞　《說文》『以錐有所穿也，從矛㕯』。古文字作[glyph]並不從矛㕯。

商　《說文》『從外知內也』。古文字作[glyph]不從內。

句　《說文》『曲也』，當入『口』部。此字不當有。

拘　《說文》『止也』。此字當收入手部。

笱　《說文》『曲竹捕魚也』。笱當入竹部。

鉤　《說文》『曲鉤也』。鉤當入金部。

拘、笱、鉤《說文》在句部，然駒、狗其右旁皆從『句』何不入句部？此種分部法乃《說文》之錯誤。許叔重以其同義放置於一部。

丩　《說文》『相糾繚也，一曰瓜瓠結丩起』。此部亦不當有。

𠬪　《說文》『𠬪相丩也』。此字當收入茻部。

糾　《說文》『繩三合也』。此字當入系部。

古　《說文》『故也從十口，識前言也』不當。古文字並不從十口。金文作[glyph]。『姑』古文字作[glyph]

申　表盾。古文字申—[古文字形]—母　當從口母聲。作古字用乃假借。

蝦　《說文》『大遠也』。此為兩邊皆聲字。

十　《說文》『數之具也　「一」為東西「丨」為南北則四方中央備矣』誤。

十古文字作丨

一二三四古文字作一、二、三、亖春秋後廢。

十一十二十三十四作[古文字形]、[古文字形]、[古文字形]、[古文字形]。

十[古文字形]作丨[古文字形]。

十與七不同。古文字十作十，豎畫長，橫畫短。七作十，橫畫長，豎畫短。

千　《說文》『十百也 從十人聲』。『千』古文字作[古文字形]從一從人，非從十也。

博　《說文》『大通也』。

卅　《說文》作𠦃誤。其下當相連作[古文字形]

世　《說文》『三十年為一世』。誤。世、枼古文字為一字，枼古文字作[古文字形]→[古文字形]→[古文字形]

世今語稱中葉即中世。百葉不忘，即百世不忘也。

言　《說文》『直言也』。謂從口辛聲不當，古文字作[古文字形]

辛、古代西土音樂，古亦作『薪』解。

『言』與『音』古為一字，『音』古文字作[古文字形]，皆象以塊木於瓦器中敲之形。

人類語言屬於聲音之一種，故以『音』代人語言之『言』字。

語　《說文》『論也』

謂　《說文》『報也』。

許　《說文》『聽言也』。許字當作鄦。

金文『許』字作『無』。

諾　《說文》『譍（應）也從言若聲』。諾字實即『若』字。

『若』古文字作𦧇即作發言之意，多一『言』旁，是又多一口，疊床架屋。

讎　《說文》猶譍也。古文字二『隹』字相背。

諸　《說文》『辨也』即『者』字。秦始皇時始加言字偏旁。

𧥾　《說文》『快也，從言、中』。

誨　《說文》『曉教也』。

諶　《說文》『誠諦也』。

信　說文『誠也從人言』。『人言為信』之說不通。說話不必為信。

人、千通用。通以為『計』字非也。

認　《說文》『誠也』。

誓　《說文》『約束也』。

折、古文字作𣂚誤作𣂛，後世乃誤以為從手旁。

諫　《說文》『餔旋、促也』。段注未聞，疑有誤字。古文字作促解，『諫』與『諫』不同。

諴　《說文》『和也』。

設　《說文》『施陳也』。

詠　《說文》『歌也，詠或從口』咏。

誖　《說文》『亂也，從言孛聲，』誖字或從心。籀文誖從二『或』，今作䜽

䜌　《說文》『亂也，一曰治也，一曰不絕也。』此字古有二讀『樂』或『蠻』。如蠻旂（䜌旂）

䜌方（蠻方）。

諆　《說文》『欺也』。讀如期。

訟　《說文》『爭也』。

訶　《說文》『大言而怒也』。金文假作『歌』字用。

誶　《說文》『讓也』。

譴　《說文》『責望也』。通以『望』字代之。古文字作 『望』從月𡈼聲。古文字不作怨望解，而作『忘』字用，十世不譴即十世不不忘也。

討　《說文》『治也』從言寸。古文字從（肘）不從寸

諡　《說文》『行之跡也』。古文字作䛠象米突出，非從水突出也，故不當從水。 誤為『兮』。

譶　疾言也，徒合切，音遝。

詰　《說文》『競言也』。此字疑為競字衍來 古文字中罕見。

譱　《說文》吉也。與義、美同義。可作善，今作善。

競　《說文》『強語也』。當另入一部。古文字作□再古作□。古代帽有二種一尖形□令命有地位貴族，士大夫所戴帽　一方形□競奴隸所戴者。

競當從二『竞』，象二人向前奔跑之狀。

讟　《說文》『痛怨也』，可省作讀。讀亦訓『怨』。

音　《說文》『聲生於心有節於外謂之音』。古與言為一字。

章　《說文》『樂竟為一章』。章　古文字作□或作□《說文》從音從十誤。章字推測當係以木所製之樂器。

辛　《說文》『罪也』。實際辛與辛為一字。古文字有□字作『罪』解

童　《說文》男有罪曰奴，奴曰童。古文字中『童』『重』通用。

童古文字作□更古作□。『重』古文字作□、□、象人負重之形

東字《說文》謂日在木中。古文字作□□不象日　實即橐字　古代口袋有底稱囊，無底曰橐，重字正象人負橐之形。

『童』字即象戴方帽之人負重（橐）之形，即奴隸負重者

說文『奴曰童』是也。然從辛、重省聲，則非。

妾　《說文》有罪女子給事之得接於君者。古文字□象女子戴帽之形，故女奴稱妾

丵　《說文》『叢生草也』。古文字中與辛通。凡從『辛』之字皆可從『丵』。如『對』古文字可作□。

丵字與草無關，乃象木棍而其上不齊之貌。《說文》之說不當。

業　《說文》『大版也，所以飾縣鐘鼓，建業如鋸齒，以白畫之，象其鉏鋙語相承也。』

叢　《說文》『聚也』。

對　《說文》　無方也　古文字作□甲骨文、金文不從口、從口寫法乃六國之後。

菐　《說文》『讀菐也』。

對與菐亦一字。從一手或二手無大分別。

僕　《說文》『給事者』。

収　《說文》『竦手也，居竦切同拱』。然居竦切為『炯』，故當讀若『炯』。

奉　《說文》『承也』。古文字作□從収、丰聲（亦象雙手持丰之形）。今作□其下多出一手，則從手□聲亦當入手部。

『捧』字與『奉』義同，唯更增出一手。

丞　《說文》『翊也』。原作丞　古文字作□（承）或□象兩手承人之狀。　象人落坑中以兩手救之而起。丞從山，丞聲，當入山部

奐　《說文》『取奐也，一曰大也』。

弇　《說文》『蓋也』。音揜又音蓋。

𢍉　《說文》『引給也』。作擇字用。

𢍁　《說文》『舉也』上從甾。

兵　《說文》『械也』。商[illegible]甲骨文，周[illegible]金文

龏　《說文》『愨也』與龔同。龏古文字作[illegible]甲骨文、金文作『恭』字解。或曰『龔』當是從龍，『廾』聲。然金文每以龍代龔，如從龍廾聲，則當以廾字代，不當以龍代也。由是知《說文》從廾，龍聲不誤。

具　《說文》『共置也』

𠬜　《說文》『引也』。象兩手向外之形。

樊　《說文》『鷙不行也』。樊字當有二寫法　一、棥以樹枝中間架籬芭之形，即『樊籬之樊，二樊即『攀』之本字。

共　《說文》『同也』。古文字作[illegible]→[illegible]拱璧之意

異　《說文》『分也』說文將『異』字分作三部不合理。

古文字作[illegible]或[illegible]不作分開而作『抱』字解釋，或翅膀之意，輔翼。

舁　《說文》『共舉也』。

與　《說文》『升高也』與等於遷。

與　《說文》黨與也。

興　《說文》『起也』。

𦥑　《說文》『叉手也』。謂手之上提也。

臼　《說文》『身中也，象人要自臼之形』。

晨　《說文》『早昧爽也』。

晨、農二字同源。

蜃、蚌殼　古代用以種田，故有以蜃治田之說。

象以手持蜃之形表種田也

農　《說文》『耕人也』。古文字作、農。『田』古文字作田田、田，故農字上應從『田』字。

爨　《說文》『齊謂炊爨』。《說文》解釋可疑。《說文》『𦥑』象持甑、冂為灶口。廾推林內火。

釁　《說文》『血祭也，象祭灶也。釁省、從酉、從分。《說文》解此字其誤有三　一從爨省，二從酉，三從分。

古文字作或作象洗澡時沖洗狀。古有『三釁三浴』之說，可知』釁『原作洗澡講。

古有釁社、釁廟之說，乃以豬、羊血澆之也。又可作『縫』解，蓋以豬羊血塗之則無縫也。

釁古讀門聲。『以介釁壽』即《詩經》『以介眉壽』。

亹　古音讀『娓』聲　亦釁聲之變也。

革　《說文》獸皮治去其毛曰革。古文革從三十，誤矣

鬲　《說文》『鼎屬也』。讀歷聲。

《說文》秦名土釜曰𩰫。即今所謂『鍋』字也。鬲多增一『口』即𩰫。　古文字作上可蒸

飯下可燒水。周代變作『鬲』。

爪 《說文》「丮也」。覆手曰「爪」即「抓」字。

孚 《說文》「卵孚也。從爪從子，一曰信也」。金文作[illegible]用手抓子之意

為 《說文》「母猴也，其為禽好爪，爪、母猴象也，下腹為母猴形」。

古文字「為」字解釋與《說文》大不同。「為」金文作[illegible]甲骨文作[illegible]乃從「象」非從「猴」也。古代以象耕作，故「為」乃牽象耕作。《說文》「猴」字乃音之變化，又母猴者。非指雌猴而言，乃猴一種，如獮猴、猿猴、馬猴之類。

丮 《說文》「持也」。象手有所丮據也。古文字作[illegible]象兩手上舉形，故《說文》之說有誤。

埶 《說文》「種也」。

孰 《說文》「食飪也」。

[illegible] 《說文》「設飪也」。

巩 《說文》「袌也」。

谻 《說文》「相踦之也」。

𢦒 《說文》「擊踝也」。

𠃨 《說文》「亦持也從反丮（㦸）𠃨（挶）」。毛傳云㦸挶、拮据也

鬥 《說文》「兩士相對，兵杖在後，象鬥之形」。按今觀之，並無兩士相對之形 古文字作[illegible]象二人鬥毆難解難分之形。

又　《說文》『手也。象形』。

右　《說文》『手口相助也』。古時工具不備，手、口為象形之用，故訓右為助也。

厷　《說文》『臂上也』。

叉　《說文》『手指相錯也』。叉＝扠。

《說文》『手足甲也』。古文字作[古文字]。古文字凡『點』皆象『水』、故『叉』應作在水中洗手解。

父　《說文》『矩也。家長率教者』。古文字作[古文字]象手持物之形—，即斧之象形—，名詞、[古文字]、動詞。後孳乳為『父』字，則另以『斧』字代斧斤之斧。

叟　《說文》『老也』。古文字作[古文字]象手持火把於屋中之形。原無『老』義。

朱駿聲謂叜即接之古文，從又持火，屋下索物也。古者入室求曰『接』。古代房屋無牖故室中黑暗，必持火把入室始能見物。

俞樾曰『因叜字借為長老之稱，故又製從手之接』。夫叜即從『又』而接更從『手』重複無理。故知古字只作叜也。然則尊老之稱當作何字？曰　下有重文傁即其字也。《左傳宣公十三年》曰『趙傁在後，字正作傁《方言》曰傁尊老也』。東齊魯衛之間，凡尊老謂之叜（《兒笘録》）。

燮　《說文》『和也，從又言炎』。炎部有燮字云『大熟也』。此字當最古，燮、燮皆由變變來　古文字作[古文字]金文作[古文字]本象持辛，辛（薪、火把）之狀。

曼　《說文》『引也』。

尹　《說文》『治也，從又丨』許書云從『丿』殆傳寫訛矣。

叡　《說文》叉卑。羅振玉沇兒鐘及王孫鐘並有『中譁叡膓』語猶《詩》言『既多且有，終和且平』。殆語詞之『且』。古如此作

嫠　《說文》『引也』。

及　《說文》『逮也，從又人』。古文字作。

秉　《說文》『禾束也』。

反　《說文》『覆也』。

𠬝　《說文》『治也』。古文字作象以手壓人使之服也。郭沫若曰象以手捕人之形，即古『孚』字。

叔　《說文》『拾也』。銅器以作『叔』非。此字乃『弔』字。

周代『白中弔季』即今所謂伯仲叔季也。故誤以『弔』為叔也。

又古書昊天不弔即昊天不淑。《莊子》『弔詭』即『俶』詭。

取　《說文》『捕取也，從又耳』。《周禮》『獲者取左耳』。《說文》解釋無誤。古文字作、象手持耳之形。

彗　《說文》『埽竹也，從又持甡』。古文字作𢁉。『从又持甡』，非也。

《說文》　彗或從竹從習。古文彗從竹從習

『習』《說文〈以為從羽，誤。羽=彗，𦐇=習　篲=彗

友　《說文》『同志為友』。古文字作[古文字形]二手有相助之意。[古文字形]說文亦古文『友』。羅振玉曰從『羽』乃從『双』傳寫之訛。從[古文字形]又為甘之譌也

ナ　《說文》『左手也』。

卑　《說文》『賤也，執事者』

史　《說文》『記事也，從又持中』。王靜安釋中為放置籌碼之器，亦非。『中』乃捕禽獸之具。與干之義同。古文字有[古文字形]即象雙手持中捕豕之形。

事　《說文》『職也』。同使。與吏同為一字。參閱『吏』字條。

支　《說文》『去竹之枝也』。此字象手持竹枝之狀。

聿　《說文》『手之捷巧也』。

肅　《說文》『持事振敬也』。

聿　《說文》『所以書也』。聿、聿當為一字。聿可作[古文字形]亦可作[古文字形]象手持筆之形。[古文字形]、[古文字形]皆聿也。《說文》以為二字。

古文字有以聿作『筆』字者。

𦘔　《說文》『𦘔飾』也。『讀若津』。古文字不加三撇，凡《說文》中加三撇之字，皆是後起字，如文亦作『彣』，景亦作『影』。

書　《說文》『著也』。

畫　《說文》『界也』古文字作[古文字形][古文字形][古文字形]有雕刻之意，《說文》寫法乃後起字。囲即『周』

字『彫』字。雕刻有二種　一畫交叉形者，二畫四方形者。

《郭沫若》曰古金文畫字作，從從周當係以規畫圓之意。蓋實古『規』字也。《周金文存》、《窓齋集古録》有嵬生者，其銘云嵬生毀 曆用作季日乙妻 子子孫孫永寶用。擄古録之季白彝亦同是爯所作之器。

依金文通例妻當是器名。二器為毀，而銘之以妻可知妻音必與毀相近，参以字形則为妻字无疑。規、毀同属见纽，故假为『毀』。師望鼎不敢不分，不妻，分讀去聲，妻為規字義亦甚協，卜辭亦有妻字皆用為地名

隸　《說文》『及也　從又𡰪省』，不通。隸字當作，通作『肆』字用。《說文》以𡰪為尾寫法有誤。尾當作古文字作

臤　《說文》『堅也』古文以為賢字。

臣　《說文》牽也。古文字作

郭沫若曰『象一豎目之形，人首俯則目豎，所以象屈服之形者，殆以此也』。古人造字於人形之象徵，『目』頗重要，如『頁』字『夔』字『首』字等均以一目代表一人或一頭。此以一目為一臣不足為異。

董作賓曰臣象瞋目之形。

臣字與目字無大區分。古文字以臣、目為一字。平時稱眼曰目，豎目日臣。唐蘭先生以為臣即豎之古文。

殳　《說文》『以杖殊人也』。

𣪊　《說文》『揉屈也。音殿』。應讀若『篡』，殿、篡音近。

役　《說文》『戍也』。甲骨文作象以棍擊人，役即代表奴役之意。

殺　《說文》『戮也。』大徐本古文殺　古文字作即希（肆）字。《論語》『吾力猶能肆諸市朝』『肆』即殺也。

弒　《說文》『臣殺君也』。

九　《說文》『鳥之短羽飛九九也』，讀若『殊』。

参　《說文》『新生羽而飛也』。去聲音『枕』。

與為一字。尿後變為。弱。加水旁為『溺』。古文字『人』每易變為『弓』與『参』為一字可證。翏、参楷書之『彡』乃後加者。

鳧　即『鴨』字。

寸　《說文》十分也，人口卻一寸，動䏖謂之寸口。古者按脈，分寸、關、尺。古代無尺而以手指計算。凡一指曰一寸。手之一紮為一尺，即一虎口之長為一尺。女子手小故女子一虎口之長稱曰『咫』

說文尺古文字尺

古代尺，一尺合今尺六寸，秦尺一尺合今尺七寸。

尋　《說文》繹理也。甲骨文作。羅振玉以為臣字棒席言謝，不通。按《說文》同丙故應讀簟，加言即『譚』字。

古代席長八尺。人之兩臂之長亦為八尺。故尋乃表示八尺之意。八尺曰尋。

故□即尋之古文。

尃　《說文》『六寸簿也』。

專　《說文》『布也』。

皮　《說文》『剝取獸革者謂之皮』。皮與革不同，『皮』較厚帶血肉也；『革』較薄無毛肉也

𤿬　《說文》『柔韋也，讀若耎』一曰若『雋』。

攴　《說文》『小擊也』，是。此字與『撲』同。《說文》謂上從『卜』。今觀甲骨文作□與龜卜之意不合，且手中不能持卜，亦非形聲字。甲骨文有□象以手持卜擊鼓之意。『鼓』象以手持卜擊馬，故知攴乃手持小樹枝之形。

啟　《說文》『教也』。

敏　《說文》『疾也』。

敃　《說文》『彊也』。

敄　《說文》『彊也』。

效　《說文》『象也』。

故　《說文》『使為之也』。

政　《說文》『正也』。

䟺　《說文》『止也』。

改　《說文》『更也』。

敕　《說文》『誡也』。

嗽　《說文》『到也』。

救　《說文》『止也』。

敓　《說文》『彊取也』。

攸　《說文》『行水也』。

敦　《說文》『怒也、詆也、一曰誰何也』。亦作錞

敗　《說文》『毀也』。

寇　《說文》『暴也』。

斁　《說文》『盡也』。

攻　《說文》『擊也』。

斥　《說文》『㡿也』。

敔　《說文》『禁也』。

攺　《說文》『毅攺，大剛卯以逐鬼鬽也』。

敘　《說文》『次第也』。

牧　《說文》『養牛人也』。古文字作⿰羊攴 ⿰牛攴羅振玉曰『牧』或從牛或從羊，牧人以養牲為職，不

限以牛羊也，諸文或從手執鞭，或更增『止』字，以象行牧，或從『帚』與『水』。

教　《說文》『上所施下所效也』。孝、季二字不同，後人誤混為一字。

斅　《說文》『覺悟也』。『學』篆文斅省。

卜　《說文》灼剥龜也，誤。卜即代表樹枝並不象龜版裂開之形。最古可以樹枝卜吉凶。樹枝置罐內搖以卜之猶今之搖簽然。

卦　《說文》『所以筮也』。古文字無此字

吓　《說文》『卜以問疑也，讀與乩同』。『乩』同『稽』。

占　《說文》視兆问也『吓』『占』以楷書觀之，二字相類。未卜之前問吉凶曰吓，既卜以後曰占。

貞　《說文》『卜问，也從卜貝以為贄，一曰鼎省聲』。鼑，從卜鼎聲。說文寫法有二，一貞二，鼑。自古文字視之，作鼑為正。甲骨文以鼎代貞字用。

羅振玉曰古文以『貞』為『鼎』，籀文以『鼎』為『貞』。今卜辭中凡禁日卜某事皆曰『貞』，其字多作與字相似而不同，或作『鼎』則正與許君以鼎為貞之說合。知確為『貞』字矣。古經注『貞』皆訓『正』惟許書有卜問之訓，古誼、古說賴許書而僅存者此其一也。又古金文中貞、鼎二字多不別。

無鼎，鼎字作貞卜。舊輔甗、貞字作卜，合卜辭觀之並可為許書之證。·

兆　《說文》灼『龜坼也』。『𠁥』古文兆省，然二者皆非灼龜坼也。

兆古文字作□象二人中隔一水，誤作□。

用　《說文》『可施行也從卜中』。不通 古文字　象有把器皿（木桶類）。

甫　《說文》男子之美稱也。此字或係從父變來。

葡　《說文》『具也，從用苟省』。非，古文字作□再古作□象矢插於桶內即箙字。

□　讀棘不讀苟　古文字作□。

羅振玉曰《說文解字》『箙、弩矢箙也，從竹服聲』。《周禮》『司弓矢』鄭注『箙、盛矢器也』。《詩·小雅》象弭魚服。箋，服、矢服也。是古盛矢之器。其字作『箙』作『服』。卜辭諸字象盛矢在器中形，或一矢或二矢。金文略同有中盛三矢□者。

毛公鼎文亦同是。□與□確即《毛詩》及許書之服。箙其字本象箙中或盛一矢、二矢、三矢後乃由從一矢之□、□變而為□于初形已漸失而與□形相近。古者『犕』與服相通假。《易》服牛乘馬。《說文》解字犕注引作犕牛乘馬、《左傳》王使伯服如鄭請滑《史記》鄭世家作犕《後漢書·皇甫嵩傳注》犕古服字。此犕、服相通假之證。矢服之初字全為象形乃轉寫而為葡、犕又由犕通假作服，又加竹而為箙，於是初形全晦而象形乃變為形聲字矣。

爻　《說文》『交也，又象易六爻頭交也，』不通。古文字作×××代表交起之意。

棥　《說文》『藩也』。古文字作棥，象藩籬之狀。

㸚　《說文》『二爻也』，亦不通。此字不當有。

爾　《說文》從㸚 亦不通。古文字作□同爾。絡絲柎也。》□即爾字，可知爾字不從㸚

爽　《說文》『明也』。古文字作□象器皿。

『爽』字乃象人手持器皿之形，古有持大器皿跳舞之俗。

《說文解字》第四篇

旻　《說文》『舉目使人也』。古文字作□以杖擊人也。

敻　《說文》『營求也』。古文字未見此字。

目　《說文》『人眼也』。

睘　《說文》『兒初生蔽目者』。古文字作□《說文》從目袁聲，不當。乃『哀』字非『袁』字也。

眔　《說文》『目相及也』。讀若『既』眔即臮（暨）字也。

古文字作□象眼落淚之狀泪、淚與此形近。胡光煒曰『眔猶暨也』。《說文》眔部 與詞也《虞書》曰臮咎繇。按臮 即『眔』之誤。《說文》目部、眔、目相及也。相及引申為『相』。

睽　《說文》『目不相聽也』。

相　《說文》『省視貌』。

睗　《說文》『目疾視也』。古文字作□，作睗字解。

眚　《說文》『目病生翳也』。古文字作□。

瞚　《說文》開闔目數搖也。瞚 與瞬同。

䀠　《說文》『左右視也』。讀若『拘』又音『瞿』。

《說文》『目圍也』從䀠讀若書卷之卷。古文字作[illegible]古文字又有[illegible]字即[illegible]字也。

眉　《說文》目上毛也，從目象眉之形。

省　《說文》視也，古文字与眚同。

盾　《說文》瞂也，所以扞身蔽目。

自　《說文》鼻也，象鼻形。古文字作[illegible]。

白　《說文》『此亦自字也』，非白字。

《說文》自部所屬之字均不從白。

皆　《說文》『俱詞也，從比從白』。實則其下從『甘』不從『白』。

魯　《說文》『鈍詞也』。古文字作[illegible]從口或甘亦不從白。

者　其下從『甘』非從『白』。

疇　其下從『甘』亦不從『白』。

智　亦從『甘』不從『白』。

百　古文字作[illegible]亦不從『白』。

皕　《說文》『二百也，讀若祕』。

習　《說文》『數飛也，從羽從白』。古文字不從『羽』從『篲』。篲掃竹艸。

羽　《說文》『鳥長毛也』是。

翟　《說文》『山鵫尾長者』。此『羽』非象鳥尾長也。而係象鳥頭上之毛。

翌　翋《說文》飛皃。甲骨文作次日解。

翊、翌本為一字 今則以為一為翊贊之翊 一為翌日之翌。又如准、準亦為一字，今則一作準許之准，一作標準之準。

隻　象人手持一鳥。古文字原作『獲』字用，今則作為一隻之只。

雙象一手持二鳥，今亦用二隻之謂。後以一鳥曰一隻，二鳥曰一雙。變作數目解。

隹　《說文》『鳥之短尾總名也』。

雉　野鳥也。

雀　《說文》『依人小鳥也，從小隹、讀與『爵』同。』

雞　《說文》『知時畜也』。籀文雞從鳥。

雁　《說文》『鳥也，從瘖雀聲或從人亦聲，後變作鷹。

雒　俗稱雒鶉今作鶴鶉

雇　《說文》九雇農桑候鳥，扈民不婬者也。

古書中鳥之分類　一鳥

二鳩　有五種

三雇　常來人家中之鳥 有九種之多。見《說文》

四雉　野鳥，須用矢射者，有十四種。見《說文》

奞《說文》『鳥張毛羽自奮也，從大隹』。

奮 與奞奪皆不從『大』而係從『衣』，故奮亦當從『衣』非從『大』

萑《說文》『鴟屬』。今所謂梟屬亦稱『鵂』。

雚 古文字作即貓頭鷹也。《說文》『小爵也』，非。

《說文》『羊角也』是。

乖 古文字作。象打獵器具，原不從丫。北，象二人不合之意。乖背也。《說文》『戾』也。

苜《說文》『目不正也』。

蔑《說文》『勞目無精也』，非。象以戈殺人之狀，與『伐』字意同。伐、古文字作，。

瞿《說文》『鷹隼之視也』。

雔《說文》『雙鳥也』。

靃《說文》『飛聲也』。

雥《說文》『群鳥也』。

集 當作雧，古文字作或

鳥《說文》『長尾禽總名也』。

鳳《說文》『神鳥也』。古文鳳象形。鳳飛群鳥從以萬數，故以為朋黨字。此說誤。乃鳳之

誤寫

甲骨文鳳作□□並作『風』字解。

朋古文字作□，與鳳字無關。□、倗。

《說文解字》卷五

鬯　《說文》『以秬釀郁艸，芬芳攸服，以降神也』。古文字作□或□（惠）作□或□此為打開之形故為鬯字。

鬯有二解一『不喪匕鬯之鬯』『矩鬯一卣』之鬯，香酒也。同鬱。

二『鬯達』之意《漢書》靡不條鬯。鬯同『暢』達也。正與鬱字相反

爵　《說文》『禮器也，象爵之形』。古文字最原始作□類雀形。後變作□或□不畫其足。

⿰巨鬯　黑黍也。　形聲字。金文恒見。

食　《說文》『一米也』。徐鍇本有『讀若粒』三字。段本改作『亼米也』此乃妄改。當與□共證。《說文》或說白一粒也。《顏氏家訓》云『蜀士呼粒為『逼』』《三倉》《說文》此字白下從匕皆訓『粒』。

□、□、□古文字通用如□即□既，從食從皀一也。食　粒乃一音之變故食、粒為一字。因之。『食一米也』之解說應無問題。

除以古文字證《說文》之正訛，尚可以許書自證。以『粒』證『食』即一例也。

餗　即饋字

餳　徐盈切。段玉裁改作『餳』。宋之問詩『馬上逢寒食，春來不見餳』。劉禹錫作詩每字必有出處。重陽賦詩思用『糕』字 然糕字為古所無，遂不敢用。後人以詩譏之曰『劉郎不敢題糕字，虛負詩中一世豪』。

此字從『昜』者讀秦，從『昜』者讀唐　此字段氏所改甚當。蓋餳、餳為一字餳變餳，陽部韻轉為清部韻。

本無從餳聲之字，後因『餳』轉為徐盈切，遂另造一從食昜聲之餳。

飤　『食』名詞，『飤』動詞　猶之『衣』為名詞『依』為動詞

饗　[illegible]《說文》『鄉人飲酒也』。乃後起解說。本像二人對坐而食，即『享』亦即『亨』字，加火又為『烹』，故亨、享、烹三聲。

饉　『蔬不熟曰饉』，饉字乃從莫字變來，饉與莫為一字，亦與『難』為一字。此為音韻上的問題。由此可知《詩經》時代之語言，決非古代語言。段玉裁十七部謂古之諧聲即讀此音符之音。《說文》中饉、難、歎皆從莫音，而十七部『饉』入文部，『難』入之部，此因根據《詩經》叶韻之誤，亦可知《詩經》之叶韻已與古諧聲系統發生矛盾，故研究上古音以《詩經》為最古乃謬誤。

亼　三合也。

合　古文字作[illegible]，盒之古文　上象蓋形，非從『亼』也。戰國時有銅盒。

今　古文字作[illegible]即『金』之古文　如吟、唫為一字可證。

丁、今，丁者餅金也。

舍　《說文》『市居曰舍』。金文中『舍』字作『與』（予）字用，因『餘』通『予』（與）、故『舍』亦通『與（予）』。金文，舍金三鏞即與金三鏞。

會　《說文》『合也』。古文字作與『合』之意相類　《說文》從曾省，非也。『會』象一器皿可盛米水者。

倉　甲骨文作與『亩』之意相類，為一圓桶中可藏米者。漢有瓦倉。

內　原作不從『入內』與穴原為一字，與『丙』　相類。

火　岑。古文字作山洞曰岑

缶　《說文》瓦器所以盛酒漿，秦人鼓之以節。古文字缶、匋不甚分。『缶』最原始當作匋則作。以午（杵）擊之可為坯，燒而為匋。

金文中『匋』字皆作『寶』字用，如鑄匋簋、盤即寶、簋、盤　由此可知『匋』音近『寶』。缶輕唇，古讀重唇，讀若『包』。缶部之字多屬晚期，如『缾』古作『缾』、『鑐』古作霝。戰國時代始有從缶部之『鑐』

矢　古文字作訛作。扁平者為商代矢　三棱或四棱者為周代矢，春秋戰國時同。

射　『《說文》從矢從身』誤。古文字原作象一張弓及箭之形。

治古文字不能完全用偏旁分析法。不在同一時期之字，則須用歷史研究。

小篆射之變作身乃字形之訛誤

□矢□弓□引□弦□矧

矦　諸矦即射者。凡習射者封為矦。《詩》稱『狸首』。狸之為言『不來』也。

射狸首起于周，靈王時萇弘所創。因當時諸侯不朝，故射狸首以為威脅。

高　原作□象於台上築房也。《說文》凡從□者皆誤作『高』遂至不可解。

冂　說文作界限解。

𩫏　郭　古文字郭作□甲骨文中有□王國維以為四合房，非也　此亦庸字。『易』射雉于高墉之上』之『墉』字。外城曰郭。古中文字中虢與郭通用。

𩫖　《說文》『用也，讀若庸』。

毛公鼎中有余非庸又昏。『庸』作□，召伯虎毁有僕□之田。周初銅器銘文中□人、□伯即《詩》之『墉』字。

□為□之變體。

京　古文字作□與『高』略有不同，中間加豎

高自然者，京人為者。

亯　原為人為之小型房屋。

古文字中又有□前人謂象重屋形，非也。此字與說文之□字有關。□（敦）有九讀』。

通作[古文字]則知其上為器，非象房屋也。

[古文字]。說文篆文作 因而變作 亨。

『享』字原讀許兩切、許庚切。上海俗語有『大亨』。

古文字又有[古文字]即烹字。

郭、享、敦、三字不同源，今日則寫作一致。

亯→享→亨

㪟→敦

[古文字] 即亯之倒文。古文字中常見。羅振玉以為尊形

厚字原應作[古文字]象大口細頸大腹之器形與『尊』不同 唐先生以為即『罈』之本字。

甲骨文有[古文字][古文字]諸字 即罈也。故[古文字]原讀『覃』無疑。

覃 《說文》鹹省聲，大誤。如鹹省聲則當有䶕字。

『尊』盛酒器『覃』釀酒器。

畐 《說文》從高省，非也。金文作[古文字]、甲骨文作[古文字]實即[古文字]形器與『尊』『覃』不同。

畐即湢字可盛水及酒之器。

福 古文字作[古文字]即象以酒洒於示上之形。

良 甲骨文作[古文字]『允雨之夕[古文字]』

舊釋亜非。郭沫若謂即『蝕』字，因食 古文字作[古文字]為蟲吃掉，故成為[古文字]。唐先生謂即

「良」字。

「之夕[illegible]」即「茲夕朗」

「良」本古器物之名，古文字用作「量」義，今日粮、糧猶不分，故「良」之本義乃量器。

亩 《說文》谷所振入。亩上可置稻，非谷振入也。

嗇 嗇、牆、稟為一字

啚 今多讀圖畫之「圖」古代銅器圖字皆作此。

《伯吉甫盤銘》「伐玁狁至於啚盧」。王靜安釋作「彭衙。」北大王玉哲謂當讀「余（塗）吾」即今太原南方，伯吉甫即尹吉甫，《詩》《六月》「薄伐玁狁至於太原」《玁狁》正在《山西》也。古有圖、鄙二讀。

来 《說文》「周所受瑞麥来麰」，故為行来之来。解釋牽強。

來即「麥」字「麥」以手持禾，「来」假借為来往之「来」，乃聲音關係。

後有「逨」「徠」專用為行走之来。

夊 《說文》凡夊之字皆從夊，後訛變而從夂。

夋 「夋」與「畯」同為一字，古畯即畯字。

㚇，象人頭頂量器之形。

致 古文字作[illegible]即「倒」字，象人躧於箭上而踣也。

憂　古文字作，從心夏聲，非從夊、㥑聲也。夏、頁古文字同，

畟　古文字、（稷）、畟、鬼為一字。

夒　最原始畫法當作，象猴之形。

舞　從舛、無聲。『無』古文字作，本身即舞之意。

　　加足則為

舜　古文字作、。原為象形字，亦舞之一種也。

韋　古文字作省作。原為圍之意，後以圍代韋，而以韋為皮革字。《說文》训『相背』

非。違為後起之義。

弟　《說文》『韋束之次第也』非。弟即『弋』字，弋不射宿。

古代弓爲彈弓，矢爲矰。後彈弓與矰合而爲弓箭。

干　《說文》以為『跨』字。其實、為一字，古文字不論正反也。

　　《說文》『從後夂之』大謬。古文字作『』，原為頭飾。

桀　此為古野蛮民族之行。鼻、臬、罘、懸殺人置鼻、首、足、目於树上以為射的。

乘　《說文》解說勉強。古文字作，象人立於樹上之形。

『乘』與『登』義通。

木　《說文》『木、冒也』。乃聲訓。所說『下象其根者』極是。古文字木、末同源，木部字多為後起之形聲字。

某　楳、梅之古文。

己　杏、杞。

東　《說文》唐寫本『木』部原藏《莫友芝家》。莫著有《唐寫本木部箋異》。

《說文》解釋大誤。古文字作[illegible]、[illegible]、[illegible]、。

[illegible]　古文字從『東』作[illegible]、又有[illegible]、速、由此知『東』即『束』字。

『東』字又即『橐[illegible]』字。上加繩，則為『東』字。

最古無四方概念，只有左、右、中的觀念。

東南之『東』，乃假借字。

東以橐為假借 西以甾前期、囟後期為假借。

南以[illegible]為假借。　北以[illegible]，背為假借。

[illegible]從文字說即曹字。而《說文》解說不出，因曹下加曰、口與否無甚關係。

林　表木多也。木、林、森今日相差甚遠，實即一個語源變來者。

木開口韻，林森閉口韻

楚　其實足、疋為一字。

才　《說文》艸木之初也，從『丨』、『上』贯『一』。將生枝葉。『一』、地也，誤。

應同『𤯓』，音才。

『午』為圓頭用以舂物，『𤯓』為尖頭用以舂麥皮之用。

叒 『榑桑叒木』為古神話，以為日出之地也，通作『扶桑若木』。『若』代『叒』字擇菜也。

若即諾。喏引申有順從義，不若則不順也。

之 與 為一字，象草生出之形。

帀 《說文》『從反之而帀也』誤。古文字用作『師』字，如大帀即大師

出 《說文》進也。古文字作 象足出於坑之形。

敖 《說文》『遊也，從出，從放』。不從『出』，篆文亦不從『出』。

賣 糶皆從『出』古文字有 （買）象網貝之形，可以買賣。

古 『買』『賣』不分，買加『出』為賣，語音亦不同。

南 古文字作 、 、 、 本義為可㱿之器。

古文字有 （㱿）字可證，與 同為樂器。《說文》解釋附會，『南』『㱿』為瓦器之可㱿者。

生 與『之』屮為一字。

丰 古文字作 與『生』字毫無關係。與『葑』同，即蘿蔔也。

乇 古文字多在偏旁中出現， 與十（甲）相近。唐先生以為與（甲）意義相同。《易經》『百

果艸木皆甲宅坼也」『甲坼』、裂開也。甲乇 皆象艸木裂開也。

𠂹　象草木之花下垂也。

𠌶　古文字無加艸头之𠌶

[古文字形]　仍為『禾』字 古文字無正反。

巢　古文字作[古文字形]。《說文》作『[古文字形]』尚不如楷書巢字近古。象樹上有巢之形。

桼　《說文》象樹木汁水也。

束　與橐束之束不同，　象捆物之形。

柬　《說文》解釋誤。唐先生以為與『楝』（木也）有關。

橐　象橐中捆豕之形，　即今圂圂之『圂』。

橐　象橐中捆石。

口　古文字有二來源　一即『方』字，口方（陽部）邦（東部）古音近

　二　讀圓讀圍、有、域。《書》『帝命式於九圍』即『九有』『九域』也

圜　即『圓』字。

圓　圓鼎也 後變作從貝乃成『员』。

國　古文字作或最古作車。

[古文字形]　于戈合文則成[古文字形]（或）即『馘』俘獲之意。

囚　古文字作[古文字形]與『圂』字同類，囚=泅　圂=溷　象池塘。

囮　養熟之鳥以誘生鳥稱『囮』亦音『yòu』

員　圓鼎也。

貝　象貝殼之形。古贝殼頗小，用作裝飾品。『貝』部字多為早期文字。《商》《遽伯睘尊》『用貝十三朋』周初亦用貝，亦用『爰』，爰為黃金。

貨　古文字作[古文字形]即『化』字。戰國後有貨布，布（鎛）象鎛形。

貸　古文字從『戈』不從『弋』，與『貸』原為一字。假為『再』之聲音而作『貳』。

賞　《說文》『賜有功也』。

賫　《說文》『行賈也』。賈、市也，坐卖售也，行商、坐賈。

賜　古文字作[古文字形]。《說文》予也。

賓　古文字從『完』。『完』與『賓』為一字。[古文字形]周代始有從貝之『賓』。

、『完』古讀『髡』。

賣　賫與賣不同。賣及賒義。

貴　《說文》『物不賤也』。古文字作[古文字形]象以手持物碎貝即『潰』字。

邑　古文字作[古文字形]，象一方地，一人跪伏之形，《說文》『國』也，凡邑之屬，皆從邑。古文字則從『邑』之字多不從『邑』。

邦　古文字作[古文字形]、[古文字形]

鄭　古文字作[古文字形]。戰國時始作[古文字形]

邶　古文字同北。

邢　古文字作井。凡從井之字，多變為幵（开）。如『彤』原從井變作『刑』『形』

鄧　古文字作

邾　古文字作

墉　古文字作

郒　《說文》『邻道也』

鄉　古文字作。象二人對坐而食。或作。鄉、卿、饗、嚮、皆原於此字，本為相嚮之意。

䢽　《說文》『里中道䢽巷　音hueng　或『衖』（弄）（上海語）

巷、衖一音之變。

《元典章》稱為『弄』即『衖』之反切，亦北方稱『胡同』之音源也。

說文解字第七篇

早　古文字作。《說文繫傳》作，謂『晨』也，從『日』在『甲』上。古文甲字，大徐本無『古文甲字』五字。小徐本誤。

昧　『日』在『木』下乃黑暗之意。

昭　日、明也。古文字作昭。

晋　篆文，古文字作、原始當作。

暘　甲骨文常見作日（昜日），合書變作『暘』《說文》『日覆雲暫見也』。

景　光也。古文字無『影』字，『景』即『影』之古文，漢代以後文字每增『彡』為飾，猶之『文』作『彣』。

昱　明日也。甲骨文作[古文字]，即羽毛之羽本字。

羽孳乳　翊、飛貌
習→翌　明日
孳乳→昱
煬
暒　昱
簡化

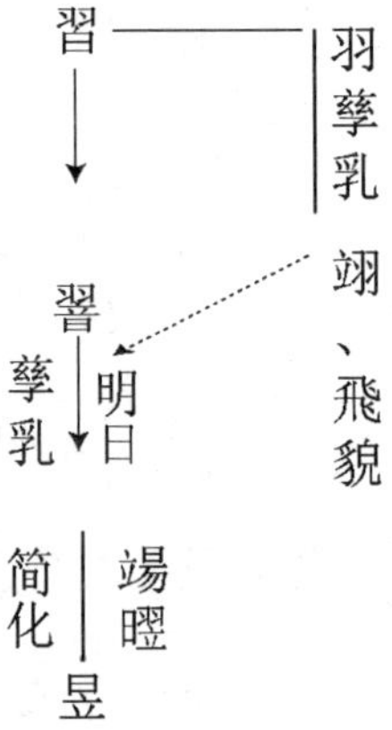

昔　《說文》『乾肉也從殘肉。日以晞之。與『俎』同义』。非。

《說文》肉作[古文字]，古文字作[古文字]。俎作[古文字]、[古文字]、變『夕』為『仌』

古文字『昔』作[古文字]、[古文字]皆非『肉』之象形。

[古文字]乃[古文字]字附會者，以古有洪水，故畫水以表『昔』之意義，頗勉強。昔可與『朝』『潮』對待，『朝』『昔』皆畫太陽畫水。『昔』可解說為『夕』《莊子》『今日适越而昔（夕）至』也。

從圖畫方面看，朝『昔』即『潮汐』因太陽吸引潮水，故畫日、水以見意。

旦　古文字『日』、『旦』不分『今日適越而夕至』即今旦（早）適越而夕至『。

倝　《說文》『從旦、㫃聲』誤。古文字應作[古文字]從『㫃』『旱』聲。

朝　《說文》旦也。從倝舟聲誤。金文作　故訛而為『舟』字。

倝　古文字朝作　，或以為『萌』字非。『萌』不從『明』

　古文字萌，乃窗牖，非象日也。按《說文》有『囧』字釋窗明。

朝、莫（暮）每聯寫又加『广』作『廟』。

古文字『月』常錯作『舟』。『朕』從『舟』今變為『朕』，故朝從『月』後訛作『舟』。恒

《說文》『篆作　，從心從舟』，古文『恒』從『月』，『月』訛為『舟』，在『二』部。

㫃　古文字作　象旗也。《說文》『旌旗之游』。從㫃斤聲。斤聲變為其聲。

游　《說文》從㫃、汓聲誤。應是從水斿聲。

旗　《說文》熊旗五遊以象罰（伐）星，士卒以為期。『伐星』星名。

　古文字作　從『足』。按《說文》有旋『旋』字。『疋』『足』為一字。意為指麾。

旅　古文字極常見　，甲骨文作　。

族　《說文》『矢鋒也，束之族族也』。誤。乃以為矢鏃之『鏃』。

　古文字作　與旅同。手執旗為一族。《堯典》『克明峻德，以親九族，九族既睦，平章百姓。』

九族　一以為父之四族，母三族，妻二族，

二高、曾、祖、父、已、子、孫、曾、元為九族。

三以文字觀點視之、九族即自己氏族中之九個部落也。

旗上畫『虎』虎族，畫『熊』、熊族，從旗以分族也。

冥　《說文》幽也，從日從六。十日而月始亏幽也，誤。

甲骨文有[illegible]字，『帚姘[illegible][illegible]』前人釋『歸姘㚔奴』實則『婦姘冥㓜』。

冥姘即『娩𡖍』也。（生子也）。

冥㓜與冥姘相對『冥㓜』、生子順利也，『冥姘』、生子不順也。

『冖』同『冪、幕』故[illegible]象日之幕也。神話圖畫文字不多，如『冥參』是也。參[illegible]三首人。

晶　即『星』之古文。象三星也，不從三日。

朏　初三日也。

霸　《說文》『月始生從月䨣聲』古書與『魄』通　『哉生霸』即『始生魄』。

期　《說文》會也。從月其聲。古文字從『日』不從『月』。

有　《說文》『不宜有也』《春秋傳》曰『日月有食之』。不宜有即不應有 古文字作[illegible]，以手持肉，肉古文字作[illegible]。夕、日、古文字作[illegible][illegible]。

明　[illegible]《說文》『照也』。象窗形，瓮牖，以瓦罐嵌於墻通風也。

囧　《說文》『窗牖麗廔闓明，讀若，獷』。賈待中謂讀與『明』同，是也。

此字當有二讀。

夕　古文字夕、月頗難分，早期甲骨文月作[illegible]，夕作[illegible]，與《說文》适反。

晚期甲骨文月作[illegible]，夕作[illegible]，其實月與夕為一字。

一『日』『月』二日期 三日出—旦

一『日』『月』二 歲月 三 月出—夕

夜　《說文》『舍也，天下休舍也』。此為聲訓，夜乃半夜也。

過午曰昃，日影偏也。夜、昃可相對理解。

夢　《說文》『不明也』。

外　甲骨文作，代替『外』字。如即外丙也。

𡖋　夙《說文》解說勉強。古『夕』『月』不分，乃象早上月尚未落，即起而做事，非謂夜晚也。

多　多象二肉之形，由可證。（按）《說文》『重也』可通。

毌　當作申、或作乃戈盾之形，即『干』也。

『幹』開口，『毌』合口。

貫　穿貝之形。《說文》『從貝毌聲』貫、毌為兩来源，《說文》混為一字。

函　《說文》『舌也，象形』誤。古文字內從矢，象將一支箭包起之形，故函作包涵、涵容之意。

马　《說文》『嘾也艸木之華未發函然』。

甬　有口可吹，即箭。不从马卤　甲骨文作《說文》『艸木實垂卤卤然』（按）疑為

『弢』弓袋之形。

㮚　（栗）《說文》『其實下垂』。古文字作，象果實在樹之形。

㮚　（粟）《說文》『嘉谷實也』。

齊　古文字作，象米形。《說文》誤。《说文》『禾麦吐穗上平』。

朿　《說文》『木芒也』古文字象兵器形。

片　『片』與『爿』為一字。《說文》無爿部，原作『牀』字解釋。『片』非從木分為二片也。

鼎　《說文》『象析木以炊也』非。古為象形字作方鼎、圓鼎《說文》『和五味之實器也』無誤，析字誤。

甲骨文鼎、貞、同，『問』也

克　古文字作　象武士戴胄翘足站立之形，表戰胜之意。

彔　《說文》寫法與解釋均誤。古文字作。下從『米』故、祿、谷同。古俸祿即俸米也。

彔　為碌礡（碾米也），原意為變穀為米。

禾　穗下垂貌。

年　《說文》『從禾千聲』古文字『年』『禾』不分，亦不從『千』

秌　秋甲骨文不從龟，作。表嘴尖，《說文》無此字

《仓頡篇》中有藇，《說文》誤作藇。讀若《焦》

秦　甲骨文作。與『舂』同。

兼　秦篆作從手持禾，古文字有，象手持雙矢形。

黍　古文字作，即所謂黃米，可制酒，故加水旁作，《說文》『從禾雨省聲……禾入水也』均誤。

粱　從米汈聲，非粱省聲也。

氣　《說文》『氣或從食』。氣與餼同。氣為雲氣本字。

臼　象米在臼內。

凶　古文字作㐫，與『其』同。

朩　麻南方稱麻骨、麻梗可燒火。

尗　《說文》『豆也』。古文字作『尗』即豆。

敊　即『豉』字，豆豉。

耑　《說文》『上象生形，下象其根』是也。

韭　《說文》『菜也』古文字無此字。

瓜　古文字作瓜象瓜形。

瓠　匏也。古文字不見此字。

宀　象屋形，古文字作宀。

家　《說文》居也『從宀從豭省聲』古文字作家不僅從豕，中乃牡豕（豭）也。

本身即為豭聲。

宅　宅、室、宣皆形聲字。

牢　養牛馬圈，此字在『牛』部。

向　象屋中有窗。

寶　珍也。古文字寫法極多，寚、寊、寊。

真　古文字作（倒人）、即《說文》『殄之古文』

殄、真古同。髮如雲，即鬒髮如雲。

真、又即顛之古文，象人倒也。

說文卷八

匕　《說文》『相與比敘，亦所以用匕取飯』皆誤。一種說法為『反人』非。古文字無正反。一種說法為匙。為爬伏地下之意，乃『比附』也。

艮　說文很也，非是。見艮回顧也。見、艮同一語源

凡艮字有困難義。很—行難也，限—阻也

《孟子》『則是很疾人也』『很疾』即不能回顧之疾『很』一本作『狼』誤。眼向前看，卧眼向下看。『監、臨』二字從之

從（从）　一人前走一人隨行也。

並　說文分開不當。。

比　亦从字。

北　《說文》『乖也』。是乖背之意，原為背後之背。逐北、敗北人見其背脊也。古房屋皆朝南方，後為北（背）方

冀　本作象手上棒甾之形，後變為。形皆變為『北』乃甾之訛變

《淮南子墜形訓》正中曰冀州

丘　古文字象小山，后訛為從北

㐺　三人為㐺

壬　[古文字形]象人站地上之形。

重　原象負重之形。[古文字形]、[古文字形]

臨　古文字作[古文字形]水形。

身　[古文字形]象大腹之形，《詩經》『太妊有身，生此文王』。此『身』字即身孕之意。

衣　《說文》『上曰衣，下曰裳』是也。象覆二人之形則非是。

卒　古文『衣』『卒』不分。

裘　說文以裘、求為一字（求古文省衣）非也。《詩經》『裘』在之部，『求』在幽部，可知二字非一字。裘原始作[古文字形]反穿之皮衣也。後作[古文字形]加『又』聲，『又』聲在『之』部。求古文字作[古文字形]或即說文蛷之古文，即蛷螋（蠼螋）。北方稱錢串子。故裘、求二字兩個來源兩個讀法

老　象老人束髮形。古文字作[古文字形]

耋　手執箭。

壽　《說文》『久也』。

考　老也。

孝　善事父母也。

尸　古文字作象蹲踞之狀，從『尸』之字多有蹲踞意。商稱『人方』周稱『尸方』可知尸、人本一字。

尺　《說文》『周制尺、寸、咫、尋、常、仞諸度量，皆以人之體法』是也。

咫　婦人手較小故曰八寸。

尾　《說文》『古人或飾系尾』是也。尾，裝飾品。

尿　甲骨文作。

舟　古文字，易與『凡』、『般』、混。唐先生推想來源可能相同。

俞　空中木為舟也。

彤　《說文》『船行也』。《說文》無『彤』字舊以『彤』為『彤』字非。

朕　《說文》『我也』。

方　《說文》『並船也』非。從古文字亦不能窺原意，只可知其應是從『人』。

兒　《說文》有大、介、人，其實一字也。如『兄』古文字作篆文作。『大』字在上方作在下方作莾，猶之『燒』『然』皆從『火』而寫法因位置而異。

兀　《說文》『高而上平也』。唐先生以為即『元』字。

兒　《說文》『象小兒頭囟未合』象總角之形。

兂　《說文》『首笄也』。象頭戴簪之形

皃　象人面也。

先　與『老』同，亦象老人束髮之形。

禿　當即『秀』字。『秀』作與『人』字相像。從『禾』從『人』乃（年）字。『秀』古音讀透後音轉為『禿』。

㝵　應作《說文》作㝵，从见从寸非也。

欠　象人張口之形。《說文》『張口氣悟也』。乃指『哈欠』。

㱃　古文字作，象人於酉飲水，從『今』乃後加之聲符

次　象垂涎之形。『次』即『涎』之古文。《說文》『慕欲口液也』。

盜　古解作小偷。盜賊之義。古與今適反，从皿、次聲。

旡　《說文》『食氣屰不得息』即氣噎。

勿　《說文》『州裏所建旗，象其柄，有三游……之解』有誤

古文字作象以犁耕地之形。

易　《說文》『從旦勿』非也。古文字，原始作，原為人在日下，後加『彡』乃成為『易』。

廾　古文字作以前不識，今當亦是『廾』字。

而　頰毛。古代社會頰毛不剃，故長。

耏　古刑法之一種，薙去頰毛，故《說文》云『罪不至髡』也。

山　古文字象山形與『火』字極易相混。

嶽　《說文》。古文象高形。甲骨文作乃從火非從山，即『羔』字，上『羊』下『火』。

屵　岸高也。

廣　因广（岩）為屋　《說文》是

庶　《說文》『從广、炗』非。古文字作從火石聲。

廟　或作，由此知從『广』從『亼』一也。『厈』古文字即寫作

厂　通讀庵，實應讀屵，乃由『石』字變來。

厰　古文字作，代表玁狁之玁，亦表『嚴』字。

說文厂部字皆為『××石也』由此知『厂』乃從『石』字變來者。

丸　應作即彈丸之意

危　即『厄』字。

石　原始寫法作。象石形，下加『口』表器用。

長　《說文》『久遠也』誤。『古文長』亦誤。

『長』古文字原表長髮。長髮髟髟也。古文知『長』為頭髮從『長』之字多有『髮』意。

由髮長又表齒高，故長有長老之意，乃引申而來者。

豕　古文字作，乃『豢』字。《說文》『以谷圈養豕也』。

豪　豕怒毛豎。

希　《說文》『修、豪獸一曰河內豕也。』甲骨文作[ancient glyph]修、豪貓也』。象形字，應訓長毛貓。

唐先生以為乃狸之一類，非豬也。《爾雅》『

𤡿　古文字作[ancient glyph]。𤡿類於上帝，即肆類於上帝。

𤡿與『殺』義同，希、肆、祟、殺、義音相同。

甲骨文以希表祟『禍』也。

彘　古文字作[ancient glyph]。家豬稱豕，野豬稱彘，猶之家鷄稱鷄，野鷄稱雉。由此可知文字原始時期已有

[ancient glyph]豕之頭。

養豬，養鷄之家。《說文》『從[ancient glyph]從二匕矢聲』大誤。

㚇　牡豕也，讀若瑕。

豚　古文字作[ancient glyph]，中間有肉，象肥大也。

豸　《說文》『兽长行豕豕然』解釋不清，其實即象貓

狸　《說文》伏獸似貙。或以豸代，霾。豸古音當讀『霾』。古人對動物造字多象其聲，如『鴨』

『雀』。『霾』亦象貓叫之聲。

貉　《論語》『狐貉之厚以居』。《說文》『莫白切』則當讀『貊』

兕　古文字[ancient glyph]。羅釋《馬》董釋『麟』麟為鹿類，非牛屬。即『兕』字。古之野牛。

易　金文中作[ancient glyph]。不作蜥蜴解釋，當與『彡、彤』字有關。

象　本為象形字。

廌 非一角。一角之說乃神話。『廌』為牛之另外寫法，畫出全身者。

法 古文字可以不畫出全身，如『[古文字形]』可作『[古文字形]』，『虎』可作『[古文字形]』，『馬』可作『[古文字形]』。『莧』為羊之另外寫法，畫出全身者。

麗 古文字作[古文字形]，作『廢』字用。《說文》『刑也』。

麀 古文字，象大角之鹿。

麤 為牡鹿。

㲋 《說文》『行超速也』，古文字從二鹿，義同。

兔 大兔也。

莧 《說文》『狡兔也，从㲋兔』。上從㲋下從兔，應從犬，作『臭』犬追兔也。

犬 《說文》『山羊細角者』。徐鉉以為苜非聲，疑象形，實即整體羊之象形。

尨 《說文》狗之有縣蹏者也。縣蹏腳趾有一部分（一個趾）不著地之謂。古文字作[古文字形]。

臭 犬之多毛者。

獸 即嗅之古文。由嗅覺義引申為香、臭之臭。無聲無臭之『臭』即作氣味解。古文字上從鼻。

獲 《說文》在獸（嘼）部，不入犬部。古文字作[古文字形]即『狩』之古文。丫為打獵用具。

狄 最初作隻，後變為從犬蒦聲，獵所獲也。《說文》『從犬亦省聲』非也。

猶　《說文》『玃屬』與『猷』為一字，隴西謂犬子為『猷』。

㹜　兩犬相齧也。

能　古與『熊』為一字。　『能』『耐』皆表力強，熊則力大。熊乃以火燒熊。

㦲　甲骨文有三種寫法

一　≈象大水

二　巛才聲，象小灾

三　𢦏哉（才聲）

巛加火為『災』，𢦏加火為烖，天火曰『烖』。烖、灾、災為一字。

光　『光』字不從『火』原作[illegible]一頭兩耳，乃大頭，光大之意，而非光明。

廣大、光明與幽暗、么小相對，『大』與『亮』乃聯擊而起者。

粦　從大不從『火』。《說文》解說誤。

古文字　文（[illegible]）大（[illegible]）不分。故大且即文且。

『粦』字從『大』，即從『文』。

至　箭落於地故曰『至』。《說文》『鳥獸從高下至地也』。

到　《說文》『從刀』誤。應從『人』『倒』乃後起字。至、到古音同。

西　篆文[illegible]。《說文》『鳥在巢上』乃附會。又『日在西方而鳥棲』，故因以為東西之『西』。

『棲』從木、妻聲。

籀文、古文、三『西』字一個來源。　乃象人頭後亦作囟門解說。甲骨文用代西方之西。

商代有二『西』字早期，囟晚期。乃《甾》字，均代西方之意。

思應從囟字　細亦從囟字。

『西』古讀棲，不讀西。

鹵　古文字作，與西不是一個來源，與字來源同。惠乃香草，用以煮酒者。

戶　一扇門。《說文》『半門曰戶』。

戹　古文字作，與『戶』字無關，即扼腕之『扼』，象以手插腰，引申作『軛』（小車無軛）

闢　古文字象以手開門之形

閒　間 從門間隙見月。

閉　闔門也。

關　象锁链之形。

聖　古文字作，象一人說話，一人旁聽之形。原為聽之意義。

或作聲字，聽言為聖，聽聲為聲。

聞　從耳、門聲為聞。從耳昏聲為䎽。

『昏』古文字最初作乃傳聞之意。

《說文》《大徐》本『昏』無籀文。

有聞無聲，『聞』乃隨意聽者，『昏』乃『聞』之原始字。

從耳聽轉為鼻嗅（聞音）亦表示無聲之嗅

聾　無聞也，從耳龍聲。

叵　象人面側視之形。

頤　《說文》『廣**叵**』也。寬廣的下巴。

手　手部之字除『捧』『拜』外，古文字皆從『又』由此知手乃後起字。

手部字多重複偏旁，如『授』、『舉』。

乖　古文字作 　象脊骨之形。

女　正規寫法應作 　。『女』字原始意義即『奴』字。

甲骨文『女』、『（母）』無分別。母字之兩點乃古文字加點飾之例。 　象兩手綑縛之形。

古代男俘則殺，女俘則為奴，故文字方面無女之專字，女之意乃由奴來者。今日女部之字多後起字。

男　田象一把耒形，本種田之意。男人種田故引申為男人之『男』，後起字如『舅』『甥』所從之男則為男人之意。

田　文字發生尚在奴隸社會發展之前。

母系社會姓、氏、族皆不同。

姓　最古之母系，部落中最主要為女人。
氏部落稱氏，如陶唐氏，即陶唐之部落也。
族一氏之中，可分若干族，族由旗（图騰）而來。
姓—奴人，古代女子在本部落中。
甥—男人　男子入贅他部。
商周以後變成父系社會，對女人姓仍保存，如周姓姬，齐姓姜，再後姓氏不分。
王國維《殷周制度考》以為商無姓，周始有姓，非也。甲骨文中已有許多從女之姓。
姬、姜、姞、嬴、嬀、姚、

婦　甲骨文但寫帚字。
改　非妃字，乃『己』姓也。
匕　妣　《說文》『歿母也』。
妹　《說文》『女弟也』。原為姓。
始　古文字用作『姒』姓。
好　即『子』姓
媿　即『隗』姓
凡從女旁之字，皆可有其他意義，亦皆可為姓
民　古文字『民』即『盲』字，眼有病曰『眚』　眚即眼上生物，目翳也。

古代人民分為二類　普通稱為『人』下等者稱『民』

《尚書》稱其他民族被征服者稱『民』如『黎民』。

丿　《說文》古戾也，此字不當有。

乀　左戾也，此字亦不當有。

乂　象交叉形。

弗　《說文》『從丿從乀從韋省』誤。古文字作矯矢也。

箭杆為竹制，易屈曲故矯之也。

弋　應寫作弋，《說文》誤作　。甲骨文作　象一棍上為屈曲者，用以擊鳥也。

也　原應作　。古文字最早作　象器形。即『匜』之古文。從文字說與女阴無關。然以此代表女阴則可能。傅孟真以『也』字為女阴，而文章每有也字，遂以為中國文字野蠻，實未明『也』字本義。

氏　《說文》之解說乃據扬雄賦『響若氏隤』非也。

古者『人』與『氏』同 太師人頫乎即太師氏頫乎

周人商人即周氏商氏

戟　從戈幹聲

戍　伐為殺人，戍為戍守，二者不同，說文形近。

或本為俘馘之馘，《說文》釋誤。

戋 殺傷之意。

戔 殺二人曰戔，殲灭之意。二人表多數。

武 象出兵擊人也。有二義 一 步武 二 威武。

戔 即残字

戉 即斧钺也

我 古文字作[illegible]。古為用具、農具或兵器。

義 從羊我聲。此字亦不當有。

瑟 《說文》古文字作[illegible]非。應作[illegible][illegible]。

乚 此字亦不當有。

直 《說文》『正見也』。表目光。

亡 [illegible]今不知其義，或以『亡』為『釯』之古文刀釯也。

匃 從刀從亡，可能為『割』之古文。

ㄈ ㄈ與匸不同。古文字從匸者多作乚，無上畫。

區 古文字作[illegible]連三器物。

医 放矢之具也。

匹 或曰象布折叠之形，然無確證，故仍不可解。

匚 即『筐』字也。《說文》『受物之器』是。

匡　金文中此字恒見。即『篚』也。

曲　古文字作□，《說文》變為□象匡中置玉形。

瓦　古文字中不見。從文字言，應與牙同。牙、瓦二者聲音相同，唐先生以為二者為一字。

弓　□未裝弦。

引　□裝弦者。

弭　矩。

彊　形聲字。

弘　□。

弜　孫詒讓以上為『六』，解為『弓十二』非也。

弜　古文字作□，為『弼』字，否定詞。甲骨文中用表『不』『弗』之意。

弼　從丙弜聲。《說文》從『從弜丙聲』非。

系　古文字作□□□手持連串之丝。

說文卷十三

糸　即『絲』字□□□皆同一字。

終　《說文》『絿丝也』。

古有春秋不言冬夏。甲骨文有今春、今秋，至春秋時代始有四季之分。

夏大也。冬終也。岁終也。

綏　古多以『妥』代。

彝　宗廟祭器也。舊謂『手持鷄』非也。

絲　與『茲』為一字，或作[古文字形]。

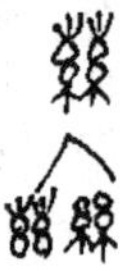

轡　六轡為丝。

率　象丝上有水之形。

蟲　古文字作[古文字形]，尖頭蛇也。巳、[古文字形]圓頭蛇。

蟲部字最雜，此因古代對生物科學不甚研求，故凡物之微細者皆入蟲部，猶之獸類多入犬部也。

虺　《說文》『虺以注鳴』『注』同『咮』，口也。《詩經》『胡為虺蜴』。孔穎達疏引陸璣說。虺蜴一名蠑螈，水蜴也，或謂之蛇醫。

《說文》『蚖、榮螈、蛇醫以注鳴者』。故虺、蚖為一字。

《說文》中從『兀』從『元』不分。如軏＝髡

虹　古文字有[古文字形]此為雙頭蛇。雙頭蛇有二種[古文字形]

《莊子》『�릍兩首』，『蜿』即『虺』『蜿』音轉為『虹』。

以文字言為『蜿』，以神話言為『虹』。甲骨文有『有出虹　（飲）於河』。

萬　原象蠍形[古文字形]即『萬』字，蝎（he）蝤蠐也。

《詩經》『捲髮如蠆』。謂发卷如蠆尾也。《說文》有『蝎』無『蠍』字，『萬』後用作數目字。

九以虯乀代之。百即[illegible]（人頭）千即[illegible]（人）。

漢字有三系統　（一）原始文字為契文衍化，一二三四

（數字）（二）百千人身代數目。

（三）九、萬 以蟲代數目 今不解其意。

蜀　古文字作[illegible]。唐先生以為即蚕字。後加蟲而成『蜀』，『蜀』再加蟲旁而成『蠋』。

蜀《說文》『葵中蚕也』。

蜃　即辰字。蚌屬也。

蠻　古文字以䜌 代之。

古代神話伏羲、女媧皆蛇身人首。漢武梁祠畫象即如此。故此民族對蛇崇拜，而人以為蛇種。今以獞、猺 為侮辱而改作僮、瑤不知其民族以為原始為狗之子孫。《漢書》《西南夷傳》有『盤弧』即犬也。

虹　古文字亦作蝀蝃，日釋虹蜺有雌雄之分，蜺為雌者。

蚰　象蛇之多也。昆蟲之昆應作䖵。

昆弟之昆應作翼

蟲　畫三蟲。有足謂之『蟲』，無足謂之『豸』。

蠱　《說文》『腹中蟲也』

風　甲骨文以『鳳』字代之

它　甲骨文恒用『亡它』象蛇盤足之形，『亡它』即『無它』也。

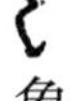

龟　古文字正面作側面作。

黽　《說文》『鼃黽也。蝦蟆屬也』。古文字作。

黽部除鼃字外，多與黽無關，如鼉為龟屬。

鼍，象長嘴，即鱷屬。

鼄，與黽相近。

蠅、鼅皆不從黽。此因古代圖畫與黽字相像，故後訛作黽。

卵　卵當從『卯』字變來者。卯中加點則成卵。

卯可讀柳、聊、留，可知『卯』古讀liù。

卵象蟲卵附於樹枝之形。

二　古文弍　古讀貸、貣（代）。

《周禮》『十有再』，不言有二。鬳羌鐘亦用『再』。可知晉語以『再』代『二』。今日之壹、貳、叁、肆、伍皆古已有之，陸以下則後起，柒見於漢代。

恒　篆文，古文字作，《說文》『从心從舟』誤。

上下二畫象月行軌道。

凡　《說文》作『□』非。應作『□』即盤筒也。□

土　《說文》『地之吐生物者也』乃後起解釋，土字原不從二。

古文字作□即『社』字。周代祭祀『社』為祭樹。《韓非子·說林》『社鼠』。木中有鼠。由此可知『社』之性質。《論語》『夏后氏以松，殷人以柏，周人以栗。』

社亦可寫作袿。社在原始乃表示生殖崇拜，乃生殖器象形，與士為一字。士象生殖器，土為對生殖器崇拜之意其來源則一。士有生出之意，正表生殖崇拜也。

墬　籀文『地』。墬形訓，即地形訓。

坤　申字應作□。

堣　古文字作□。表鹽，『東堣』乃海邊也。

塍　古文字假作『塍』，送也。

在　古文字通用□、才字。即鑱、鍤乃種地之具。

故□，從土　《尚書》用作發語詞之『載』如『在文王』即『載文王』也。

封　即『葑』字。

璽　通作鉩或作珎。銅制者為鉩，陶制者為珎。

尒同爾。從玉之璽發生較遲。

《說文》『王者印也』乃汉以后之称。古凡印皆称玺『王者印稱璽，平民印稱印』。

墉 [古文字形]《說文》乃誤寫。

古『容城氏』『即墉城氏』造城牆者也。

圭 古文字同，然非最古寫法。古當作[古文字形]。圭原為象形，不從兩土／

堇 古文字作[古文字形]本從火不從土。後變作成土

[古文字形]乃『熯』字，象大頭人，可能為饑饉後所生之病。古燒之以祭天。《禮》有『燒尫』之說因天旱、饑饉，故燒人以祭天。

艱 古文字作[古文字形]籀文艱作囏。

艱、難、嘆皆与堇有关。

里 里、畝二者皆計田之數字。

墅 森林中有社地。

田 古無井田，只六方或四方之田。

疇 古文字作[古文字形]，象有水中間分出地。

甸 『甸服』古王畿外围每五百里為一區劃，此為其中之一。

畦 畦田，《孟子》稱圭田。北方音『奇』，南方音『席』。乃長方形如圭之田。

畤 養獸之地也。『鸡棲於塒』，畤即養牛羊之所。

秦國本畜牧民族，彼所養牛羊之地稱『畤』，後於此處祭天，故有祭祀意。

畜 田有二種 一 土田—農業。

二田獵——畜牧。畜之從田，即因與畜牧意有關。

畯　夫也。

留　從田卯聲，止也。

畜　古文字作[古文]不易解。又有[古文]前人不識。唐先生以為『蓄』字《詩》『我有旨蓄可以冬』。冬日無草，牛羊不得食，而蓄乃一種草，可以飼牛羊。引申作畜積也。

蓄、畜今日讀音適反，讀蓄為 x ü，讀畜為 c h ù。蓄原读丑六切，畜生之畜应作『兽生』

黄　『黄』與『莫』皆怪字。莫大頭，黄大腹。

男　古文字作[古文]即『耒』農具也。原意為田中作者。

力　[古文]古農具。《說文》『筋也』大誤。

勤　同堇。

周祖謨（一九一四—一九九五）字燕蓀，北京人。曾任輔仁大學國文系，北京大學中文系教授。中國語言學會常務理事，中國音韻學研究會名譽會長。

先生精研音韻訓詁之學，又精於古籍整理與校勘。著述有《問學集》《語言文史論集》《五代韻書集存》《廣韻校本》《方言校箋》《爾雅校箋》等。

一九四七—一九五〇年先生在輔大國文系（甲組）開設語音學、中國文字學史、古韻源流，等韻源流、《方言》研究等。

先生講授傳統語言學尤著重音理方面並與國際學者研究對照。亦評論前人得失，如言朱駿聲以己意改定部首，其所立諸名既不得音之理，又失約定俗成之便。又如認為歌戈麻近乎陽聲韻用魚虞模與之相配在音理上不通。

五、古韻源流

周祖謨

周祖謨先生授—1948年

2007年9月重抄整理

古韻源流

研究古韻的目的

一、了解古人語言以便校讀古代書籍。

［附］對轉

a（歌）　an（寒）對轉

an—a　后加舌尖鼻音（子音）n

ie（脂）　ien（諄）

a可轉an而不可轉為ang，此是韻部問題。ng（ŋ）為舌根鼻音。

鼉從單得聲，單屬寒部　鼉屬歌部，歌寒對轉。

鼉，單雙聲，鼉　古音屬定母（全濁）。

對轉條件與古韻部有關，必須聲母為雙聲或同一音位（元音相同）始可對轉。

斤（諄部）可轉爲旂（脂部）旂—群母 g、斤—見母 k 同屬牙音。

二、作歷史音韻的研究—了解古音全體，由古代至中古，由中古至近世，由近世至近代，可為有系統的研究。

《廣韻》之、脂、支三部。此三類以現代方言分析，除正齒音、齒頭音外，均讀 i 音並無分別，只福建方言『之』『脂』同（讀 i）。支則讀 i e。然之、脂、支三部在古韻則並不淆混。

支部古音與歌部相近，從諧聲中可以看出『我』屬歌部。從『我』得聲之『義』（支部去聲字）。又如『可』歌部。從可得聲之『奇』（支部）。由此可知《廣韻》中支部所收之字，古音有若干屬歌部。

脂部古音與祭部接近，如『惠』今在脂部，『芥』今在祭部，古則同部（《廣韻》惠、霽部，芥、怪部）。『之』部古音與陽聲蒸韻對轉。『貽』『贈』義同，『貽』屬支部，『贈』屬蒸部。『來』『麰』古同屬支部，《廣韻》『來』屬咍部，『麰』屬之部。

江永分古音為十三部，段玉裁則分十七部，江有誥分廿一部，多之、脂、支部之分。之、脂、支三部元音不同。

田完　田、陳今日讀音不同，古音則為一類，『陳』、澄母、『田』定母。

陳完　凡今日讀澄母之字，古音皆讀定母。

伏羲，輕唇，庖羲，重唇。古無輕唇音。

甬、通，羊、祥，炎、談，勻、均。本字與其得聲之字語音不同，本字今日讀皆無聲母，而諧聲字則皆有聲母，可知原有聲母，而後丟失。

見（k）母可諧溪（k′）群（g）疑（ʒ）匣（ɣ）諸母。

k 諧 t 極少，諧 t s 則絕無。t 可諧 t′、a、n　l 不出五音同類。

音之總集可以《經典釋文》為根據。《釋文》《毛詩音義》集合諸家之說，而加以折中。

音韻乃因時代及方域而有不同。由今日漢語方言之歧異現象，可以想像古代亦然。以今音讀古人作品，每感聲音不能協和，因之可明瞭古今音之不同，然古人只知方言之歧出，而不明古今音之不同。因之讀古代韻文不能和諧。一般經師遂以古人讀音亦不十分諧和，或以爲為意義所束縛，不欲有所改動，在音上僅取音之近似者叶音（亦稱協韻）以求調協。此是一方面的看法，另一方面則以爲古人韻較今人寬，故為『韻緩』之說。

六朝以來讀《詩》者以今音讀之，有不協和處。因特舉出用以說明在韻上之情形，因有協韻、協句之說。

邶風燕燕

燕燕於飛，差池其羽。之子於歸，遠送於野。瞻望弗及，泣涕如雨。

羽、雨《廣韻》同屬上聲麌韻　『野』《廣韻》屬馬韻。以今音讀之不協和，《經典釋文》沈重云：『野』協句，宜音『時預』反。『時預』讀為『暑』（墅從野得聲，今音『暑』。燕燕於飛，下上其音，之子于歸，遠送於南。瞻望弗及，實勞我心。

《經典釋文》沈重云：『南』協句，宜『乃林』反。今謂古人韻緩，不煩改字。

行露三章　誰謂鼠無牙，何以穿我墉，誰謂汝無家，何以速我訟。雖速我訟，亦不女從。

《釋文》徐邈《毛詩音》謂『訟』讀『才容』反，平聲，音『松』。顏師古注《漢書》除選輯自漢以來諸家（應劭、服虔）之音義外，其個人隨處說明。校訂字音，一方用直音，一方用反切。凡文句不協和者，通稱曰『協某』。

陳、隋之間《文選》學家有曹憲，《漢書》學家有蕭該。傳選學多祖曹憲（有《文選音義》）。憲弟子除李善外、又有公孫羅著，有《選學音決》，見《新唐書藝文志》。

《離騷》　朝搴阰之木蘭兮，夕攬洲之宿莽。謂『莽』協韻『匕古』反（音母），楚俗言也。凡協韻者以中國為本，傍承四方之俗以韻，故謂之協韻。

《招魂》　參目虎首，身若牛些。牛（曹憲）謂合口呼（謀），齊魯之間言也　《楚辭》用此音者，欲使廣知方俗之言也。

日人《文選集注》中，引有《文選音決》及清陸善《經文選注》。

宋人討論古音之著述

行露二章　誰謂雀無角，何以穿我屋，誰謂女無家，何以速我獄。雖速我獄，室家不足。朱注謂家

協音『穀』（屋韻），獄足同韻（燭韻）。

行露三章之『家』字。朱又謂家叶『各空』反（音公）。同一『家』字，此處協『穀』彼処協『公』

究竟當讀何音？此種協韻為主觀的，不科學的。

召南騶虞　彼茁者葭，一发五豝，於嗟乎騶虞；彼茁者蓬，一發五豵，於嗟乎騶虞。

朱集傳　謂第一章『虞』讀為『牙』，第二章讀五征反（音容）。同一『虞』字一詩之中兩變，其音誤無疑。

吳棫　有《毛詩》《叶韻補音》（今佚）。陳振孫《書錄解題》曾言其書。作法乃補《經典釋文》論毛詩叶韻之不足。又有《韻補》（補韻書所未備）。

寒與桓，刪與山，仙與先韻書通押，元則獨用。古人則寒、桓、刪、山、先、仙、元、通用。

《韻補》有《楚辭》、先秦、兩漢子書，下迄魏、晉、南北朝、唐、宋諸家文集之用韻。所引用書不下五十種。匯集古人叶韻材料，按照《集韻》次序排列，例東冬鍾江支脂之微。

臨　『臨』本為侵部，字因《詩經》中有以臨字與東字通押處，故《韻補》亦將临字補於東韻下。

吳棫（才老）為福建建安人（一說安徽人不確）見福州通志入《儒林傳》。生高宗紹興時，當官太常丞與孟忠厚（郎舅）友善。

『冬』、吳謂古通『東』。

『鍾』、吳謂古通『東』。

『江』、吳謂古通『陽』或轉入『東』。

『江』古通『陽』或轉入『東』之說並不正確，『江』通『陽』有時代問題。齊梁後『江』始通『陽』。《詩》及兩漢韻文中並無此例。

支

脂，古通『支』。

之，古通『支』。

微，古通『支』。

齊，古通『支』（然在唐以前亦無此例）。

佳，古轉聲通『支』。

皆，古轉聲通『支』（南方讀音ｋａｉ）。

灰，古通『支』　『灰』為『咍』之合口字（加介音）。

咍，古轉聲通『支』

《韻補》搜集材料甚廣，然時代觀點分析不清。論先秦之音，不得與兩漢並舉；言兩漢之音，亦不與魏晉共讀。而《韻補》則自《書》、《詩》兩漢以至唐宋韓、歐文集不同時代之材料以爲一種材料。

『江』當是古通『東』　江從『工』得聲。『工』在『東』韻，後轉通『陽』吴氏適反。

《楚辭》東、陽、庚、真通押《詩經》則不同。

故論用韻一須注意時代觀點；　二須注意材料之範疇。

《詩》　牛（尤韻）字常與之（ｉ）部字叶韻。謂『牛』古音當讀『鱼其』切。之部之字無疑亦與牛讀音同。

家　谓古讀『攻乎』切（ｋｕ）與模部字同押。與模部『姑』音同。

慶　謂古讀『墟羊』切，與陽韻之『羌』音同。

擬音有正誤，以上所舉皆正者。

徐蕆與吳才老同鄉。為《韻補》作序『吳棫才老與蕆爲同里……才老登宣和六年進士常召試館職，不就，為太常丞……自《補音》之書成而三百篇始得為詩……音韻之正，本諸字之諧聲，有不可易者。如『霾』為『七皆』切而當為『陸之』切者，由其以『貍』得聲。『浼』爲『每罪』切，而當爲『美辨』切，由其以『免』得聲。『有』爲『之九』切，而『賄』『痏』『洧』『鮪』皆以『有』得聲則當爲『羽軌』切矣。『皮』爲『蒲麋』切，而『波』『坡』『頗』『跛』以『皮』得聲當爲『蒲禾』切矣。

有↓鮪、洧　　里↓埋↓貍

←　　霾 ←

友↓又

研究古音方法

一、統計《詩》中韻字。

二、由押韻關係定古韻的類別。

三、將同一韻類中的文字依《說文》諧聲系統排列。

四、見於《詩》中而不作韻腳的字可以知其類別，其不見於《詩》中者亦然。

鄭庠《詩古音辨》其書亡。元熊朋來《經說》中引有。庠、浙江信安人。《經說》二卷《易》、《詩》、

《書》古韻條云：『吳棫才老作《叶韻補》鄭庠作《古音辨》。鄭庠與項安世各立韵例。吳、鄭同時，而朱文公詩傳只採吳氏協音，間亦改其謬誤，補其遺缺。鄭韻出於《詩》傳，既成之後，吳、鄭自不相識故其說或未歸一。愚以《易》《詩》《書》折衷二家之說，字音不勝枚舉，姑記其略：吳、鄭二家不同，莫如『天』『文』二字。吳韻『天』字皆『依丁』反。（《集韻》作『鐵因』切），鄭則謂天如字，而『人』協然。舉古詩『山上復有山，破鏡飛上天』為證。協『山』為『羶』以從『天』。愚按『天』字協音《易》《詩》可以互證。鄭氏之學者，專以真、諄、臻、文、欣、元、魂、寒、歡、刪、山、先、仙十四韻皆協先、仙之音則似拘矣』。

真……魂、寒……仙十四韻，吳、鄭均謂應讀爲一部。吳謂應讀 e n，鄭氏以東、冬、鍾、江、陽、唐、庚、耕、清、青、蒸、登十二韻相通皆協陽、唐之音。（唐代以後『江』變爲陽唐韻）。

鄭氏又以魚、虞、模、歌、戈、麻六韻相通相協。魚模之間，別以蕭、宵、肴、豪、尤、侯幽皆協尤、侯之音。

鄭氏以侵、覃、談、塩、添、咸、銜、嚴凡九韻相通。皆叶侵音，與真……仙十四韻相混。

支、脂、之、微、齊、佳、皆、灰、哈，去聲祭泰夬廢（去聲無平上去）此九類皆協何韻則不得而知。

鄭庠並無分部之名，只分幾大類。至於分部乃清人所爲

鄭庠注意協音問題，並無分部概念。

清人定鄭庠六部爲陽、支、先、魚、尤、覃（見戴震《聲韻考》。覃應爲『侵』支爲『震』之假設。

夏炘《古韻表》排鄭氏分韻次第，係依《廣韻》排列。惟鄭氏未言入聲。

南宋項安世《家說》卷四有詩音類例，完全以《詩經》爲主，其書甚精（見《武英殿聚珍版叢書》。《叢書集成》亦有排印之本）。

明人對於古韻的看法

陳第研究古音之方法：陳第閩汕人著有《毛詩古音攷》《屈宋古音義》。

《毛詩古音攷》四卷

一、首以《詩經》爲主本材料；

二、將《毛詩》之叶韻字作一詳細統計，以某一字與某字常在一起叶韻則定其為一類。

三、叶韻分二類：1．本證，2．旁證。

本證：《詩經》中自相證明者。

旁證：取其它經書中所收韻文及秦、漢以下時不甚遠之文章作附證。

四、攻破宋以前叶韻之誤。

五、以為古今音，南北音皆有不同。此為創見。

《毛詩》古音考自序『時有古今，地有南北；字有更革，音有轉移，勢所必至。故以今之音讀古之作不免乖刺而不入，於是悉委之「叶」，夫其果出於叶也；作之非一人採之非一國。何「母」必讀「米」……「馬」必讀「姥」其矩律之言即唐韻不啻，此其故何耶？』

『母』音米

1．將仲子兮，無踰我里，无折我樹杞。豈敢愛之，畏我父母。（《將仲子》）

2．陟彼屺兮，瞻望母兮。（《陟屺》）

3．陟彼北山，言采其杞，王事靡盬，愛我父母。（杕杜）

馬音姥

1．翹翹錯薪，言刈其楚。之子於歸，言秣其馬（漢廣）

2．四牡騑騑，嘽嘽駱馬。豈不懷歸，王事靡盬（四牧）

3．王遣申伯，路（輅）車乘馬。我圖爾居，莫如南土（崧高）

采音泚

1．采采芣苢，薄言采之。采采芣苢，薄言有之。（芣苢）

2．參差荇菜，左右采之，窈窕淑女，琴瑟友之。友音以

1．鴥彼飛隼，載飛載止。嗟我兄弟，邦人諸友。（沔水）

2．飲御諸友，炮鱉膾鯉，侯誰在矣，張仲孝友（六月）

鯉、友之韻母當讀 i（上聲）止，宋人讀當爲 i 的韻母，故『采』『友』是聯繫比證，此法爲學理根據與隋唐協音不同。

一、當以例證多寡爲決定。如『馬』今音 m a，古音 m u。看『馬』字與從 a 韻之字爲多，抑是與從 u 韻之字叶時爲多。如協 u 時多，則當讀 m u。

二、當以韻類之分合而定。如繼續陳第之工作，考証古人音究有若干類，看類與類之間是否相近，如例証多類相近，則易定其讀音。

《古音考》一書擬音依然有問題，未考定古音類別，如能考定則更能增加古韻之知識。又對《詩經》韻例未能詳細考核（以二、四、六、八句協韻之例以定古音，是否相協？）如能將《詩經》協韻韻例，定一例子，定其韻字，再為統計研究，當更能確切。

清代對於古韻部分類之研究

顧炎武　明人不仕清，一般每以其為清人。

《音學五書》　一、《易》音，二、《詩》本音，三、唐韻正，四、古音表，五、音論。

《唐韻正》係按《廣韻》部類，類似《韻補》。材料搜集極廣，自三代至隋唐，斷限則較吳棫爲嚴格。

顧氏《唐韻正》次第按《廣韻》排列。《廣韻》中祭、泰、夬、廢、四韻無平上相對。韻目只去聲。

《廣韻》入聲（p、t、k）與陽聲韻（m、n、g）　相成。陰聲韻（i、u、o）則無相成者，（因以元音收尾）。

東冬鐘　　今音u e n g、i o n g

江　　今音a n g　i a n g

支脂之微　今音（z h）i、（c h）i、（s h）i、（z）i、（c）i、s（i）

魚虞模　　今音u、i

齊　　今音i、u e i

佳皆　　今音i e、a i、k a i

灰咍　　今音u e i、u a i

真諄臻文 } en、ien、uen、ün
欣魂痕 }

元　今音ün

寒桓刪山先仙今音an、ian、uan、üan

蕭宵肴豪　今音ao、iao

歌戈麻　今音a、ia、ua

阳唐　今音ang、iang、uang

庚耕清青　今音eng、ieng、ueng、iong

尤候幽　今音ou、iou、u。

侵覃……凡　闭口九音廣東音。收m北方音收n，《廣韻》入聲與陽聲相配，不與陰聲相配。而古韻入聲與陰聲相關。

夏炘《古音表》《廿二部集説》

一部　哉霾來—灰、咍韻

訧謀尤丘裘牛龜—尤部

思幾其—之部

正軌為灰、咍；尤爲特殊字（有分屬於別部者）。

上聲來咍韻

友否母趾尤韻

裏止李齒史士　之韻

入聲得特德韻

脂屋韻

戒、急怪韻（特殊字）

1.叶韻，入聲與平上去聲發生關係。

2.就《詩經》叶韻上看，有許多陰聲字與入聲叶韻。（如載、來）。之—職（入聲），哈—德（入聲），尤—屋（入聲）。諧聲語音與《詩經》語言乃是兩事。因《詩經》包括不同來源，其叶韻雖經整齊畫一。但叶聲時代有許多字來源較早，故叶聲語言與《詩經》語言不同。

古聲與今聲不同，古今調亦不同，如韻書屬去，古音則讀平。

二部　幽韻。

平聲包括—尤蕭宵肴豪。

入聲包括—屋沃覺錫。

三部　宵韻。

平聲包括—蕭宵肴豪。

入聲包括—藥覺沃。

三部無幽韻字。此為二、三部最大區分。以今韻讀之，二、三部皆有ａｏ、ｉａｏ之聲，主要須視諧聲字之偏旁。

四部　平聲包括—侯虞。

入聲包括—屋燭覺。

需—儒　區—歐　屨—婁　俞—喻　由此可知侯、虞關係。

分部互有異同，多是由於方言之殊與語言時間之不同，平入與《廣韻》相合，而上、去則不盡與《廣韻》合。如『駒『平、去雙收。

駒 j—北方 j q x。來源有二 1. g　k　h　2. z　c　s　北方今發 j　q　t　音者，古無。

駒　北方今讀 j—古當讀 g　（從由勾（g）諧聲可以斷定）。古人之諧聲相當嚴格 g　k　h　同諧，決不可能與 z c s 諧。『勾』屬見：溪一類，故由韻書看，古音原讀 g。

古書 * *—此乃按韻書中反切類定其聲母。

按《詩》中反切之韻類，定其韻母。

如株、古知蘁切。韻書中『株』應屬於『知』類

五部　魚韻。

平聲包括—模、魚（爲主）

入聲包括—鐸韻　有少數為『藥』『麥』部字，『昔』『陌』各半。

牙、且、家、假、瓜、巴、者、馬、野（麻韻上聲『野』從『予』得聲，予在魚部。

寫、下、捨、寡、夜。以上諸字《廣韻》在麻、馬、禡韻。

六部　歌韻。

平聲包括—歌、戈、支及麻韻之半，五支為皮、罷、奇、義、離、也、馳、池、多、侈、吹。麻韻如麻、加、沙、瓦、差、(亦入佳韻)。

無入聲

七部　支韻

平聲包括—五支之半。如支、巂、氏、卑、知、篪、斯（特殊本從其得聲，齊韻字甚少攜，圭。）

去聲包括—錫、昔韻之半，麥韻之一部。

八部　脂韻

平聲包括—以脂爲主，齊韻大部，微、皆、咍及灰韻之半，五支之一部。

九部　至韻—無平上去只入聲。

陰聲韻有入聲，實則此部以入聲爲主，去聲乃自入聲變出者。

以質韻爲主—如壹、匕、漆、匹、吉、逸、栗、慄、室、璧、秘。

亦有屑韻字—如結、節、血、穴。

薛韻——只徹、設二字。

術韻——只恤一字。

齊韻（去聲字）嚏。

十部　祭韻　以去聲為主體，《廣韻》中祭、泰、夬、廢四韻字為多。

寒桓入聲——曷，末。

山刪入聲——月、薛。

十一部　元韻

平聲包括——寒、桓、元、山、刪、仙、韻字，先韻字甚少（只有蒸、霰、見、宴、諸字）。

寒an　桓uan　刪、山an　uan　先、仙、元ian　yuan　陰聲韻有入聲與陽韻對轉。無入聲者，對轉可能甚少。

十二部　文韻

平聲包括——en、ien、uen、ün。

真、諄、魂、痕爲主，魂、痕、欣、文決不在十三部。

欣韻字如、殷、芹，文韻字如聞、員、云、焚、君、芬、問、訓。

十三部　真韻

平聲包括　ian　en　ieng　ueng　ün　以真韻爲主，諄、臻、先、仙。

十四部

平聲包括——以清音爲主（ieng、eng）及庚、耕。

十五部

平聲包括　ang　iang　uang陽、唐、庚（除庚、羹、彭、英、亨、京、明、盟、兵、兄、卿、衡、慶、景、永、泳、梗、競、諸字外，餘皆在十四部。

十六部

平聲包括—東、鐘、江，無二冬韻字。

十七部

平聲包括——二冬，無三鐘　有東（細音字三等）、江。

東、冬在《說文》諧聲及《詩》叶韻上，可看出分別。即東與陽相近，冬與侵相近。

兩漢以前，東、冬二部相當混亂。魏、晉、宋則分，齊、梁以後則混（此可就魏、晉與齊、梁之詩章誦讀當可明瞭）。

十八部　蒸韻

平聲包括—蒸、登、東（少數如弓、夢、雄）。

十九部　侵韻

平聲包括—侵、覃、咸。

二十部　談韻、十九、二十皆閉口韻字。

銜、咸在詩中作韻字極少。

韻書中廿一部與廿部為相関入聲，廿二部與十九部為相関入聲，而廿一、廿部在詩中協韻截然不與平上去在一起，故獨立。

古今音不同有五觀點

1. 聲母 『行』xing
『行』hang 聲母不同，介音不同，元音不同。
2. 介音
3. 元音（韻母）
4. 韻尾輔音
5. 聲調 林lin，廣東語收音lim。
南nan，廣東語收音nam。
風feng，古音收m，因從『凡』得聲，《廣韻》侵——凡九韻皆收m。

凱風自南，吹彼棘心 『南』『心』皆收m。

黃季剛以屑部代至部（屑為入聲）稱祭部曰曷部。

廿九部 則是廿二部加入聲。

夏炘《古韻表》廿二部中有入聲者十一部。而將其上無平聲者，合為一部。故至（九），祭（十）合為一部。廿二部中，十八部有平聲，入聲十一部。

國風 周南

關鳩、鳩、洲、逑、流、求、『幽』韻。

得、服、側『之』部入聲。

服側屬《廣韻》入聲（屋、服、職、德、側、故云『之』部）。

采、友　之部。

芼、樂　宵部。

葛覃　穀　木　侯（入聲）　下『穀』字與上章遙韻。

萋、飛、喈　脂部。

莫、護、綌、斁　魚部（入聲）。

歸　衣　脂部。

否、母　之部（上聲）。

卷耳　筐、行。陽部。嵬、隤、罍、懷　脂部。

岡、黄、觥、傷、陽部。

砠、瘏、痡、吁　魚部。

樛木　纍、綏　脂部。荒、將　陽部。

縈、成　耕部。

螽斯　詵、振（今音去，古音平 zhen）文部。

薨、繩、蒸部。揖、蟄　緝部。

桃夭　華、家　魚部。實、室　脂部。

蓁、人　真部。

兔罝　罝、夫　魚部。丁、城　耕部（干城：干音『悍』）。

芣苢　逵、仇　幽部。林、心　侵部。
采、有　之部。掇、捋　祭部。
袺、襭　脂部。
漢廣　休、求　幽部。廣、泳、永、方　陽部。
楚、馬、魚部。蔞、駒　侯部。
汝墳　枚、飢、脂部。肄、棄　脂部。
尾、燬、邇　脂部。
麟趾　趾、子　之部。定、姓　耕部。
角、族　侯部（入聲）。
召南
鵲巢　居、禦、魚部。方、將　陽部。
盈、成　耕部。
采蘩　沚、事　之部。中、宮　鐘部。
僮、公　東部。祁、歸　脂部。
草蟲　蟲、螽、忡、降、鍾部。子、止　之部。
蕨、惙、説　祭部　薇、悲、夷　脂部。
采蘋　蘋、濱、真部。藻、潦　宵部。

筥、釜　魚部。下、女　魚部。

下、女　女由iu變來『疑』母字。下ia『匣』母字。歌韻字在唐讀a，今讀ə。a—o—ə。經o階段下之ia，如原為io或iə則與iu之u同（為後元音之圓唇音，故古音通押）。Iu不可能變爲ia因如變爲ia則必分入歌部，而不在魚部。或云古人讀ia亦不通，因其永不與歌、麻部字在一起。

甘棠　伐、茂　祭部。敗　憩　拜、說　緝部。

行露　露、夜　魚部。角、尾、獄、足　侯部。

牙　家　魚部　墉　訟　從　東部。

羔羊　皮、紽、蛇、歌部。革、食　之部。

縫、總、公　東部。

殷其雷　陽、遑　陽部。雷、斯（間韻）支、脂　通押。

子、哉　之部。側、息　之部。

標有梅　梅、士　之部。弋、吉　脂部。

下、處　魚部。

三、今　侵部　塈、謂　脂部。

小星　星、征　耕部。東、公、同　東部。

昴　裯、猶　幽部。

江有汜、汜、以、以、悔　之部。
渚、與、與、處　魚部。
沱、過、過、歌　歌部。

野有死麕　麕、春　文部。色、誘　幽部。
樕　鹿、束、玉　侯部　脫、悅、吠　祭部。

何彼襛矣　襛、雝　東部　華、車　魚部。
李、子　之部。緡、孫　文部。

騶虞　葭、豝、乎、虞　魚部。蓬　豵　東部。

邶風柏舟　舟、流、憂、游　幽部。茹、據、愬、怒　魚部。
石、席　魚部。轉、卷、選　之部。
悄、小、少、標　宵部。微、衣、飛　脂部。

綠衣　裏、已　之部。裳、亡　陽部。
絲、治、訧　之部。風、心　侵部。

燕燕　羽、野、雨、魚部。飛、歸　脂部。
頏、將、及、泣　緝部。音、南、心　侵部。
淵、身、人　真部。

日月　諸、居（上）土、處　顧（平）　魚部。

冒、好、報　幽部。

才、良、忘　陽部。出、卒、述　脂部。

韻書分佈

同一字兩部互見原因是：

1.意義不同故分爲兩部。

2.古今兩讀或方言兩讀。

3.諸家所收不同如＊＊收甲字在子部，而他人又收甲字在丑部，故子、丑兩部並存甲字。

《切韻》中同從一聲符者可分散在幾部韻中去，是否原來音相同，而《切韻》分散至各部，抑是原來音不同，經歷史演變，而相去甚遠。如偶、禺、俞（虞）、偷（侯）。

如云古音同，則須云為何一種條件而後來不同。如說不出理由，則須云原來不同，而後來演變更不同。

聲音之變有二

1.屬於聲母（影響韻）2.屬於韻母（影響聲）。在古代某一時期相同，然因聲母影響，而將韻變化不同。在古音中應有分別，雖同屬於一部之字，其韻母並非完全相同。可能元音相同，而介音不同。（有介音或無介音）。如a可與ia　ua　相叶（在聽覺上感覺音仍是相近的。

a與ia　ua是介音有無，ia　ua是介音異同。

古人叶韻a　ia　ua，an　ian　uan在一起。故只元音相同或相近，即可隸為一部，亦可知古人韻部並非一致，故同從一聲旁，可以諧出一字音a亦可諧出一字音ia或ua。如韻母須絕對相同則不知要有多少同音字，古人可能為避免同音字過多，不得不加以分別，聲母亦然，同從一個聲符之許多諧聲字，聲母也不一定完全相同，如『甘』可諧出酣、泔。『干』可諧出杆、汗、旱。

顧炎武對《詩經》韻類分辨未能詳細，其因有二：

1. 對《詩經》韻類考察不十分清楚，不若江永有詳細分別。

2. 以爲古人四聲在《詩》之叶韻上，可隨便使用，以爲四聲是一貫的（抑揚高下無大分別）。平可叶仄，仄亦可叶平。

①章　甲　平平，乙　仄仄。②章　乙　仄仄，丙　平平。

將甲與乙不分混為一部，乙與丙不分混為一部，因之將甲、乙、丙混為一部。

故對四聲不明則影響分類太粗。顧炎武《音論》有四聲一貫說，此影響顧氏分部。

江永有《古韻標準》四卷。江氏於等韻頗有研究。故研究古韻亦注重考古，審音分部。江氏分平、上、去皆十三部，入聲八部。

將《廣韻》韻目分爲十六攝。

東冬鐘—通攝，之支脂微—止攝，魚虞模—遇攝，齊佳皆灰咍—蟹攝，真諄臻文—臻攝，寒桓刪山—山攝，江—江攝，蕭宵肴豪—效攝，歌戈—果攝，麻—假攝，陽唐—宕攝，耕庚清青—梗攝，蒸登—曾攝，尤侯幽—流攝，侵—深攝，覃談……凡—咸攝。

江永《古韻例言》—『四聲雖起江左，案之實有其聲，不容增減，此後人補前人未備之一端，平自韻平，上去入自韻上去入者，恆也』。顧氏《詩本音》改正舊協之誤頗多，亦有求之太過，反生葛藤，如一章平、上、去、入各用韻，或兩部相近之音各用韻，謂通為一韻恐非古人之意。

江永泥於等韻，以爲四聲不可移易。

《古韻標準》東冬鐘總論。

按此部東、冬、鐘三韻本分明，而方言脣吻稍轉，則音隨而變。試以今證古，以近證遠。如吾徽郡六邑（婺源歙縣等地）。有呼東韻似陽，唐者，有呼東、冬、江似真、蒸、侵者，皆水土風氣使然，詩韻久已有之。……審定正音乃能辨別方音，別出方音，便能審定正音，諸部皆當如此。……江韻古皆通東、冬、鐘，其審音精矣，位置當矣。顧氏曰：按江韻與東、冬、鐘同用，南北朝猶然，唐以下始雜入陽，唐韻，宋吳棫因之有『通陽』之說，元周德清《中原音韻》乃以江陽合韻。《洪武正韻》遂併江入陽。據此，可知宋、元、明之音學遠不及六朝。

江氏有二觀點：

1.以今日讀音講，同為一韻在方言上則有許多歧出交錯之處，能辨別方音，則能書正音，不會因例外而混淆正例。

2.從『江』韻讀音上說，江氏雖分古韻為十三部，然一部之中之韻並不完全相同，但古人讀之口歛，而近東冬鐘矣。

韻之通用，同，始自許敬宗上書，始放寬韻部。

段玉裁以音相近者按次序排列。

吳省欽序為段氏自為者（段氏文稿中曾言及），而託名吳氏也。

清人發明由聲求義的秘訣，此是由於了解古韻部之關係。今日則更形進步，不僅了解字音，且更了解古人語言。

王引之經傳釋詞，俞越《古書疑義舉例》開始注意到虛字，比較接近語言。後《馬氏文通》及楊樹達《中國語文法》均注意古代語言而用西洋文法解釋，未能盡長。今日欲了解古代語言，必須從現代人口中之語言作材料，此為極困難之事。

段玉裁有《古十七部本音說》，《古十七部音變說》，《古四聲說》。

1.古代是否有聲調之分？ 2.有分別是否即有四個？ 3.古某字之讀音、聲調是否即今日韻書所規定者？

段氏以轉注為同義詞，非是。轉注之說見劉台拱《轉注假借說》『考』為『老』之方語，於老下注『丂』作『老丂』省形作『考』，故云轉注係由轉語而來。

《詩》出車之『來』為平聲（可知陰聲與入聲之関係）。

來即『麥』字。來為麥之古字，二字用法顛倒。由此可知『來』字在古代可能與入聲有関。『來』在《詩》中用為入聲之例甚多，如出車、靈臺　大東、常武皆與入聲協。

黃侃　分古韻廿八部，即將入聲獨立。

考證《詩經》用韻應用《三家詩》核對，因有時《毛詩》為合韻而《三家詩》為古本音。

音轉　聲轉—牙喉音可通轉。故一字有見母讀法，亦可能有匣母讀法。

韻轉—1.旁轉，鄰近韻相轉。 2.陰陽對轉，之、咍與蒸、登對轉之類。又如『能』可讀『耐』即對轉關係。

端母轉定母，見母轉群母為本音轉。

陰聲韻與陰聲韻，陽聲韻與陽聲韻相轉，為旁轉。

陽聲韻轉陰聲韻，陰聲韻轉陽聲韻，為對轉。

聲母之轉不出其類。見轉群，群轉匣，定轉疑，邦轉明。

又如　見轉端，端轉幫（發音方法同，皆破裂音）。

匣轉心，（發音方法同，皆摩擦音）。

聲之轉　發音方法（異類），發音部位（同類）。

韻之轉　旁轉—鄰近音轉，陰轉陰，陽轉陽（必為雙聲）。

對轉—陽轉陰　陰轉陽　（必為雙聲）。

段氏侯部無入聲，實則當有。

第二部上聲較少，去、入亦有之，而段則只列平聲。

第四部應有入聲，而段與第三部相混。

第十五部入聲亦不妥當。

第七、八、十二部有入聲亦未當（陽聲后有入聲，不對）。

第九部孔廣森分爲二，段玉裁亦認可，確應分爲二部。

段氏之弊在於統計不太精確，再則審音不細密。

江永—戴震—段玉裁　此為師承源流。江有誥則無師承，而受江永影響最大。戴震與段氏関於《六書音韻表》之贈答書（見戴氏遺書）。《聲類表》戴震《轉語二十章序》或謂《聲類表》即《轉語二十章》。

『脂』『祭』之分，段氏並未首肯，亦未否認。而對孔之分。『東』『冬』大加贊許。夏炘云不可解。就《詩》之叶韻視之『脂』『祭』必分。漢魏韻文亦分，而在《說文》諧聲，語義交轉関係，而言『脂』『祭』有密切関係。兩部字義，往往相同。段氏為《說文》訓詁，叚借之関係，故未分爲二部。

孔廣森分古韻為十八部（用陽陰配合之次第）。

元、耕、真、陽、東、冬、侵、蒸、談。

歌、支、脂、魚、侯、幽、宵、之、合（侵覃以下閉口韻入聲，皆包括在内）。

定《廣韻》41聲類之說甚為疏漏，係根據同用、互用、遞用而歸納得來者。

如　都　當口切　都丁為雙聲，此為同用、互用。
　　丁　當口切。
　　當　都口切。

如　都　當口切　都丁雙聲，丁當雙聲。此是遞用，三字聲母相同
　　丁　都口切
　　當　丁口切

高本漢斷定古音凡36母之濁母皆送氣。

凡同一聲類者彼此必能繫連。

如　古g　可切『公』『光』等聲　子zi　可切『即』『則』等聲。

或以有i介音之字切有i介音之字；無i介音字切無i介音之字。

鈎—gou　古gu無介音。九—jiu　有i　介音，居jü，由iu變來，有i介音。

重唇音　幫　b全清，滂p次清，並b全濁，明m。吳語中並母，北方則無。

輕唇音　非　敷　奉f　微v　北平無微母，河南則有。古無此四母，蓋皆讀幫滂並明。

粵語無『微』母，『微』母與『明』母皆讀m。《切韻考》分《廣韻》為40聲母，即將『明』『微』二母合為一母，因陳澧為廣州人囿於方言之故。

『脬』即膀胱今讀『胞』仍存古音。『費』古音『必』，故《尚書費誓》或作《𣣔誓》。

非、敷、奉、微最初之音當有此四階段，部位雖移動，音仍與重唇相近。

舌音　舌頭　端d　透t、定　泥l　江浙語有定母。舌上　知zh、徹ch、澄　娘，舊日指為濁母字　平聲字變爲t，仄聲字變爲d　福建江西均讀『知』為『端』。

齒音　齒頭　精z　清c　從　心s　邪。

正齒　照zh　穿ch　床　審sh　舌尖後。

正齒音有一、二兩類之分　第二類慣例有i介音　第一類有時有，有時沒有。

邪母為s之濁音，江浙語『從』『邪』二母游離不定，或讀dz或讀z相混，而無一定規律。

福州音『照』『穿』讀j、q與『知』『徹』d、t不混。

牙音（舌根音）見g　溪k　群　疑　『見』母后有i音者讀g　k，無i音者讀j、q。喉音

曉　匣　洪音讀h，細音讀x　影、喻　吳語中分爲兩類。

喻一　反切上字為於、王、雨、雲　二者同在一韻，然永不混用。

喻二　反切上字為　餘、羊、與、餘。

喻一　與匣母或群母有関。

喻二　與定母或從母、邪母有関。

喻一　可能為匣母細音。

喻二　今日讀無聲母，然從諧聲觀察，如『羊』可協『祥』（有聲母）『俞』可協『偷』（有聲母）則

知古代可能有聲母。

舌齒音　一　來、日（無聲母）　南音『來』『泥』相混。吳語又或讀n音，如讀『兒』為『倪』。

㈠陽聲韻—收尾為m　n

n ⎧ en ien uen ün
　 ⎩ an ian uan üan

ng ⎧ ang iang uang
　 ⎩ eng ieng ueng iong。

陰聲韻—收尾i，o，u，a等

入聲韻—粵語收p　t　k北方無，皆分到平上去中，讀陰聲。

如陽聲收m則入聲收p，陽聲收n，則入聲收d。如陽聲收ng，則入聲收k。依《切韻》讀音，陽聲韻收尾當為m、n、ng。入聲韻（《廣韻》）必在陽聲韻下始有，陰聲韻則無。早期等韻圖亦如是，可知陽聲與入聲音理相近。

㈡《廣韻》中往往不是一個單純韻母。

1.開口—無u（iu）介音者稱開口。

2.合口—有u（iu）或以u為韻母者稱合口。

韻書中可能一韻之中完全為合口或開口者。

依宋人等韻圖以同一韻者開口作一圖，合口作一圖，兩類分析非常清楚，由此可知古韻。

開口中有二類　1.無介音（開）　2.有i介音（齊）。

合口亦有二類　1.無i介音（合），2.有i介音（撮）。iu = iü。

㈢四等。

1.開合 { 一等n。 / 二等uen。 }

2.齊撮 { 三等ien。 / 四等ün。 }

1類中一等可有開、合，二等亦可有開合。2類中三等可有齊、撮，四等亦可有齊撮。

今日口中所能分者為四等呼之開齊合撮　1，2類為上下二等1類無 i 介音，2類有 i 介音。宋人所以分爲四等厥為元音問題。

今日方言有時能分辨兩韻，有時不能，則須看等韻圖之等第。考察韻讀須注意1.《廣韻》　2.等韻圖　3.今日方言之類別。

一寒　a　開口廣大
二刪　ə　前元音
（an 無 i）
三仙　ɛ
四先　e
（ian 有 i）
高本漢擬音

寒、刪之元音與仙、先之元音不同，由發音時口腔不同可知。

《切韻》無『真』韻：等韻圖以『真』為開口『諄』為合口。在同一韻中，可定開合洪細。

古韻母的範疇—錢大昕《十駕齋養新錄》卷四有古無輕脣音（非敷奉微）及舌音類隔之說不可信（指古無知徹澄娘四母）將古書中『通借』『異文』『聲訓』三种材料合起來看。

夏燮《述韻》中有討論聲母者，多推衍錢說（燮為夏炘之兄）。

鄒漢勛有《五均論》有目無文。

章太炎有《古音娘日二母歸泥說》。

曾運乾《喻母古讀考》從聲音洪細考定喻母有兩類。喻母三等與古匣母近，四等古音與定母近。除注意通借、異文、聲訓外，尚照顧到諧聲。

高本漢《諧聲》說用諧聲字來考察聲母及韻尾輔音。

諧聲的原則

諧聲的部分與全字不必完全同音。如鹹（匣）、減（見）、喊（曉）、感（見）。韻書中此四字讀音不同，因所屬聲類不同故也。(1)本母字諧本母字 (2)聲母相近而不相同，主諧字與被諧字之聲與韻中的主要元音和韻尾輔音是相同的，『古』主諧字可諧『苦』（溪）；『干』可諧『罕』（曉），『旱』（匣）。『般』（幫）可諧『盤』（並）；『半』（幫）可諧『判』（滂）。

雖不同部位，依然部位相近，而互諧者，如才（從）可諧豺（床），又如尚（禪）可諧堂（定）。

就韻之主要元音言，如藋 u a n（桓韻一等）可諧權 ü a n（仙韻二等）二韻等第不同。又如鬣 l i e r 可諧臘 l a r 主要元音不同，此种不同大半因有或無介音 i、u 之影響。

韻尾輔音多是相同的，有極少數例外。如『占』可諧『帖』，占收 m，帖收 k。此種例相當少。

音之三要素　聲母，主要元音，韻尾輔音。三者不相同或相近，主諧字與被諧字不同。一類為聲母失掉，一類為韻尾失掉。

聲母輔音失掉者，如甬、喻四　可諧通、（透）；勻（喻）、可諧均（見），羊（喻）　可諧祥、（邪），于、（喻）　可諧訏、（曉）。甬、勻、羊、于、均無聲母亦可諧出有聲母之通、均、祥、訏。

失掉韻尾輔音者　聲母皆是有 i 聲者，在古語中濁音 t、k 如後有 i 音則 t、k 常失掉。

有時一字有二音（又音）如『恌』可讀『條』（透），亦可讀『搖（喻四）』。『怞』可讀『抽（澄）』，亦可讀『由（喻四）』。由此猜想古時應有聲母，經過一种演變而失掉，如何推考，依其類別可以考定。

『甬』諧通是舌音一類　舌音有端t透t定d泥n。

如謂『甬』原為t d之聲不甚合理何以筩（定母），通（透母）未丟掉。高本漢推定古音有一不送氣濁音，d為甬之聲母。

梵文有五個聲母，中國韻書中只有四個，其丟失原因當係字調變低而丟失。

匀　當是不送氣之『g』原為匀之聲母。gi－ji－i此種現象藏文中恆見。

于　喻母三等，可諧出曉匣母字（曾運乾《喻母古讀考》）古音當是群母字。

古音無匣母，匣母讀與群母同。

知徹澄不知本身可否互諧，只知可與端透定互諧。

照穿床審　可與精清從心邪互諧，照穿床審三可與端透定互諧。

諧聲字可能主諧字無韻尾輔音，可諧出有韻尾輔音的字。如乍（無），昨（有）。

敝bi（無）　並母霽韻。瞥bi e t（有），屑韻。

又如至（去）諧侄、窒、咥、垤（皆入聲）。曳（去）可諧伳、絏（皆入聲）　夜（去）可諧液、掖、腋（皆入聲）。

又有主諧字為入聲，被諧字為非入聲者。如列（入），例（去）　弗（入），費（去）　卓

（入），罩（去） 勺（入），釣（去）。

由以上可知陰聲韻當有韻尾，而與入聲收尾音近，故可能有與p t 相似之b d g。由諧聲及《詩經》叶韻知入聲韻與陰（去）聲韻相近，（即平上相近，去入相近）。由此可以明《古音表》以入聲與陰聲相配也。

故『乍』之收尾當為g 『敝』之收尾當為d 『例』之收尾當為d 『費』之收尾當為g 『罩』之收尾當為g。

『入』 r 可諧内 當收b。

『内』 b 可諧納 當收r。

『去』 b 可諧怯 當收r。

『盇』 r 可諧蓋 當收b。

以上皆蟹攝 祭泰夬廢一類字，古音可能收濁音b。

決無主諧字有聲母，而被諧字無聲母之情形。

從諧聲觀點論，祭泰夬廢多與閉口韻之諧聲有關。

見溪群疑 k k′ g′ ŋ。

端透定泥來喻 t t′ d n l d （原有聲母為不送氣）

知徹澄娘

幫滂並明　p p′ b′ m

非敷奉微

精清從心邪喻　ʦ ʦ′ ʣ′ s′ ʣ 莊初床山有少數字與精清從心無関　高本漢以爲原當讀 ʈʂ（莊）ʈʂ′（初）

莊初床山

ʥ（床）ɕ（山）。

照穿床審禪　照穿床審高本漢定為 ʨ ʨ ȶ 一類　照穿母有若干字與知徹近，在上古音非塞擦音而為破裂音之故。

曉匣影喻。 x g ʅ y

審母三等字就諧聲看與定母関係密切。如『首』（審母三等）頭（定母）故審母擬音當為 ȡ 但又與禪母擬音 ȡ 有衝突。周祖漢先生認爲禪母與神母古不分，故審母禪母同為 ȡ。

周先生有《審母古音考》（輔仁學誌）。《禪音古音讀為定母說》（國文學會講演集）。

審母中只有少數字如手（審三）鼠（審四）無諧聲字。

邪母與定母関係甚密　戴君仁有《邪母古讀定母證》（輔仁學誌）。

錢玄同亦有證明。然邪如與定母有関則不可能為摩擦音，須有一破裂音始可。

推測方法有二、1.邪母與從母 ɖ 有関，今吳語方言從、邪與神、審無一定系統。六朝從邪相通。2.邪母為 ʥ 為與從母相對之不送氣聲，然此與喻母第一類衝突。

a. 或以爲邪母為 ʥ，喻為 Z 因喻母所發生関係者皆邪母一類　b. 或以邪母為 ʥ（與從同）喻仍為ʥ。

來母問題。古音是否有複輔音問題。如各（見母）可諧洛（來），輅（來），賂（來），路（來）猜想古音有K、L之聲母，而後一類保存k一類保存L。

明母與曉母　每（明母）諧聲字晦、海、悔、誨（皆曉母）。明、曉常為聯緜詞，意義上亦有關係。故擬測古當為m　x　（h）。

曾運乾只注意喻（于）與匣近。喻與定近，而忽略喻（勻）喻（羊）。

清人對古韻了解透徹者，江永、戴震、江有誥。此三人皆安徽人，得天獨厚。不僅了解古音，且了解今音。陳澧只明今音，而不明古音。段玉裁只了解古音，而不明今音。顧炎武、孔廣森、則是書本之學。

戴震轉語廿章（今亡）或謂《聲類考》即轉語廿章。

《聲類考》係用等韻格式貫串古音之書。照顧到對轉關係，將許多字依聲母類別排出，而成一種表格。首將古韻同一部之字列出，對於講對轉，通借頗有幫助。對古語意義上探求更大，因古韻一部中有許多字義類為相通者。與其對轉之一個韻部字，意義上也有不同的關係。

將古韻每部中所包括之字，其義類可分爲幾種，此可能成爲一個很有系統之訓詁學。

韻為旁轉：　東與陽、庚與真。對轉：　魚與陽。

對轉大體以雙聲居多（雙聲為主要條件）。

有時聲母相同，韻類不同之字，其義亦往往相同。此即雙聲字亦有義同義近者。

高本漢著　1.《詩經研究》　遠東博物館集刊。抗戰時，張世祿有譯本，載《說文月刊》。2.《漢語辭類》，張世祿譯，商務版。3. gnammatica　genica《中語文法》一九四〇年出版

隆福寺文殿閣翻印，名為《中國諧聲譜》。

《詩經研究》——繼承分析字典及單篇文章之後，而作專講。《詩經》古韻讀音之書，兼及《易林》。《易林》舊題焦贛實為新莽崔篆作。

《漢語辭類》——仍討論古韻部讀音。利用古韻討論古義，同樣具有某類聲音形式，其義類往往相近。然以此種概念講中國訓詁頗有危險。

gnammatica　genica《中語文法》：

1.敍論——將高氏以前所擬定之古韻部結論敍述出來，同時作一說明，以比較古韻部聲類與《廣韻》讀音之不同。

2.《毛詩韻讀》——將《詩經》韻腳完全寫出，對照注出其所擬之音。

3.《諧聲譜》——編製甚佳　如『公』主諧字，可諧翁（牙喉音），可諧松（齒音）。從『松』得聲之字，又有『菘』。然則古音『見』與『心』有關乎？盡管『松』從『公』得聲，然又為主諧字，此為特殊之例非『見』『心』有關也。

第一主諧字所諧之字，置於第一主諧字下。

第一主諧字所諧之字又作另一主諧字時，將此字另列一行。

將一字之甲骨、金文寫法亦寫在下。每一字皆擬出其上古音，中古音及現代之北京語，兼注講解。

古人文字所寫出的形象。大衆見此形象，而呼出當時社會情形下，大家所公認之聲音。後來社會發達，語言發展快速，以已有之文字，代表現成語言。故諧聲字有諧某音者，有諧另一音者（一字兩音說），用一個字代表兩語言，否則即須以複輔音之説法證明之。

凡收尾為m從凡得聲字，如『風』字與從『風』得聲之許多字，楓、諷、芃、鳳，皆變爲收ng之尾聲。

廣州語讀凡為fan盡量取消唇音（異化作用）。

客家語讀凡為fam留兩個唇音。

汕頭語讀凡為kuam亦留兩個唇音，然聲母由唇音變爲牙音。

由今音不同，知異化作用為語音之現象，由此知『威攝』原亦當有合口，後因異化作用，變爲非合口，如從『凡』得聲之字收尾為ng即一例也。

患huan（汕頭）喚ham（汕頭）二字在韻書收n，汕頭則收m由此知山攝之字原當有一部份收m。

『天』收n『吞』收n『忝』『添』收m因此知收m與收n之字彼此之間有關係。

通攝之字今收ng原來可能有收m者，後因異化作用，m皆變爲ng。

《詩經》『凱風自南，吹彼棘心』廣東語南、心皆收m，風亦收m（可知古韻屬收m之韻部）。

韻書中陽m n ng，入b t k相配，此由粵語四聲可分清楚。

平入對。如東、冬、鐘、江入聲為屋、沃、燭、覺。韻書之陰聲韻無入聲相配，因陰聲韻為開切音

（以元音收尾）。陽聲韻為閉切音（以輔音收尾）。

《詩經》叶韻陰聲韻字與入聲相押。如『子』與『職』『德』字相押。『祭』與『屑』『薛』，『至』與『徵』（真入）『屑』韻字相押。『至』字所諧之室、窒、侄、垤為入聲。從『來』諧聲之『麥』為入。

由此就《詩經》叶韻論之，陰聲字往往與入相押（不論押韻、諧聲），陽聲韻則與入無關。

就古韻言，陰聲韻既與入聲相押、相諧，則陰聲當有收尾。其因有二 1.因與入聲字押韻及諧聲之故；2.如謂陰聲韻無尾，則應普泛的，凡一個陰聲韻，可與任何入聲韻相押。由此推測陰聲收尾當為 ər、ət、ək。

自段玉裁將入聲韻皆置陰聲下。

與入聲韻發生關係之陰聲韻，原應有尾音。其尾音性質與其有關之入聲韻尾，為同發音部位之音。

就一字兩讀音如惡（好惡）去。惡（善惡）入　白（入）可諧怕（去）　到（入）可諧倒（去）　戈（入）可諧代（去）　昔（入）可諧措（去）。

高本漢擬音以爲陰聲收尾為 m。　b　d　g。

γ　t　k。

另一部份收 r。

入收 γ 如謂『內』（陰聲韻）亦收 r 則無法證明何以入之尾音後來並未失去，而獨『內』失去，故內不能擬為收r，而當收b。『列』收t，『例』（陰聲韻）當收d理由同上。濁聲母b d g聲調低，故其尾音後漸失去。

『内』從『入』得聲為何内與入尾音不同（可以同諧清音r），爲何故人必分爲γ，清b濁，此因語義相同，而有聯貫関係。最初只由『入』一字代表。入又代表『内』後為分別意義起見，故使語音略有變更。然此客觀要求上之假設，是否正確，尚為一疑問。

收尾為b之字後讀為去聲，因有濁音收尾関係，變爲去聲。抑收尾失掉後始變爲去聲，抑原來聲調即有不同，此又一疑問。

高本漢《詩經》研究有過渡方法，以爲『入』『内』收尾相同，而原來聲調不同。去聲原為降調，入r列t内p怕k例t因爲降調而尾音去掉，變爲去聲。高氏此種説法未能出於臆測之外，蓋p、t、k、與原擬之b d g僅價值不同，功用則同為記號，且何以知古人有降調，恐係受北京語影響。以北京語求古音，未免危險過大。故《中語文法》又改回原來所擬之b d g其原來之價值（語音學上讀音）只代表陰聲韻，對待者而已，真正讀音必須由比較語音學研究清楚（將藏文，南亞文、印度文……一系統文字從歷史上研究清楚）始可。

五百年以内聲音變化不大（此由體驗而來）。如祖父與子孫口中可知。民初汪榮寶《歌戈魚模古讀考》據一些材料斷定歌戈魚模古音皆讀『a』用華、梵對音考證。凡梵文為『a』時則中文多以歌戈韻部字譯之。隋唐前一些譯音，亦以魚模對譯『a』之聲音。所以斷定歌、戈、魚、模古讀『a』。然汪氏未言及後世何以分歌、戈、魚、模為兩類。又支韻字爲何後來讀音不與歌戈相同。

《詩經》麻韻、魚韻二韻通押時極多。

麻韻　衙（衙從吾得聲）　賈　家　瑕　牙　下　夏　馬。

魚韻　乎　徂　居　女　鼓　楚。

瓜可諧孤。斜從餘得聲，餘可叶斜　誇可諧袴。

歌、麻一類為a　ia之聲，魚、模一類為uo、io之聲。此二類古人應如何讀法或謂歌韻古讀uo，魚模古讀a。然問題不如此簡單，如謂模韻字原為『a』，後變爲uo。如臥、瓦（歌戈部）等字亦變爲uo，實際並不如此。且與歌戈同叶之麻韻字，與魚模同叶之麻韻字不同。由此可斷定歌戈為r，而麻韻為ir，隋唐時元音尚同為『a』。

歌部中有五支韻之字，後音分化。五支韻原來之音，當與歌戈相近。

a（歌）　wa（戈）　ia（麻）　ia（支）。麻支之ia當有區別，否則後世應變爲一樣。由a容易變爲福建音之ie再變爲e。ia—ie—i。

諧聲與《詩經》押韻是兩種情形。從諧聲看，魚韻與歌戈韻有關，從押韻看，則魚韻與歌戈韻有系統的是兩部。

之部元音擬法。

之部（三等）包括之：（三）。

哈：（一）來、臺、哉、才（平）海、怠、採，在、改（上）載（去），《切韻》

之音　ai。

灰：（三）梅（平）悔、佩（上）uai。

尤：（三）郵、牛、丘、裘（平）有、右、友、久、婦、負（上）又、囿、疚、富（去）iəu。

厚：（一）母、畝（平）əu　o。

脂：（三）龜、伾（平）洧、鮪（上）備（去）i。

皆：（二）霾（平）əi。

此部古韻有韻尾輔音，故有入聲。入聲韻部為『職』『德』等。

職　　iək。
德　　ək。
屋　服、輻、福、牧、彧、伏葍富　iuk。
麥　麥、馘、革　ɛk。
怪　戒只一字（悈）　ai
　　革、戒、悈古韻通用

以上《切韻》之音。

之部對轉関係有蒸　iəng　（eng）。
　登　əng　（ing）
　東　iung　yeng

以上《切韻》之音。

來：子：德（之與職韻）可知『之』有一尾音g，入聲韻有尾音k，陽聲韻有尾音ng。可猜想陰聲韻的元音可能也是ə又有尾巴則成爲əg（因陽入皆是收尾有k、g）əg　ək　əng則可以對轉　故擬。

第一類是əg　咍一等。

第二類是iəg之三等（有i介音）。

第三類是iug尤（半）（三等）。

第四類是əg厚（一等）。

第五類是iwəg脂（半）。

第六類是ɛg皆（半）。

咍韻合口為灰韻əg（開）wəg（合）。

之韻合口為脂韻之iəg（開）脂iwəg（合）。

厚韻在《廣韻》中為侯韻上聲，應與尤韻相類。而尤韻無唇音字（只『謀』字）。尤韻三等，侯韻一等，故侯不能有i介音。

厚əg之母、畝諸字，皆唇音字，與咍不衝突。因咍əg無唇音字。

脂部字如洧、鮪與尤有関，不讀『尤』而讀『尾』。

第一類咍əg，第四類厚əg擬音雖同，然有聲母限制，一有雙唇音，一無雙唇音。

憑、冰與皆蒸韻字，蒸為三等則知必有i介音，無i介音則為zh、ch、sh之音（將i吞沒）。

蒸、登在《廣韻》相對韻為職、德。故職、德無問題。陽聲韻與入聲韻如無問題，陰聲韻亦必如此。不然則無法說明，何以一起押韻（尤韻有問題）。

擬元音相同須看聲母衝突不衝突，聲母不同（無衝突）則可以相同，否則有衝突即不能相同。不然則無法解說後世分爲二音。

哈 ə g 何以後世變爲 a i。

之 i ə g 何以後世變爲 i。

哈 ə g— a i 濁尾之 g 變爲 i，此語音上常見現象。後再由 ə i— a i 乃成後世之 a i。ə g— ə i— a i。

擬音即照顧《詩經》押韻諧聲，又讀情形，以推測韻部讀音。韻尾上看他有無入聲與它發生関係（有入就有尾）。陰陽入對轉関係，再看元音怎樣，由這樣一個音而變爲後日《切韻》之讀音。

語言演變的歷史即民族遷徙的歷史。語言亦隨帝王都邑而轉移。如南朝許多語言，仍是晉的語言。凡歷史上與語言有関之材料，皆應注意。方言問題影響最大，最不容易解決。

諸家之比較：

顧亭林能分葯、鐸二部。

顧氏能分屋韻，畫出屋韻一部之字不與沃部相合，反勝於江、段、戴諸家（段、戴諸家合屋、沃為一部）。

顧氏以四覺之半，承肴，十八葯之半承豪（戴震、江有誥說），反勝於段氏之認爲豪部無入。

江慎修著有1.《古韻標準》 2.《音學辯微》（等韻） 3.《四聲切韻表》（古韻、等韻）。《四聲切韻表自序》『此表為音學設，凡有字之音，悉備於此。審音，定位，分類，辨等，幾費經營三，四易稿乃成定本。學者熟玩音學為造精微，切字，猶其粗淺者也』。此即本舊日韻圖重新排列。汪曰楨著《四聲切韻表引正》 將其書講古韻部分刪掉。

汪氏優點 將顧氏優點完全接受，且更有其他長處。

1.考古之外，兼長審音《古韻標準例言》『余既為《四聲切韻表》細區今韻，歸之字母。後與同志戴震東原商定《古韻標準》四卷，《詩韻舉例一卷》於韻學不無小補焉』。可知江氏韻學研究，先等韻而後古韻。

2.對於古今音只宜著其異同，不應標定正誤。

3.本審音知識而韻部較顧氏加密者。如顧氏第四部真、諄、臻、文、殷、元、魂、痕、寒、桓、刪、山、先、仙。江氏本審音知識分為二部：㈠真、諄、臻、文、殷、魂、痕（分先韻字屬之）。江氏第四部。㈡元、寒、桓、刪、山、仙（分先韻字屬之）。江氏第五部。

《古韻標準》卷一第四部總論曰：『自十七真至下平二仙，凡十四韻。說者皆云相通，愚獨以爲不然。真、諄、臻、文與魂、痕為一類。口歛而聲細。元、寒、桓、刪、山、與仙為一類。口侈而聲大。而『先』韻者界乎兩類之間，一半從真、諄，一半從元、寒者也，《詩》中用韻本截然不紊，讀者自紊之耳』。寒桓 an 真 en 魂 ən。

汪氏口歛指元音舌位圖之 i（閉口） e（半閉口而言） 口侈指元音舌位圖之 ɛ（半開口） a（開

口）而言。

故口歛相當於閉口，口侈相當於開口。因口歛尚指半閉口，口侈尚指半開口故，只能云『相當』閉口、開口而非此即彼也。

（2）顧氏第十部侵覃談鹽添咸銜嚴凡，江氏分爲二部。

① 侵分覃談鹽韻字之半　江氏第十二部。

② 添嚴咸銜凡分覃談鹽韻字屬之（江）第十三部。

『《古韻標準》』卷一第十二部總論『二十一侵至二十九凡九韻，詞家謂之閉口音，顧氏合為一部。愚謂此九韻與真至仙十四韻相似，當以音之侈弇分為兩部。神珙等韻分深攝為内轉，咸攝為外轉，是也。『南』『男』『參』三等字古音口弇呼之若𡸣、詹、談、餤、甘、監等字。《詩》中固不與心、林、歆、音等字為韻也。雖諸韻字有參互，入聲用韻後寛（按此說未當）。若不可以韻為界，然謂合為一部，則太無分別矣。今不從』。

侵部 əm　談 əm。

（3）顧氏第三部魚、虞、模、侯，第五部蕭、宵、肴、豪、幽。江氏本審音知識分為三部。

① 魚、虞、模—分麻韻屬之（江氏第五部）。

② 蕭、宵、肴、豪—此四韻字分屬第十一部（江氏第六部）。

③ 尤侯幽—分蕭、宵、肴、豪、侯、屬之（江氏第十一部）。

江氏蕭、宵、肴、豪總論曰『此部之音口開而聲大，十一部之音口弇而聲細，《詩》所用畫然分明。

古 幽部 ĭog 古 宵部 ĭog 《廣韻》 蕭 ieu 宵 ɒu 肴 iəu 豪 au 尤 iə

u 幽 iəu。

汪氏將侯部由魚部折出，乃一種進步。然不以侯、幽相並，此則不妥。

o 更合口一些 ɒ 即介在 u、o 之間者。ɒ 應在 ε、a 之間。

4. 對於入聲的處理。

① 方法進步 江有誥曰『精、定諸入從偏旁古音分配。實自古論入聲者所未及』。江氏『《四聲切韻表》』凡例曰『綀從柬聲，冢從豕聲（豕丑六切）叢從取，藂從聚（俗叢字）皆與屋韻近。故東、董、送轉而為屋，而侯、幽亦共之。讀讀、復復、覆覆、宿宿、祝祝、內內，一字兩音。畜畜、奏族音亦相轉，軸、蹴之類，偏旁多通，故侯、厚、候得其一等字，尤、有、宥、得其二、三、四等字。

② 開始以入聲獨立，並主數韻共一入，開陰陽入對轉之先河。《四聲切韻表》凡例云：『除緝、合以下九部為侵、覃九韻所專，不為他韻借，他韻亦不能借，其餘卅五部諸韻，或合二、三韻共一入。無入者間有之，有入者，為多。諸家各持一說，此有彼無，彼有此無者，皆非也。顧氏之書曰『天之生物使之一本；文字亦然。不知言各有當，數韻共一入，猶之江、漢共一流也。何嫌於二本乎？數韻共一入非強不類者，而混合之也。必審其音，呼別其等第，察其字音之轉，偏旁之聲，古音之通，而后定其為此韻之入』。

③ 對顧氏入聲之修訂，（甲）分顧氏二部之入為四部。

i 江氏入聲第二部（質、術、櫛、物、迄、没）分十六屑，分十七薛。此為屑、没兩部入聲之相混。

ⅱ江氏入聲第三部（月、曷、末、黠、鎋分十六屑，分十七薛）。此為後來曷、没部之一部分。此部江氏分列《詩經》韻脚字，除少數屑部字混入外（如結、袺、節、襭等）全部為曷、末部字。此則段氏所不如，惟未將祭、泰、夬、廢四聲並入，殊嫌美中不足。至段、王始逐漸修正。

ⅲ江氏入聲第五部（分廿一麥，分廿三昔，分廿四錫）此為後來之。錫部。

ⅳ江氏入聲第六部（分廿一麥，廿四職，廿五德）此為後來之。德部。

以上四部，ⅲⅳ兩部完全成功，為後人所接受。ⅱ部有一半成功，為後人相對接受。ⅰ部只能説較顧氏進步，但成功部分較少。注有『。』者，為黄氏廿八部。

2.分顧氏第十部之入為二部。

ⅰ江氏入聲第七部（廿六緝分，廿七合分，廿九叶分，卅二洽）此為後來合部。

ⅱ江氏入聲第八部（分廿七合，分廿八盇，分廿九叶，三十帖，卅一叶分卅二洽，卅三狎，卅四乏）此為後來之帖韻。

此兩部劃分完全成功，為後人所接受（惟孔廣森合併為一部與顧氏同）。

以上修正顧氏入聲。至於一部、四部不如顧氏，此為江氏缺點。

江氏入聲第一部（一屋，分二沃，三燭，分四覺此為後來之屋、沃兩部之混合）。戴、段均與此同，而顧氏凡能分之（見顧氏之優點）。江氏入聲第四部（十八葯，十九鐸，分二沃，分四覺，分廿陌，分廿一麥，分廿二昔，分廿三錫）。此為後來鐸及宵入之相合。顧氏能分，江不如顧（見顧氏優點）。

戴震著述

《聲韻學》　通論性質　《音韻學論文集》（卷三講古韻）。

《聲類表》　相當於江永之《四聲切韻表》。段玉裁《聲類表序》『師又自著書曰《聲類表》以九類者譜之為九卷。一曰歌、魚、鐸之類。……九曰覃合之類每類中各詳其開口、合口、內轉、外轉、重聲、輕聲、呼等之繁瑣，今音、古音之轉移、綱領既張、纖細畢審……。』『江氏與師皆考古審音，均諧其極，而師集諸家大成，精研爛熟，故能五日而成此編。雖易簀之期僅二十日，未及為例言。』

按戴氏《聲類表》既無凡例，單憑圖表，不易窺其究竟。段氏之說，終嫌皮相。至其古韻之說，當以《答段若膺論韻》一書為最重要（見《戴東原文集》及《聲類表》卷首）。

戴氏優點

1. 分九類？五部各以收聲之不同。分陰、陽入為一組。閉口韻以陽入為一組，上承江氏之數韻共一入。下啟孔廣森之陰陽對轉。

戴氏以呵、烏、堊相承，失其儔類，不無小疵。而明收喉、收鼻、收舌齒、收唇最合音理。惜諸儒各不知其理。至今按戴氏之說雖章太炎亦有愧色。孔氏之學淵源於戴，作《詩聲類》獨標對轉之目，則陰陽聲共十八部，兩兩相承。顧不能言其意。嚴可均從之，作說文聲類諧聲之譜，此為尤出而後其說興焉。

2. 入聲曷末獨立從江氏惟以祭泰夬廢四去聲亦獨立，此點雖未完全成功，但較江氏亦有進步。

3. 以喉音字標目（其古韻分部不用《廣韻》之韻目，而皆以影母字為代表，開後日研究音值先河。其後章太炎亦標有音值。（見音理論）自戴、章二氏標立音值，而後研究古音之學者，始有人討論音之本身者。朱駿聲妄以己臆改定部目，其所立諸名，既不得音之理，又失去約定俗成之便。

4.戴氏以宵入（葯）獨立。江氏以『宵』入並『鐸』為入聲第四部。戴氏曰「顧氏『鐸』並『屋』後而『葯』『鐸』有分，江君適未省照也」。又曰『顧葯，鐸有別，而江不分，此顧優於江處』。

5.用音理說明聲韻正轉之法。在『《聲韻考》』中說正轉之法有之，一為轉而不出其類『脂』轉『皆』，『之』轉『咍』，『支』轉『佳』是也。一曰相配而互轉，『真、文、魂、先』、轉『脂、微、灰、齊』是也。一為聯貫遞轉『蒸』『登』轉『東』是也。

相配互轉—陰陽對轉。聯貫遞轉—旁轉。

缺點

1.戴氏每一大類分三類—陽聲—陰聲—入聲。又謂陽聲字為有入聲之韻，陰聲字為無入聲之韻。又認歌、戈、麻近乎陽聲韻。用魚、虞與之相配，在音理上不通。

2.過重審音，以致犯主觀毛病。戴氏答段若膺書『僕謂審音本一類。古人云『文偶有相涉』不得捨其相涉，而以不相涉者為斷。審音非一類，而古人之偶有相涉，始可以五方之音不同，斷為合韻。

按段氏侯、幽分立，真、文分立皆甚合理，而戴氏強以審音本義一類為理由而合併。

戴氏往往根據心目中之音理，作主觀演繹。書中又多以宋、元等韻為根據，往往忽略《詩經》韻腳的歸納。此則遠不如江永之處。

戴氏《聲韻表》中僅分廿組。以影、喻、微、為同紐。如汪、王、罔、亡、同列於一紐。又以疑紐雜於精、清、從、與心、邪、之間，非但不合古音，且不合於宋元等韻。

段玉裁

『《六書音均表》』其最大貢獻，即將古韻學與文字學發生関係。使古韻學本身範圍擴廣，不只限於韻腳。字以形聲問題，解決古韻之大部分。《音均表》中羼入《説文》及假借、轉注，故曰《六書音均表》。雖其書不過五卷，然較《詩本音》等為廣，概括文字、音均、訓詁。

優點

一、能以轉韻之不同，定分界之大界。如古七之字多轉入於尤韻中，而五支、六脂則無轉者。此三部之大概是也。且以入聲之隸屬，定分部之大概（此點戴氏最爲贊成）。

二、段氏能以音轉関係，分別各部次第，較顧、江依《廣韻》韻目次第為長。

三、能用諧聲轉注以參証古音分部，又以古音分部發明此三者，並創《諧聲表》。

四、段氏主要有合韻説（亦有弊病）。合韻有遠近之異。同類者（段氏六大類）為近，隔類者為遠。以韻部同入為合韻之樞紐。

五、創《詩經韻譜》此點顧、江皆缺。

六、選材証韻至段氏始達到時代極嚴格之劃分。西漢以後之材料，除特殊情形時，一概不用。

七、創《諧聲表》，此點顧、江亦缺。

八、對於古音讀一層，至段氏始知古音絕不同今音。江永猶惑於今人近似之音。之、支、脂三部之斷然劃分，固猶段氏考古之精，然亦未嘗不受此種認識之輔助。

九、　主古無去聲說。因古去聲每與入聲相通之故。之、支、脂分部真、文分部侯、幽相分此為段氏大貢獻。以入隸陰聲為原則，又主數『平』共一『入』。

缺點　段氏十二部以屑、櫛、質、附於真、臻、先十五部去、入極混亂（後經戴、江修正）。又以屋、沃、燭覺共二、三、四部亦不當。孔廣森修正。提『屋』承『侯』（四部）。以『葯』入二部，乃戴東原修正。

《說文》九千餘字不可能如段氏皆冠以古音。蓋《說文》中九千餘字，一部份為周秦以前古字，有一部份則為漢代新興者。如皆以古音擬之，則危險太大。故須明文字之時代性，始能予以聲音上規定。又周秦之音乃古音某時代，某地區之音，不能代表古音之普遍系統。以狹隘之古音，用於廣大地區之文字上，亦不盡合。

六、等韻源流

周祖謨

周祖謨先生授1949年

2007年9月重抄

等韻

1.以審音爲主，不重考據。由此以了解中國音韻之沿革。注重實用，不作瑣細專門考據工作。

2.既以審音爲主，故必先就韻書之聲韻部類作一簡略説明，即對今韻學關聯之處尤宜特別注意（等韻學與今韻學之關係）。明其利弊（以韻書與等韻圖共同研究）。

3.至於明清以下等韻書甚多，亦只就理論方面加以論斷。

4.舊日籠統概念，引用語音學知識解説—中國舊日聲韻學，對一名詞概念不一致，所包含定義不同。如聲可代表聲母，亦可謂韻類之名或四聲之聲。清濁可指聲母亦可指韻母。

應用

1.須了解等韻之利弊；

2.關於等韻圖正誤問題；

3. 廓清舊等韻學上的淆混的概念，如明清人以開齊合撮解釋四等根本錯誤；
4. 就等韻圖之變遷以攷語言嬗變之蹤跡；
5. 推察作等韻圖時語音的情形；
6. 就等韻來解釋説明韻書之反切。

開口 干 kan、gan
合口 関 kuan、guan

韻書中講一字讀音時用兩漢字組成謂之反切，然有時當讀合口而其反切所代表之漢字為開口，則每易讀錯。有時反切為合口一類，而現代方言皆讀開口。如以等韻圖詳細改正，可能証出其當為開口。

古人正齒音今日皆讀u。喉牙等音皆讀ü。居魚皆ü韻，朱為u韻。

何謂等韻：等韻即中國舊日之審音學。西洋19世紀有語音學（phanetico）此種科學皆人類活的語言發音與聽音技術之一種學問，亦一種審音學。

等韻就中國字音加以分析，以説明中國字音語音之性質，以定出聲韻的類别。

等韻與古韻不同。過去言古韻學乃中國先秦之文學上表現出部類唯一根據，乃從《詩經》入手，古韻學重考據，然無實際材料（只就古代韻文材料統計古代韻部之多少）。等韻學則不同，乃審音之學。就中國字音加以分辨，主要在説明反切，辨别音素，且以等分韻故曰等韻。

凡研究語音之學須有兩种分析：1.分析，2.綜合。

等韻之創始乃受梵文影響，梵文練音表稱悉曇章—將韻母16個（通行14個）作順序排列。

等韻圖係以許多聲母與韻母相拼。

悉曇章係以許多韻母與聲母相拼。

由ｋａ至ｋａｎ為一轉，中國之內外轉亦本悉曇章而來。

拼音之困難1.漢字音不逮拼音文字易于分析；2.中國審音知識並不發達。

等韻家之弊病1.對聲混淆不清，觀念不清；2.好以五行五聲來説音；3.為等韻圖者每囿于自己方言；4.宋人等韻圖之方法（排表格式）欠詳密。因有若干流弊以門法解釋（立法未善缺乏明確解説）。

語音學為研究發音、聽音之學，其範圍包括方法、類别、變化，尤以審辨音質最爲切要。

今日可利用語音學知識，分析聲音時與韻書參証，或與諧聲系統相比証，如此則可收效甚大。如軫韻之笉（七忍切），從此字得聲音極多，多為圓唇音。故每可相較。又從日字得聲者亦多為圓唇音，擻即宜讀為ｙｉ。

古人注音之方法

1.最早以直音方法—即以同音字為注。如『聞』音『文』或注為『問』，又如先秦人之讀音至漢已有轉變，故必加註釋。如《三禮》（鄭玄注）。

2.比喻（譬況）。

①讀若、讀如或音近如《説文》『𠫓』讀若『塗』。

②急氣、緩氣、長言、短言、横口、踧口、閉口、籠口、閉唇、合唇。

『閧』呂覽高誘注為讀近『鴻』，緩氣言之。

『旄』讀近綢繆之『繆』，急氣言乃得之。

由此二字視之似有介音者為緩氣，無者為急氣。

旄 m a o 繆 m i a o 《輔仁學誌》《顏氏家訓音辭篇補注》即按平去聲調言，後改從介音之説。

《公羊·莊公廿八年》何休注伐人者為客，讀伐，長言之齊人語也。見伐者爲主，讀伐，短言之，齊人語也。

顧炎武謂此兩字為平入之分，近日言之則為去入。

風《釋名》風 兖豫冀 横口合唇言之。風，泛也，其氣博泛而動物也。青徐言風踧口開唇推氣言之，風，放也，氣放散也。

漢魏注音分直言、譬況二種急氣、緩氣、長言、短言、合口、撮口、則較爲複雜。隨字發讀，另有以方言説字音者。如：

登 讀言得來。得來者，齊人語也。

荷 幽人謂之光荷，讀如燕人強秦言『胡』，見淮南高誘注。誘為涿人【注：光荷—俗名與荷音無關荷、胡皆濁母，讀為陽平】。

登—n g 得—k 二者相對收尾。登、得 古音有對轉關係，齊人語登字讀入聲。

。

反切—反切者反復之意，古人所謂反，皆雙反即以二字拼一字。綺琴反為欽，琴綺反為伎，欽綺雙聲，欽琴叠韻。德紅切為東，正紐，紅德切為黑，旁紐。切之名發生較晚約在宋後（劉宋）。

。

衣—於希反。『於』字無聲母故凡遇烏、鷺等字因無聲母，故上一字等於虛設，只取下字韻母，『希』xi只取i。

椿—都江反。椿zhuang。都du，江jiang。椿古聲母為d，江南人讀gang猶之南人稱間（jian）為間（gan）。dang切為『當』於『椿』音猶有問題，蓋『江』古音亦不讀ang韻也。

暮—七故反。七古音有聲母m，猶之江浙人稱『蚊』曰men。

楊—餘章反。餘無聲母不用古讀。章音江（jiang）。

寬—苦官切，（ku、guang）。或作苦干切（ku、gan）則須用上字之韻母，始能切為寬（kuan）。

晉孝武帝為清暑殿，人以爲不雅，識者以清暑反為楚聲；清暑反為楚，暑清反爲聲。

劉宋明帝時袁粲，粲原名『愍』。袁愍反為『隕門』，故改愍為粲。

切有三種意義：

① 聲—隋陸法言切韻，切韻者聲韻之謂也。

②拼合—見《顏氏家訓》；

③切語—即某某反。

顧炎武謂宋人忌反字，故避而用切。其實不然，舊日之反皆雙反，而今日只正反，故不必稱反，但稱切即可。宋以前概稱某某反，而不云切。

直音有時只標其音仍有不能識者，至於以其他方言而講字音，其讀法更不易了解。

反切之由來

東漢末佛教由西域入中國。一般僧人自西域攜帶經典，大部為西域及中亞文字，亦有少數梵文。梵文用『摩多』（韻）『体文』（聲）拼成字音。

梵文語詞往往兼備許多音節，中語亦包括聲韻二部，與梵文以摩多、体文相拼完全相合。

漢末經師為字注音，如劉熙《釋名》，高誘《呂覽》《淮南注》是。

佛教入東土，史載西漢末（哀帝元壽元年纪元前二年）。有博士弟子自大月氏伊存（使臣）受浮圖（佛經），至東漢已有多人祭祀浮圖。而彼時佛教乃依附黃老之學推行者。

桓帝時（建和二年）安息王子安清世高至洛陽宣弘佛法。

靈帝建寧中，譯出佛經有三十餘部，故桓、靈時佛經盛于東都，因之梵語流行，而與反切有關。

或以爲反切不直受梵文影響，以爲古已有之。顧炎武、錢大昕皆主此說。如終葵為『椎』不可為『叵』，之乎為『諸』亦言之成理，但不盡可信。

東漢末如服虔、應劭著《漢書》時已間用反切。魏孫炎為《爾雅》注音，遇冷僻字，則加音以標明已全用反切。後人遂以反切創自孫炎。中唐以後，或謂反切始自服虔。總之，反切非出於一人之手。

張守節《史記正義》以爲反切始自孫炎，《經典釋文》同。慧琳《一切經音義序》以爲反切始自服虔。

《開元文字音義卅卷》今佚。玄宗開元廿三年纂成，將篆書與隸書合寫（《說文》用篆文，《玉篇》用隸書，《字林》篆隸兼備）。篆書在前，下附隸書，音不用反切，義則薈萃前人之說。

《全唐文》載張九齡賀表云『義微旨遠，文省理該，表隸以則今，存篆以徵古。眾譯大備，取證于前。信文思之精一，學術之明準…』。

。

《九經字樣》—卷前有進表云『其聲韻謹依開元文字，避以反言，但紐四聲，定其音旨（即以同紐四聲字定音）』。故《九經字樣》即根據《開元文字音義》。

紐—四字聲同而字調不同。四字包括平上去入四聲，如真軫震質四字。①雙聲，②韻同，③代表不同之四聲此稱一紐。

宮商五音與四聲：

宮商五音之名本樂理高低名稱，猶工尺也。

《韓非子外儲》『急乎重宮，徐乎重徵』宮徵之分乃急徐之別（與音量長短有關）。

《國語·周語》『大不逾宮，細不過羽』（此言洪細）。

《管子》『凡聽宮 如牛鳴窌中；凡聽商 如離群羊；凡聽角 如雉登木以鳴，音疾以清；凡聽徵 如負豬豕 覺而駭；凡聽羽 如鳴馬在野』（此是講音色不同）。

由上例可見古人對古音之說法亦不一致。

漢代人更有以五音配四方者：角（東），徵（南），商（西），羽（北），宮（中）。

魏李登《聲類十卷》收一一五二零字。前人稱其以五聲命字，見《封氏聞見記》。

晉呂靜《韻集五卷》《北魏書·江式傳》謂其書宮商角徵羽各一篇，可知二書皆以五聲論字音。

或以爲宮商角徵羽即四聲之分類。《觀堂集林》有五聲說，即以爲如此。此有誤，蓋其中可能有一個標準係指四聲而言，亦非全指聲調。

或以五聲與四聲配合而言之，以宮商為平，徵為上，羽為去，角為入。北齊（見《北史李僧傳》）槩創此說。唐徐晏安《樂書》亦主此說。

北周龜兹樂傳入中國，乃以琵琶定樂律，唐襲北周。

劉宋范曄亦通四聲。自序云『性別宮商、識清濁斯自然也』。

衣（一）移（/）以（V）意（\）異（Λ）（閩語）。

四聲之實古已有之：1.四聲之名起自沈約；2.定出四聲為平上去入亦前人所未有；3.將四聲運用于古文之中。

四聲之分：周燕蓀先生以爲沈約口中並非僅僅四聲，其分類與舊日詩文叶韻有關（通行于閭里斯自然也）。《詩經》已有四聲，至魏晉而四聲大備，（平上字已大備去聲字則一部來自平上，一部來自入聲）。

梁武帝蕭衍不識四聲。問朱異，異曰『天子萬福』。或曰問周舍，舍曰『天子聖哲』是也。

沈約著《四聲譜》（今佚），舉若干簡單例字。

平　上　去　入

東方　平　伻　病　別　四字總歸一紐

南方　常　上　尚　杓　六字總歸一入

西方　祛　麮　去　刻（一本作極）

北方　壬　衽　任　入。

宋初日人安然《悉曇藏》（大藏經）載有《四聲譜》。唐空海（日人），《文鏡秘府論》亦載有。

皇　晃　璜　鑊　禾禍和（唱和之和）。

傍　榜　傍　薄　婆潑波。

光　廣　珖　郭　戈果過。

荒　慌　侊　霍　和火貨（調和之和）。

左三字，右三字，紐屬中央一字，故名曰總歸一入。

入聲可與陽聲配合為一紐，亦可與陰聲配合為一紐。

j q x 來源有二：1. zi ci si，2. g k h。

凡 zi ci si g k h 之後，有 i 及 yu 介音者，則多為 j q x。

字母及等韻之起源

南北朝時盛行體語（反切隱語）。起于劉宋《謝莊傳》載王玄謨問莊何者為雙聲，何者為叠韻。莊答曰玄護為雙聲，磝碻為叠韻。

玄護—指王玄謨、桓、護。磝碻—指王北伐失敗之地。

玄當讀『還』，玄護皆匣母字。

玄護玄xuan（古讀huan），護hu，h後有i、u介音時後世變爲x。如hi北方變作xi，hu北方變作xu。

《金樓子捷對篇》《金樓子》梁文帝蕭繹作。

羊戎好為雙聲，江夏王設齋使戎鋪坐。戎曰『官家前床，可開八尺』。王曰『開床小狹』。戎復曰『官家恨狹，更廣八分』。又對文帝曰『金溝清泚，銅池搖漾；既佳光景，當得劇棊』。

官家guan gua雙聲（見母）。家今讀jia、g後有i或u北方讀作j。

前床qian、chuang，前從母、床床母。

前、床二母在宋齊時，吳語系統不分，同為從母。

j

gi gu　zi zu

（g在i前或g在u前）（z在i前或z在u前）。

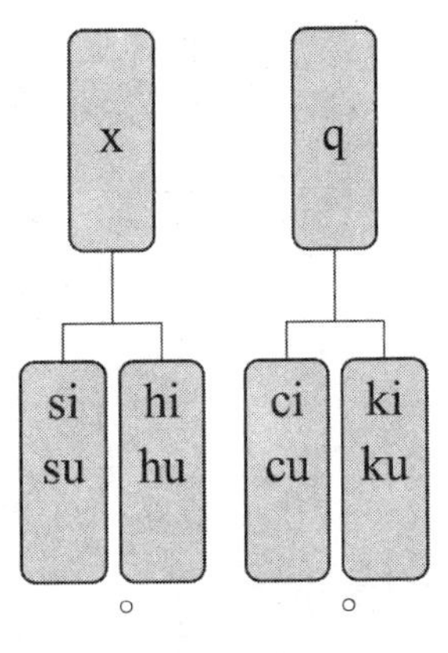

可開 雙聲皆溪母。

狠狹 h e n、 x i a 匣母。x i a 係由 h i a 變來。

八分 b a、 f e n。b f 皆唇音。八雙唇，分唇齒。唇齒音在唐以前皆為雙唇音（如盆，貧從分得聲，今仍讀雙唇）。

金溝 j i n、 g u 金見母，原讀 g。

清泚 c i n g，c i。c（清）今讀 q（q 後有 i 介音）。

銅池（澄母）。池古讀定，故當音駝。

北方讀為陰平者為清聲母，如端見。

北方讀為陽平者為濁聲母，如定群。

通為透母，銅為定母。東為端母，都、丁、多當皆端母。

清　濁　次清

端d　透t　定　舌頭音
見j　溪x　羣　牙音
幫b　滂p　並　唇音
黃河以北大部無濁音，古屬濁者多歸入清及次清。
濁母字北方讀為陽平調，『同』今為透母，古屬定母。
仄聲字讀為d，平聲字讀為t，讀為平聲字時一定為陰平調。
銅池 皆陽平可知原為濁母。
全濁並 定 羣 b d g。
次濁明 泥 疑 m n ng。
搖漾 皆喻母。影 喻 今讀皆無聲母。
既佳 q（g變）。
光景 j（g變）。
當得 dang、de。
劇棊 ju、qi 劇群母，棊群母。

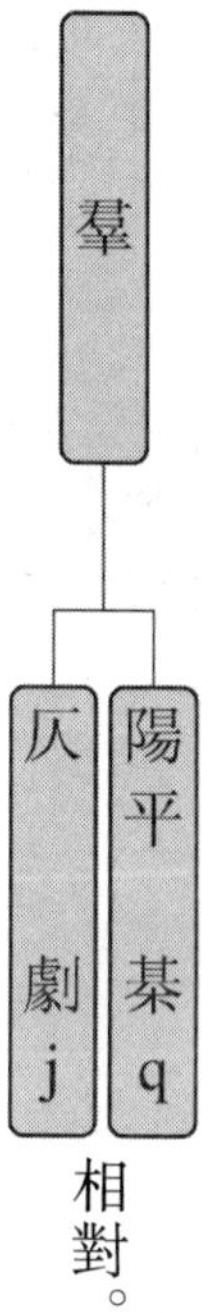

羣
陽平 棊 q
仄 劇 j
相對。

定

平 同 t

仄 定 d

相對。

《洛陽伽藍記》

隴西李元謙能雙聲語，嘗經郭文遠宅問曰『是誰宅第』？婢春風曰『郭冠軍家』。元謙曰『凡婢雙聲』，春風曰『儜奴謾罵』。

宅第，宅澄母、第定母 皆舌音濁聲。

郭冠軍家 皆見（g）母字。

儜奴 n、n

謾罵 m、m

梁齊以後韻書甚多，梁夏侯詠《四聲韻畧》北齊陽休之《四聲韻畧》北齊李槩《音譜》隋杜臺卿《韻略》（杜作《玉燭寶典》）。

《廣韻》之名由於《切韻》，宋人復增《切韻》，故《廣韻》者增廣切韻也。

澤存堂本《切韻序》有魏淵，乃魏彥淵之誤。彥淵名澹，隋書避諱，之字曰深。

韻書編輯條例

南北朝韻書可分二部：1.南音，2.北音。《經典釋文序錄》謂河北、江南最異。

陸法言撰《切韻》與蕭該、顏之推『論南北是非，古今通塞。』即將南北方言語音加以考核。古所憑籍者：1.前代諸家音韻，2.自魏晉後之經書音義，3.前代韻文。今所憑籍者則為南北朝諸家音韻。《切韻》並不能代表當時一個地方的方音，故韻目有一百九十餘。如東冬在近日語言中無大分別，晉宋以上則二者有區別。東通同為一類，冬農宗各一類。《切韻》所代表之時代相當長，不僅代表隋朝某一地之方言。

陸氏以前之韻書，北朝人所作者，以洛陽音爲主；南朝人所作者，以金陵音爲主。陸氏綜合南北而成《切韻》。

《切韻》中之、支、脂三部，六朝時支、脂不相混，脂、之在南朝則混而不分，北朝亦然。九魚、十虞今日讀音相混，即因正齒（照穿床），輕唇（非敷）讀 u，牙喉音讀 ü。陸氏分爲二韻。六朝時太湖流域（吳語江浙語）。魚虞二韻有分別。陸法言之祖先可能為鮮卑步陸孤氏。魏文帝將胡姓賜漢姓（見《魏書官氏志》）。

韻書之編排：

一、類聚許多韻母同字規定為一韻。

二、韻與韻的排比是以聲音相近與否而定，如東、冬、鐘、江在一起，支、脂、之、微在一起。

三、四聲韻類分別。四聲分卷始自陽休之《四聲韻畧》，故陸法言《切韻》亦分別韻類，因平聲字多，故陸氏分爲五卷；

四、一韻之内所收諸字的韻母不一定完全相同，以元音相同為主要條件。

五、a、ia、ua在協韻上講是相同的，所以韻書中有時包括一韻相同者如麻韻即有a、ia、wa。又如東duen g（kang）窮quen g（giung）。只要元音相同，開齊合撮無關，可以收入一部。如今音讀相同，而《切韻》分爲兩韻，則是元音不同，非開齊合撮之關係。

六、一韻内不同的聲類的排列無固定次第。

七、同一聲類的字都歸在一起，以後謂之一紐，或謂之一小韻。

八、一紐的讀音寫在第一字的下面，同紐的字數也附帶注出。

東冬鐘江謂之大韻。聲同+韻同=同音字，聲同+韻不同=雙聲；聲不同+韻同=叠韻。

九、一字兩讀的分爲兩韻。

四個不同的四聲字（平上去入）謂之一紐，如真軫震質為一紐，真（zhen一聲），軫（zhen三聲），震（zhen四聲），為正紐（除雙聲外，韻的讀音是相近的）。真（zhen一聲），整（zheng三聲），志（zhi四聲），為旁紐（只雙聲同，韻的讀音不同）。

十、凡收兩韻之字，有時互注『又音』。如　好（三聲）呼老切，又呼報切。

好（四聲）呼報切，又呼老切。

韻書中每一小紐並無固定次第至《集韻》編次稍有條理。

韻書韻目之分析

東冬鐘　weng、yong合口，撮口二類。

江　ang、yang、wang今日與陽唐相混，晉宋以上江與東冬鐘相同。

江從工得聲，窗從囪得聲，龐從龍得聲。工囪龍皆從weng聲，此可從自諧者偏旁中看出。

支脂之微　iuei。zcs後之『ei』zhchsh後之『ei』皆原于i因在zcszhchsh後之影響而變爲與zhi之音相近（子音化元音）。

古音則讀『i』如『知』今讀zh古讀di（ti）是也。

魚。虞。模　以ü爲主讀u則多在zhchshbpm之後

——無讀ü之音皆讀u

齊　wei

佳　ye、wa

皆　aiuai

灰 uai 灰為咍之合口（有『u』介音）
咍 ai

陸法言將齊韻與佳灰咍在一起乃有古音之根據。《切韻》中主要元音同，介音有無不同，亦可畫歸一韻。

真 en in 開

諄 uen ün 合

臻 en in 正齒（莊初床山）照穿之二等

文 en uen ün 合

欣 in 開

元 ian 言 üan 軒 an 番。元韻古讀接近痕魂，故《切韻》置於魂痕前。

魂 uen 合（昏）
痕 en 開（根）

宋以前言聲韻，開齊稱開口，合撮稱合口，無齊撮之分。明人分爲開齊合撮四等呼。

唐代詩，元魂痕通押，如李義山哭劉＊＊詩『平生思義兼詩友……』。

何以皆發en ien uen ün而不入于一韻 在六朝之前則不全為以上之音，只是音近而已。

從《詩經》叶韻看，此种韻分爲兩大類，韻尾輔音皆收n，所不同者乃元音in、un、ün。

後世i為［dz］［tS］［S］（zh ch ṣh）吞沒不容易，在zh ch sh後雙唇合口［P

u」(bu)今音變爲f。

寒　an

桓　uan

刪　an uan

山　an uan

先　ian üan

仙　ian üan

蕭　iao ao(少)二韻之分亦歷史關係。蕭古音與ou、iou近，宵與ao、iao近。

宵　iao ao(少)

肴　ao iao(少數)

豪　ao

歌｝e、ue
戈｝

麻　a、ia、ie、ua

唐以上歌為a戈為ua。a—o—e此為語言學上極普通之現象。

南an心in。in可能有e(ien)故南心叶韻e—a亦語言上之普通現象，惟不經過變

『o』階段，此與a—o—e不同。

唐以上歌戈麻通用，漢唐多以歌戈麻譯梵音之『a』，故知歌戈麻讀『a』音。

陽 ang、iang、uang、iang開 uang合。

唐 ang、uang、ang開，uang合。

古輕唇音后『i』去掉而讀『ang』如『方』『房』等字是。

庚 eng、ieng、weng見於牙喉音者ieng如『兵』『朋』。

耕 eng、ieng、weng

清 ieng（開），iong（合）

青 eng、iong

蒸 eng、ieng 三等

登 eng、ueng 一等

讀『eng』者多在卷舌音zhi chi shi後。

尤 ou、iou zhi chi shi後讀ou、u。如浮、婦讀『u』自唐代始，此是唇齒音的關係。雙唇之『謀』則不變。

侯 ou

幽 ou

侵 en、ien 廣東收m，北方收n。

覃 an 一等a
談 an

鹽 ian 三等
添 ian 四等e

咸 an ian（牙喉）二等
銜 an ian（牙喉）二等

嚴 ian

凡 an 輕唇後為『i』

照莊〇 照穿牀審韻書中分爲八類

章△ 莊章今日無分別，韻書中分爲二類，故知其原有分別。

穿初〇

昌△

牀崇〇

船△

審生〇

書△

守溫韻學殘卷有『兩字同一韻，凴切定端的』句。例如莊章同韻，而類別不同（看聲母用字是否相同）。此句表示照穿床審有兩類。

有『○』號為第一類在上古音由精清從心變來 zi ci si。

有『△』號為第二類在上古音由端透定泥變來 d－ji－zhi。

d→ji→zhi
z→ti→zi→zhi } 皆因『i』介音關係變爲 zhi。

周照母三等屬章一類，江西則讀周為『丟』。又凋雕讀 t，可知其與端透定有關。

章昌船書為 j q x 一類 等韻三等。

莊初崇生為 zh ch sh 一類 等韻二等。

六朝以上輕唇皆讀重唇，『f』皆讀『b』。

『眉』武悲切。武原有 m 音，mei 切為眉 m→v→u。

韻書中何以保存此類反切，此由於韻書係承襲六朝以前韻書而來。自隋唐以後輕唇音出，因之讀音不能相合。聲韻學上稱類隔切。

如《廣韻》『椿』反切為都江切，讀則為 diang。今音讀 zhang。聲母韻母皆與今讀不同，蓋今為知母，古為端母。此因舌頭、舌上之分亦類隔切之例。

聲母分類：

1. 36母（類）。
2. 41類　照穿床審為二類，喻為二類，36 + 5 = 41。
3. 47類　見溪疑曉影來為二類，41 + 6 = 47。
4. 51類　精清從心又分二類，47 + 4 = 51。

。

唐人造30個字母係根據梵藏文之現成系統，無根據者則不造字母。梵藏文有，而中國語無者，亦不造。對審音方面頗清楚，但造字母時則不十分精密，故宋人增出六個字母（36母）。此與韻書仍有未合，可能宋人口中八類為四類，喻於二類為一類。

見溪羣疑　精清從心邪
端透定泥
知徹澄娘　照穿床審禪
幫滂並明　曉匣影
非敷奉微　喻來日

上列排法係由梵文排列而來，梵文一行五母k、k′、g、g′、ng中文只有k（見）k′（溪）g（群）ng（疑）因之一行四母。

a n i a n u a n ü a n 四等呼（四等係從元音上分析來看）。

韻者韻類，等者等第。將韻類分爲四等，故曰等韻。按元音洪細分爲四等，此為審音之學。

等韻之起源

《敦煌掇瑣》（為劉半農在巴黎博物館抄得者）其中收有守溫韻學殘卷之一部分，有例曰『四等重輕例』然無說明。

（見g）

	gao		jiao
高　豪	交　肴	嬌　宵	澆　蕭
kau	chiau	chiau	chiau
擔（談）	嚪　咸	霑　鹽	髎　添
杲[上]　皓	姣　巧	矯　小	？篠。

由此三例明確分出四等，就第一類分等第，『交』古音讀高如敲，南方音讀kao。

gk 即洪音（與洪音韻母結合的聲母）

jq 即細音（與細音韻母結合的聲母）

gao、jiao。g、j是古今音變問題然ao、iao不同。

gao 口腔讀時開張度很大ao。

chiau 口腔讀時開張度較小iao ｝不只i介音不同即元音亦有不同處

洪細係指口腔開張度不同，就音色來說ai可以分別此因音質之不同。

等之不同非聲母與韻尾輔音的問題，而是介音與元音的問題。

a 1 寒。
ə 2 閒。
ɛ 3 仙。
e 4 先。

1、2、3、4明人分爲上下二等，寒閒仙先韻尾皆收n，然元音不同。一、二等無介音，三、四等有介音。江永《音學辨微》謂一等大，二等次大，三等細，而四等尤細。

一、二等與三、四等的分別是有無i介音的分別。

一與二、三與四的分別是元音洪細不同。

分為四等的條件：

1. 元音洪細有別
2. i介音之有無

《韻鏡》無作者署名，刻本自張麟之始。清末黎庶昌使日本得而翻刻，所列韻字多據《廣韻》或《集韻》。

轉　外來語，胡僧有此妙義，轉為承轉之意。梵文有字母表，轉即本之梵文。

以ung與端透定……來日各各相拼謂之一轉。

早期韻圖以四聲為總綱，每一綱分韻目（以韻統等），晚期韻圖以等為綱（以等統聲）。

東韻只一等eng，三等iong，脣音讀eng。如鳳豐馮，輕脣音中仲蟲終充慵皆發weng音。

東一、三等

冬一等（無上聲韻目）　洪音只有開合無i介音

鐘三等

江二等

今日口中三鐘與東冬合而不分，其中包括ueng、iong、eng三音。古人以鐘接近iong故列三等以冬接近ieng故列一等。

	一	二	三
東	ung		iung
冬	ong（接近u）		
鐘			iong
江			ang

今日讀江韻字有i介音其他均無i介音。

陽唐

ang　介乎ang與ong之間　ot′、ong

舌頭指舌尖前音，舌上指舌面前音。

福州音凡zhi母字皆讀d c′hi母字皆讀t。凡破裂音皆有成組、持組、除組三階段，摩擦音只有除組，無成組、持組。

正齒音（舌尖後音）照穿穿床審第一類所 s 色 s 疏 s h 山 s h 照穿床審第二類書 s h 诗 s h 史 s h，只有 s h 而無 s 故韵書分為

照穿床審第一類不與 i 介音拼，第二類常與 i 介音拼由此推斷第一類當是 z h　c h　s h 第二類當是 j　q　x。

照穿床審 ʈʂ　ʈʂʻ　ɖʐ　ɛ 一類 擬音

照穿床審 tɕ　tɕʻ　dʑ　ɕ 二類 擬音

喉音曉匣。曉是清，匣是濁，在古代（隋唐）不讀舌根音的 x ɣ 而讀喉音的 h，h（送氣音）影母在今日讀音都無聲母。有人猜想從前也許有一個聲門阻的讀法。喻母在韻書中是兩類，第一類古音與匣母接近，如『為』『於』『雲』三等字。第二類不與匣母接近，而與舌音或齒頭音接近，像『余』『餘』等字，唐宋時此二類區別已不明顯。

韻鏡

1. 凡43圖

2. 一圖包含一至四韻

3. 開合分立。有 u 曰開，無 u 曰合（有以36母拼韻母為一轉）。

公用紅為反切下字
空用紅為反切下字
紅用公為反切下字　則知三者韻同。

東、通、同、蓬、蒙、皆以紅為切韻，故知其韻類相同等等。

唇音一、二、四邦滂並，三、非敷奉微。

舌音　一、四端透定泥，二、三知徹澄娘。

牙音　四行均有字。見溪（群）疑　三群母只第三行有（三等）。

齒音一、四，精清二、三，照穿床審一二類。

喉音影曉可能四行均有　匣母一、二、四（『雄』字例外，喻母三、四來四行均可有母　日母只第三行有。

《韻鏡》　喻母只一類，原應為第二類，故將融喻二置於下第四行。

崇字為照穿床審第一類。

終充……慵為照穿床審第二類。

『幫』第一行有字，第三行無字。『非』第一行無字，第三行有字。

崇嵩原在第三排，今韻圖合併，崇在第二行，嵩在第四行。

前四行確可以省去紙幅，然自精清至禪十四行乃不當有而省。同時將唇音為一類，舌音為一類，齒音為一類，謬於五音之說。

照穿床審第一類聲母因反切上字不同，故將崇置第二行，精清與一、三、四相拼，與四等韻拼時很少，故將崇置第四行。

齊韻 妻齊西 四等 精清從心 zi ci si。

哉、猜、裁、鰓一等 精、清 zi ci si 外轉十三開。

齊、差、豺、崽二等照穿床審 zh ch sh。

送韻 二行之『雺』四行之『趟』應在第三行，因『雺』為照母第一類，『趟』為精母第三類。

冬鐘二韻合在一起，冬為一等韻，平去入皆在第一行。

上聲無字，二三四無字，而鐘韻字為三等韵。應劃在第三行（只齒音喉音（喻母）二四有字原當在三行）。因之將鐘冬合併並不衝突。江韻皆二等韻，支韻、四圖，支三等韻，四等不止齒音，喉音唇、牙皆有四等。

開合 五圖内轉等五合，合對四開而言。第四圖用『開合』不當，應作第四開無合字，無 u 介音。第五圖皆有 u 介音故曰合。

支韻 齒音之『劑』今讀開口，古讀合口。此從反切音而言『劑』遵為切，『為』有 u 介音。

微韻 只三等，非、肥原為合口，後變為輕唇。『廢』本為去聲，而置入聲欄，故曰去聲寄此。《廣韻》平聲五十七韻，去聲則多祭泰夬廢四韻，無相乘之平上入故置此。

模虞合一圖 一行模韻 三行虞韻。

一韻之中有幾類①元音皆相同唯介音不同 ②無介音 ③有介音 i u y u 可知每一韵中每一字声母之

類别。

一二等無 i 介音，三四等有 i 介音，故一二與三四只分在介音。

一與二，三與四之分在元音。

四等乃就同攝而論

十六攝

通攝　東冬鍾

江攝　江

止攝　之支脂微

遇攝　魚虞模

蟹攝　齊佳皆灰哈

臻攝　真諄臻文

山攝　寒桓删山

效攝　蕭宵肴豪

果攝　歌戈

假攝　麻

宕攝　陽唐

梗攝　耕庚清青

曾攝　蒸登

流攝　尤侯幽

深攝　侵

咸攝　覃談……鹽凡

『廢』非開口乃合口字，廢韻開口只『刈』字《廣韻》無肺切（輕唇原屬合口）。故不得不用合口韻字作反切。『計』非廢韻字。

輕唇屬合口，宋人已讀開口，與今日同。從音韻演變歷史看，自唐即有輕唇音。宋人讀為開口，何不編為開口按照韻書反切。韻書如為合口反切，則圖中編入合口，韻書反切為開口，則韻圖中編入開口。

十圖微尾未仍是合口。『威』於非切，足見『非』為u e i 合口，被切字韻母為合口故。

魚十一圖　三等韻。今日讀虞魚同為u y ü 之聲，應寫作合口，不應作開，可能古為開口。

模虞十二圖　頭行字皆模韻字，三行皆虞韻字。

十三圖　一等咍韻

二等皆韻

四等齊韻

三等齒音丙，韻書反切有誤不應置此。

十五圖『祭』之四等韻蔽、潎等字讀為重唇，因十三圖此行有霽韻字，占不下故置此，故幫滂並明有四等韵。

十七圖　真本三等韻在唇牙音有四等，此為重四等的問題。脂韻亦有三四等。

十八圖　痕魂一開一合，欣文一開一合。

廿六圖　在唇牙喉仍是三等、重四等的問題，齒音一欄因廿五圖置蕭韻字，故將宵韻字置此。

廿八圖　瘸鞾戈韻三等字。

三等字兼有四等字必在唇牙喉音下，原因乃由於元音不同。

一圖表中屬一韻有三、四兩等時（喉音喻母仍是三、四兩等）在三等韻重出的四等韻（有九韻重出）係三四等合韻。

仙韻以三等韻爲主，韻圖將仙、先併為一圖。四欄不寫仙之四等，而寫先韻之四等（先韻為純四等）故第四欄皆為先韻字不僅將仙韻之唇牙喉趕走，連原有不必趕走之齒音及喻母三等寫在第四行者，亦被移出。

廿三圖　一等寒，二等刪，三等仙，四等先 仙韻，齒音（精清從心）不在此圖中。

廿四圖　仍無仙韻，齒音之精清從心因仙韻有重出之唇牙喉，廿三、廿四圖皆為先韻所佔。

《廣韻》之精清從邪亦分爲一套41 + 6 + 4 = 51。

廿一圖　仙列入四欄，齒音煎遷錢仙涎，喻母之延（喉音）即被連帶移出者。

廿二圖　鐫詮全宣旋093（喉音）為精清從心。

圖表用途

1. 從圖表可知某字應讀某聲。

2. 韻書中韻類不清，可由圖表中看出哪些字為一類，哪些非一類。

3. 辨清開合。

4. 韻書中平上去入各為一卷，圖表則四聲對照極為便利。

5. 分出四等之不同。

《廣韻》反切上字為47類（41類加見溪曉疑影來），在一二四等為一套字，三等為一套字，此種情形即分爲47類（因洪細不同）。高本漢以爲同屬見母切一二四等聲母為K，切三等（如居舉）聲母除k外尚有顎化音j（k j）『j』為舌面摩擦音 以舌面與上顎所發之聲（濁音）。『k j』與j（4）之音相近。周先生以爲尚未能充量至盡。

高本漢以三等為j（純子音）k j i a n，四等為i（帶元音性），k i e n是否如此，不能確定。四等韻可能在古韻中根本無i介音。即切韵前之古音，四等反切為一類，三等反切為一類，即四等無i介音，而三等有i介音。

唐時有非切韻系之韻書，如武玄之《韻銓》代表當時陝西音。其書今佚，僅能從日本見到一些韻目材料，因無韻字不能推測其用韻情形。

與其以韻書考訂聲韻，尚不逮以當時聲音考訂之較為詳盡。然須對韻書有基本了解，藉此以求其他材料較為方便。晚唐以後，語音已與韻書不同。

知其當然——41類36母；

知其所以然——41不足，分爲47；47不足又分爲51。

知其當然——一韻有幾類；

知其所以然——爲何分爲二類（開合関係，i介音之有無関係）。

轉 即以許多音與一個音輪流拼出謂之一轉，轉爲承轉之意，由梵文悉曇而來。

梵文係以一個聲母（最早為16後為14應用者12）。與許多韻母拼成許多字音謂之一轉。等韻圖為通梵文之僧人，援用梵文中講音之名詞而研究中國之聲韻，等韵圖則以韻拼聲。

韻與聲一次調呼謂之一轉。

內外轉

內轉者唇舌牙喉四音無二等字，唯齒音具足。

外傳者五音四等具足。

如東韻無二等字，唯齒音『崇』有二等。江韻外轉等三圖五音均有二等字。

九圖有問題，齒音無字何以稱內轉（因其他音亦無二等之故）。

十七圖二等無字應稱內。

十八、十九、廿圖應稱內。

廿六圖二等無字，不應稱外。

廿九圖應稱外。

臻攝（應屬內），果攝（應屬外）而韻圖有矛盾，恐非錯字問題，內外亦可能指元音，為前元音或後元音問題。外轉口多開攏，內轉口稍合。

《韻鏡》為早期韻圖。

《切韻指掌圖》

舊稱司馬光著而實為南宋人作。《四庫提要》謂不見於司馬光著述。陳澧謂非司馬光（乃聞自鄒漢勛、字特夫）。

書分20圖，與《韻鏡》不同，聲母排列形式亦不同。《韻鏡》按唇舌牙齒喉，指掌圖則唇牙地位相換，聲母為36行不重疊。

何以改為20圖，此因編圖人口中讀《廣韻》諸韻有不分者，《韻鏡》二圖包括東冬鍾二韻。

一圖　東一、三。

二圖　冬一、鍾三。

《切韻指掌圖》合東—冬—合東三、鍾三。20圖中亦有獨圖、合圖。

《切韻指掌圖》字母排列較《韻鏡》清楚，但仍不能包括41聲母。故齒音三等有在二四格中者，喻母亦仍在三、四。由此知南宋人口中之音，已與《廣韻》不同，亦可知當時語音之轉變。

《韻鏡》魚一圖，虞模一圖，不相混。《指掌圖》合魚、虞、模為一圖。魚虞皆在一格，混於一起（魚虞除正齒音讀『ü』外，他皆讀『u』）。

一等重韻相混，如通攝、東冬為重韻。

二等重韻相混，如佳皆山刪。

三等重韻相混、如臻攝真心。

四等重韻相混、如先四、仙三。

《切韻指掌圖》廿圖與中原音韻十九韻非常接近，與今日韻類亦相差不遠。

中原音韻十九韻

1. 東鍾 weng、iong
2. 江陽 ang、iang、wang
3. 支思 z、c 後之 i，zh ch sh 後之 i
4. 齊微 uai、ei i
5. 魚模 u、i
6. 皆來 ai、uai
7. 真文 an、ian、uan、üan
8. 寒山 an
9. 桓歡 uan
10. 先天 ian
11. 蕭豪 ao、iao
12. 歌戈 e、ue
13. 家麻 a、ia、ua
14. 車遮 e、ie

15. 庚青 eng、ing、ung、iong
16. 尤侯 o、io
17. 侵尋 im
18. 鹽鹹 am
19. 廉纖 iam

（18、19 與 17 三類）此三類皆《廣韻》閉口韻收m。中原音韻尚分類，今日讀音m與真文同，18、19與先、天同。

中原音韻中聲母類別有二十

幫 滂 明。並母平聲者讀為滂，仄聲者讀為幫。

非 微（敷奉歸微）。

端 透 泥。定母平聲入透，仄聲入端。

來 見 溪。無羣母，疑娘入泥。

曉、影 無匣喻。

照穿審日。知徹澄床皆入照穿，禪入審或穿。

精、清、心。

明人蘭廷秀《韻畧易通》有二十聲母歌訣。

東風破早梅，向暖一枝開，冰雪無人見，春從天上來。

端非滂精明，曉泥影照溪，幫心微日見，穿清透審來。

《切韻指掌圖》支思一類音，韻鏡列三等，而《指掌圖》提一等，由此可知彼時支思無 i 介音，故升為一等。如十八圖之精清從心邪五母，玆雌慈思詞列入第一格即一證也。

《切韻指掌圖》

一獨圖，包括蕭肴宵豪。

二、三、四、五、六皆獨圖。

七為開圖，八為合圖。

九為開圖，十為合圖。

十一、十二一開一合，歌麻在一圖，可證彼時歌韻為 i 不為 e、ue 北宋時歌音尚為 i。

十三、十四圖一開一合。

十五、十六圖一開一合。

十七、十九圖一開一合。

十八、廿圖一開一合。

凡唇音在《切韻指掌圖》中不論開合一律在合口圖中，20 圖如埋、排皆在合口。

《指掌圖》當為南宋人（可能即董南）依託司馬光之名而作，有宋刻本，毛氏影印宋本（汲古閣珍本）。趙蔭棠以為係淳熙三年以後嘉泰以前（一一七六—一二〇三）的產物。其『《切韻指掌圖年代考》』結論云自司馬光死後到嘉泰三年之前，其間著錄家言及等韻者若孫覿、若鄭樵、若沈括、若張麟之、若晁公武、若朱熹均未提及也。自嘉泰以後著錄家若孫炎、若王應麟、若黃公紹、若吳澄、若邵光祖均與他發生過關係。它的形成雖受北方《四聲等子》的影響，也有楊倓《韻譜》的成分，故斷為淳熙三年後，嘉泰三年前的產物。

《切韻指掌圖》雖係僞託，然在辨明時代之後，它的價值或者更大。如四等的升降，韻字的删訂，圖的歸併，入聲兩配，俱是表示當時語言的新趨勢。意者自金陷汴京之後，趙宋重心移至南方，北人與南人雜居，語言上自然起一種變化，醞釀既久所以有《四聲等字》與《韻鏡》混合的《指掌圖》產生。

南宋人所謂中原雅音者，恐與此相似。

北京音入聲全清、全濁變陽平。次清、次濁變去聲。

一、日常應用的語詞中，意義相近的詞中往往有聲音的關係，（其中很多是雙聲關係）。

例如

更 geng
改 gai } 雙聲

把 ba
柄 bing } 雙聲

爾
你 } 日母

爾有三義 1.你 2.如此 3.形容詞語尾。

云爾、爾作如此講，鏗爾 耳＝然（或如此）。

日母字早期念K，如禰、孋從爾得聲，故爾你為雙聲。（按）k恐為ni之誤，娘、日二紐歸泥。

之、的。古人讀『之』為『的』。福建讀之為『di』之聲。韻書字書標『之』音為『出』。唐以後民間俗文學則以『的』代『之』字凡照母三等（第二類），古皆讀『d』一類音。

《方言》逆、迎也。逆古語，迎今語，皆疑母字。

臨 lien
㕲 li } 雙聲來母

浮 fu
汎 fan } 雙聲奉母

晦
昏 } 雙聲曉母

悶
懣 } 雙聲明母

二、口中應用的語詞，多不是單音節詞，而是複音節詞且多為雙聲或叠韻關係。

雙聲如容易。喻母四等（二類）。感激 見母，玲瓏 來母，憔悴 清母，踊躍 喻母二類，倉卒 清母，消息 心母，隱約 影母，荏苒 日母。叠韻如 潦倒、徘徊、輾轉、宛轉、模糊、蹉跎、從容。參差、雙聲，差池、叠韻。

早期民間文藝如子夜歌恆用同音隱語，即《文心雕龍》所謂諧隱也。如以『碑』代『悲』，『蓮』代『憐』，『梧子』代『五子』今日廣東民謠仍守此種形式，可參看粵謳。

唐以後文人每喜作雙聲詩。

陸龜蒙《溪上思》

溪空唯容雲　木密不隕雨　迎漁隱映　小問　妄問　謳鵶語

溪　四四三（喻）　明　幫喻三　疑　影　見　微　影　影

姚合《洞庭葡萄架》

萄籐洞庭地　引葉漾盈搖　皎潔掛高鈎　玲瓏影落寮

定　三四四四四（喻）　見　來

洞地二字亦定母，定母平聲讀t（陽平）仄聲讀di。蘇軾竹詩

隱約安幽奥　蕭騷雪藪西　交加三紘構　茂密渺冥迷

影　心　見　喻

引葉油雲遠　攢叢聚族齊　奔鞭迸壁背　晚籊吐天梯

喻　從　幫　透

影喻疑微四母，北方開頭無子音。

陽養漾葉，讀陽平為喻母，讀陰平為影母。

齊　陽平為從母。從母陽平讀q，仄聲讀精母。

四聲等子　無撰人名氏。從記載看知與遼僧行均《龍龕手鑑》相輔而行，相當于宋太宗时。

《四聲等子》原附於《龍龕手鑑》後，與《指掌圖》接近，時代較《指掌圖》為早。亦為20圖，聲母分23行排列，與《韻鏡》相同。入聲分承陰陽兩聲，如真軫震質，入（陽），脂旨至，入（陰）。

《韻鏡》以四聲括四等，平一二三四等。

《四聲等子》以四等括四聲，一等平上去入。

《切韻指南》元劉鑑（士朋）作（元順帝至元二年作）。沿襲《四聲等子》共24圖，聲母亦23行，入聲兼承陰陽，以聲統等，與《切韻指掌圖》同。

音和切。上字與被切字聲母同，下字與被切字為同等同韻同開合，為最合理的反切。聲母韻母之洪細開合等第完全相同。

類隔切。以輕唇切重唇，或重唇切輕唇。以舌頭切舌上，或以舌上切舌頭。用以表明語音的轉變和等韵组織上的變例。

明清 之等韻學

明人主張廢棄門法，當時呂坤（河南寧陵人）『交泰韻』，主張廢棄門法，而用合音反切。凡平聲字皆應用平聲字切之，上去入亦然。如『同』徒紅切，『龍』盧紅切，此反切上下二字皆為平聲，故拼合極為方便。

又如『寵』丑勇切，『蜢』母総切，反切上字『丑』『母』皆上聲，寵蜢亦上聲，勇総亦上聲，故拼合方便。

又被拼字為平聲，反切上字為入聲，則更易拼合。如被拼字為入聲，其反切上字為平聲，亦更易拼合。

如東（平）篤翁切。

篤（入）東屋切。

『東』之聲為duenｇ反切為篤翁切，則為du篤，uenｇ（影母）翁。反切上字有一合口（u），下字亦有一合口（u），故易拼合。篤之聲為du反切為《東屋》切則為duenｇ。東，u屋，以易於拼合故曰交泰。

平聲先急促而後悠長，故平聲以『入』子切。

入聲先悠長而後急促故入聲以『平』子切。

『子切』作聲子反切上字之謂。

反切下字如全為影母（無聲母），則不成問題，且更易拼切因下字無需聲母只需入聲。

清李光地《音韻闡微》創合聲反切。其書完全不顧及門法，直接以口中讀音為根據，將反切中之弊病—上字之尾，下字之頭（無用者）剷除。此因受滿文影響，又接受呂坤《交泰韻》之拼音方法。

李書分21韻。

東　真　文　寒　刪　先　陽　庚　清　支　齊　魚　模　皆　灰　蕭　豪　歌　麻　遮　尤。

此21韻全係根據音韻而來，完全廢棄舊日門法，此為進步。

明人變四等為二等之說。明人口中不能分辨二、四等僅能與今音讀音同，而分為二類。即一二等一類，三四等一類。

萬曆間袁子讓著《字學元元》，中有一條稱『上下等法辨』謂『等子』雖列為四，細玩之上二等開發相近，下二等收閉相近，須分上下等讀之，讀上等之字，無論牙舌唇齒喉皆居口舌之中，蓋開發之等其聲似宏，故居口中。下等之字，無論牙舌唇齒喉皆居口之秒，蓋收閉之等其聲似歛，故居口秒便是下等。如根干分上下等，根干為口中，如讀為口秒同為中堅。

呂維祺《音韻明燈》其中一部稱『同文鐸』所論亦與袁子讓相類，大体亦謂只分洪細二類之音。

北宋邵雍著《皇極經世》一書包括天文、地理中有一部分講聲音，即將韻書之分類分爲四類，曰開、發、收、閉即相當於等，韻圖之一二三四等 一等開，二等發，三等收，四等閉。

明葉秉鈞同時著《字學》凡例中有辨二等一條，謂韻表之設大都述而不作，未有無所因而輒自愚臆者。中間唯一表二等之法，乃千古未洩之秘。余每翻覆於唇舌，往往於心口灼見。二等之外毫不可增，二等之內毫不可減（此即變四等為二等之一種說法）。

開齊合撮四等呼說。因明人只能分析音為洪細二類，故又從介音上講而有四等呼之說。

開齊合撮首見《梅氏字彙》中有韻法橫直圖，四派組綜之說。

梅氏分三十韻。謂三十韻自分開口、合口、向内、向外、居中。而開合内外居中之韻，各有音之粗而滿者（開），有聲之細而尖者（齊），有聲之圓而滿者（合加 u 介音），有聲之圓而尖者（撮加 ü 介音）。粗而滿則為『庚干』，細而尖者則為『經堅』，固而滿則為『觥官』，圓而尖則為『局涓』。韻中既有此四項之音，非有四派組綜不足以統攝之。

清潘耒（字稼堂）著《類音》謂凡音皆自内而外。平舌舒唇謂之開口，舌對齒聲在舌顎之間謂之齊齒，歛唇而蓄其音者滿頤腹之間謂之合口，撮唇而成謂之撮口。撮口與齊齒相應，開口與合口相應。

北方及江南無侵覃以下閉口韻，與山攝（寒桓刪山）相混。唯廣東音尚存（元代以上尚可分）。《楚辭》東韻與陽唐相押，故讀黨、懂音同《方言》黨曉哲、知也。黨即今日之懂，黨、懂音同，收尾皆為ng。

敧，應劭《通俗文》以箸取物也。北方口中讀jia（夾），凡『奇』音，古皆讀ia，今人讀夾或尖，其實即敧字。

《廣韻》據《切韻》，然不盡與《切韻》合。就材料言，切韻中之二韻、三韻，在以前為一大類（可根據古音材料，《詩經》叶韻中韻字及諧聲字），與《廣韻》互相對用。

《廣韻》對古韻言，有時《廣韻》一韻尚須拆開，如『虞』韻，古韻半入魚、半入侯。由此可知切韻以前之音，不與《廣韻》合。照穿床審，《廣韻》分二類，古音有分別。照一類古與精清從心同，照二類古接近端透定泥。古聲母與《廣韻》41類亦不相同。

《切韻》至唐奉為官韻，孫愐《唐韻》將合口字獨立。唐人實際語音亦與《切韻》有部分不同。如江與陽唐，唐時已讀音相類，佳麻亦不可分。

唐人定獨用、同用之分，儘管字少而兩韻毫不相近，則亦定為獨用。凡同用者其音相近。實際語言中亦近似，儘管所收數字少。

陳澧《切韻》考方法有兩類：

1.按應用反切字繫連出類別來，不僅從聲且從韻來看韻類。以一韻為一繫連，參照宋人等韻圖，《七音略》《切韻指掌圖》《四聲等子》《切韻指南》。

2. 注意等韻優點，亦能明其劣點所在。先按等韻圖與《廣韻》對照。陳澧為粵人，讀音與《廣韻》合者多。粵人能分 p、t、k 聲調有九類。口中無濁聲，然調類多，適可補其不足（猶之北方以陰平為清母，陽平為濁母同）。

《切韻考内篇》—唐以前無切韻36母之類，故内篇排比依清濁分類。又對《廣韻》一韻所收文字有衝突及特殊情形者，亦尋其原委斷定《廣韵》有二圈者，往往為增加字。然因聲音關係亦有非增加字者。

江永云『須於聲母辨之（指照二照三及精清之變動）。陳澧則謂等主乎韻，而不主聲（見《東塾讀書等韻通序》）此陳氏卓見。

之部元音之擬法

之部三等韻

包括 之三

哈一 來臺哉才平，海怠採在改上載，去 i a i。

灰三、梅，平 悔佩上 u a i

尤三、郵牛丘裘平，有右友久婦負上，又囿疚富去 a u、i a u。

厚一，母畝平。

脂三，龜伾平洧鮪上，備去 i

皆二，霾 平 a i

（以上切韻之音）

此部古韻有韻尾輔音故有入聲，入聲韻部為職德等。

職　iak。
德　ak。
屋　服輻福牧彧伏菑匐　iuk。
麥　麥馘革　ek。
} 切韻之音。

怪、戒只一字
革戒卜古韻通用
之部對轉関係有　蒸　eng
登　ieng
東三　iong弓夢、雄
} 切韻讀音

子：德（之與職韻）可知之必有一尾音『－g』，入聲韻有尾音『k』，陽聲韻有尾音－ng。
可猜想陰聲韻的元音可能也是一個『a』，又有尾巴則成為ag（陽與入收尾有gk）。ag　ak　ang則可以對轉。

故擬第一類是咍一等
第二類是之三等（有i介音）
第三類是尤半三等
第四類是厚一等
第五類是脂半
第六類是皆半

哈韻合口為灰韻。ag開、wag合

之韻合口為脂韻。iag開，iwag合

《廣韻》厚韻為侯韻上聲，應與尤韻相類。而尤韻無唇音字（只『謀』一字），尤韻三等，侯韻一等，侯韻不能有i介音。

厚ag之母畝皆唇音字與哈ag不衝突（哈無唇音字）厚之母畝應為合口。高本漢未加此項關係。

脂部字如洧、鮪與尤有関，不讀尤而讀屋。

尤韻因與入聲屋相對関係，又與東韻三等有関。

第一類哈ag，第四類厚ag擬音雖同，然有聲母限制，一有雙唇音，一無雙唇音。

憑、冰、興皆蒸韻字，蒸為三等則知必有i介音，無i介音則為zh ch sh之音（將i吞沒）。

蒸、登在《廣韻》相對韻為職、德故無問題。陽聲韻與入聲韻部如無問題，再看陰聲韻亦勢必如此，不然則無法說明何以在一起押韻（尤韻有問題）。

擬元音相同，須看聲母衝突與否。如聲母不同（無衝突），則可以相同，否則即不能相同。不然則無法解說後世分為二類。

哈ag何以後世變爲『ai』

之iag何以後世變爲『i』

哈əg　əi濁尾之g變爲i此為語音上常見現象，後再由əi→ai乃成後世之『ai』即ə g—əi—ai。

七、讀書指導　八、史通

余嘉錫（一八八四—一九五五）字季豫，號狷翁，湖南常德人。目錄學家，古典文獻學家。曾任輔仁大學國文系教授，系主任，一九四七年當選為中央研究院院士。一九五〇年任中國科學院語言研究所專門委員。

著有《四庫全書總目提要辨证》《目錄學發微》《古書通例（一名古籍校讀法）》《余嘉錫論學雜著》《世說新語箋疏》等。

先生一九四六—一九四九年為國文系一年級新生開設讀書指導課（前一年講經史，後一年講子集，故筆記只經史部分）為高年級又開設史通課。

先生治學嚴謹，言必有據。講臺為先生設座，書寫必楷，恭整娟秀。史通課大部分涉及前四史，南、北史有關知識，言版本優劣甚詳。

七、讀書指導

余嘉锡

張之洞字孝達，號香濤，南皮人（今河北省南皮縣）。翰林出身，官至大學士、軍機大臣，謚文襄公。其作四川學政時，作《書目答問》以教諸生。中國典籍，浩如烟海，自張氏此書問世，使學者有所遵循，故中國學問之發達，不得不歸功於文襄公。

目録學始於漢代。自秦政焚書坑儒，書籍散佚，如《書經》本百篇，僅存二十九篇（伏生專習《書經》自秦焚書，乃將書藏於壁後。天下大亂，伏生出亡。暨漢興，歸求其書，亡過半矣。故僅有廿九篇）。漢武帝時，曾遍求書籍，至成帝更求天下之書，然書多亡佚，至多寡正誤各异，因命專人編纂校對，是爲目録學之起源。

《漢書藝文志》『漢興以來，改秦之敗，大收篇籍，廣開獻書之路……。成帝時，詔光禄大夫劉向校經傳、六藝、諸子、詩賦……。每一書已，向輒條其篇目，標其指意録而奏之……。歆繼父之業，乃總群書，而奏其《七略》……今删其要以備篇籍』。

禮樂，古時禮樂並重，禮有五禮等。君臣之間，父子之間，皆以禮聯繫，同時更有樂以助之，使有正當娱樂。而易遵約束，古時之樂無經，即詩三百篇是。

《春秋》自周平王東遷，天子號令不行。孔子以天下教育失敗，乃退而教學，培養人才，以備日後救濟天下，故有弟子三千人，通六藝者七十二人。以《書經》記事簡略，乃作《春秋》事無巨細俱備，爲一正規之歷史書。

《孝經》　自天子以至於庶人，皆以孝爲本。故有《孝經》之作。其文作於孔子時代以後，故易通曉。

數術　天文地理占卜之書。

方技　醫藥之書。古者百名（字）書於簡，不及百名書於方。古者醫生開方僅八九味藥，不必用簡，用方即可，故曰方技。

《漢書藝文志》分六藝爲九門。即詩、書、易、禮、樂、春、秋、論語、孝經、小學是也。古代字，書於竹簡。若書目太繁，鈔録不便，故《漢書》將劉歆《七略》加以删减，總成一篇，是爲《藝文志》。

《輯略》者即《漢書藝文志》每略每家後之小序。然小序多班固語，非劉歆原文。

章學誠《校讎通義》謂班固删《輯略》而存其六，非也。

《輯略》載篇名便於閱讀然文字過多，故《藝文志》僅録卷數，而無篇名。

《易》——哲學　《詩》——文學　《禮》——作人規則近於法律

《書》——片斷歷史政治學　《春秋》——史學

《樂》——正當娱樂。凡人必讀六經始能作人、能治國，成一完人。故亦稱六經爲六藝。

禮、樂、射、御、書、數亦稱六藝。

《藝文志》雖包括《七略》然最重要者爲六藝（藝）其他兵書數術方技（文）爲次要，故曰《藝文志》。《宋史》、《明史》、《清史》稿，皆曰《藝文志》《隋書》、《舊唐書》則名《經籍志》，經者藝也，籍者竹作之書，即文也。不依《藝文志》分書之法，而分經、史、子、集四部。

九流諸子之學皆言治國，而學説紛紜，時相攻訐。秦滅六國，集中權力，統治思想。漢興提倡餘家，六經諸子復出。而若縱横家及諸家其學説不能行於當世者，皆漸趨消滅。如《漢書藝文志》謀家八十一篇，今僅存其一。當時除儒家存在外，僅道家（多爲一般人用作修身。漢代皇帝亦有信道教者）。農家（中國以農立國之故）尚有研究者，其他諸子無人誦讀，則漸漸亡佚，存者不多。

六藝：易、書、詩、禮、樂、春秋、論語、孝經、小學 —— 經部

春秋 —— 史部

諸子、兵書、數術、方技——子部

詩賦　集部

古人文章最重有韵，以便於誦讀故也，而有韵者，莫過於詩賦。將歷代詩賦歸集鈔録合爲一帙曰集。集、古作雧，三鳥集於樹木之謂。

漢武帝立太學，置博士弟子員。員者，缺也。彼時弟子有五十員，博士五名，教授五經，號五經博士。前漢末年，太學弟子增至千人，後漢時三千人，三國時萬餘人。博士亦不僅五名矣。教《春秋》者，更有《公羊》、《穀梁》諸博士。《詩》亦分齊、魯、韓、毛四家而設四博士。齊詩亡於三國，魯詩亡於西晋，韓詩亡於唐。

《周禮》曰八歲入小學，十五入太學，孔子曰『吾十有五，而志於學』，入太學也。

漢小學讀《論語》、《孝經》。《論語》爲孔子言行記載之書。了解孔子即可明瞭古代文化。如《禮》、《樂》、《易》、《詩》、《論語》皆曾言及，故《論語》一書，爲通曉六經之基本書籍。然漢小學對《論語》可讀、可不讀。而欲入太學，則必應讀之，未讀者，亦必補讀。《孝經》爲作人根本，凡

天子至庶人所應曉之事皆備焉。故漢之小學、《孝經》爲必讀者，武帝時期，羽林之士皆讀《孝經》

五經在東漢時爲概括之言，實際《詩》有齊、魯、韓、毛《春秋》有《左傳》、《公穀》不止五經之數也。五經外加《論語》爲六經，加《孝經》爲七經，七經加二《禮》爲九經，九經加《公》《穀》爲十一經。十三經在宋朱熹後始成立。唐韓愈尊孟子，以爲若無孟子，則孔子之道必不能傳及後世。

《爾雅》非經，曾附於《孝經》中。讀經書必先通《爾雅》。《爾雅》有釋詁、釋言、釋訓、釋親、釋宮、器樂、天、地、丘、山、水、草、木、蟲、魚、鳥、獸等。

詁從『言』從『古』古人之言也。訓各地言語不同，以此地之言語度彼地之言語也。

注疏　注從『水』、從『主』，左形右聲，將水舀起由彼注入此曰注。注多爲漢魏人作。六朝後曰疏，疏者疏通也。

《四書章句集注》十九卷　宋朱熹撰。《大學》《中庸》爲章句《論語》《孟子》爲集注。《大學》《中庸》爲《禮記》四十九篇中之一。朱子分《大學》爲經一章傳十章，而解之曰『右經一章，蓋孔子之言，而曾子述之。其傳十章，則曾子之意，而門人記之也。《史記・孔子世家》曰子思作《中庸》。《大學》是否爲曾子所著，大成問題。有以《大學》中有曾子曰『十目所視，十手所指，其嚴乎！』之句爲根據。然《禮》記載曾子曰有一百餘條，即得謂爲曾子所著可乎？故上述根據，决非確证，然《中庸》爲子思著，大抵可信。

夫子　古代有學問或爲大夫者之稱。孔子曾爲魯大夫，故弟子稱之曰夫子。

鄭康成《後漢》《鄭玄》（康成）北海人，與朱子爲中國學術界最大權威者。漢代學者多通一經至二經，而鄭玄能通五經（皆有注解）。《十三經注疏》中《毛詩》《三禮》皆爲鄭注。唐代以前，凡讀經者，多從鄭注。南北朝時北方用鄭注，南方《左傳》用杜預注，《論語》用何晏著，《尚書》用王弼著。

《二程》　大程子名《灝》字伯淳號明道先生。小程子名頤字正叔號伊川先生皆洛陽人。宋人以爲自二程出，始能繼孔、孟之道。程頤傳李侗、李侗傳朱子，故曰朱子之學，出於程子。

宋神宗時，王安石爲相，將《孟子》列爲一經。《孟子》之稱經，實肇於此。

周尸子（佼）曰知今不知古謂之聾瞽；知古不知今謂之陸沉。不獨中國文學如此，即科學亦當知古今。

宋人講經學，有優於漢人者。

《論語》　應讀《朱子集注》　《何晏集解》

《孟子》　應讀《朱子集注》　《趙岐正義》

《大學》　應讀《朱子集注》

《中庸》　應讀《朱子集注》

漢鄭玄，宋朱熹皆爲第一流學者。二氏互有短長。概言之，朱子較優於鄭。朱子講《三禮》則不如鄭氏，時代不同之故。漢距周末僅數百年，周朝一切器用皆未散失，而宋朝則年代久遠，不能復見周器，所有古禮中之器用，類多不見。朱子講《四書》則優於鄭玄以《四書》爲説理之書。朱子爲理學家講《四書》自有發明處。清考據家雖言《四書集注》微有小疵，然無害於全體。

古代讀書程序：《禮》《王制》篇曰『春、夏教以禮、樂；秋冬教以《詩、書》。張之洞主習經學先學《三禮》，而後讀《詩》、《書》、《春秋》蓋以爲人不可無禮，待人接物，治國興邦皆當以禮讓行之。故聖人因人情而爲之節。冠、昏、喪、祭皆有禮。以現代目光視之，因時代之變遷，衍化，建築器用與古不同，不必先讀《三禮》應先讀《詩》與《春秋左傳》。

《詩》三百篇　爲商、周時代之作。毛詩以前之傳不傳。《書・舜典》詩言志歌咏言聲依永律和聲。《詩大序》曰『詩者志之所之也，在心爲志，發言爲詩』。志、心也；之、往也。

篆書志作，隸書作，從『之』從『心』心之所之也。

《論語》『小子何莫學夫《詩》！《詩》可以興，可以觀，可以群，可以怨；邇之事父，遠之事君，多識於鳥獸草木之名。

《詩》三百篇大抵爲四言嗣後字數增多，句子長短不一，而成賦。賦起源於屈原《楚辭》，而後更衍爲《唐》詩《宋》詞

《詩經》自孔子傳子夏，子夏更傳於弟子。秦政焚書，經籍散佚，唯《毛詩》尚完整。

《漢》代《詩經》有齊轅固，魯申公，韓韓嬰，毛毛萇四家。

《左傳》　爲中國第一部歷史書。史者事也。篆文作從『手』從『中』以手執中也。『册』字古作。古代無文字，結繩以記事，後漸進化用籌碼。册即插籌碼之夾（篆文即『中』字加籌碼。《漢書》《張良傳》：酈食其請封六國後，張良請爲高祖借箸籌之。自有文字後由籌而爲簡。

史事吏三字同義，史篆書作，事篆書作『』，吏篆書作，蓋一般官吏皆爲人民服事

者，將官吏所作事迹，逐日記載，遂成史書，以爲垂戒。

《春秋》始於魯隱公元年，終於哀公十四年，凡十二公二百四十二年。

孟子曰『臣弑其君者有之；子弑其父者有之。孔子懼，作《春秋》。又曰《春秋》作而亂臣賊子懼。

《史記》《十二諸侯年表》曰『左丘明懼弟子人人安其意，失其真，故論本事而作傳』。傳者、傳也。以古代歷史傳之後人之謂也。

古者專門命氏，故《左傳》不稱《左丘明傳》而曰《左氏傳》。

左丘明與孔子同時。然是否孔子弟子則不可考。然由《論語》『左丘明耻之，丘亦耻之』。可知孔子對左丘明相當尊重。

漢代人習《春秋》其傳用《公》、《穀》。

公羊高（周代人）爲子夏弟子。作《公羊傳》。五傳至公羊壽。漢景帝時始成傳。穀梁赤亦非孔子直傳弟子。

唐劉知畿分史學爲六部　《史通》六家篇：古往今來質文遞變，諸史之作不恒體權而爲論。其流有六：一曰《尚書》家，二曰《春秋》家，三曰《左傳》家，四曰《國語》家，五曰《史記》家，六曰《漢書》家。

《漢書》不稱《史記》。《藝文志》有《太史公書》一百三十篇。《史記》之名起於《三國》。天子爲本紀，諸侯爲世家，大夫爲列傳。本紀爲編年，世家則爲諸侯代代事迹。如《孔子世家》記孔子直至孔安國（與太史公同時）。列傳記姓名、里氏、父祖之名，從何人就學，爲仕程序，平日行爲等。

《公羊傳》曰：春秋内中國而外諸夏；内諸夏而外夷狄。漢代以前，中國人稱華夏民族。華言文化高也，夏言其大也，漢唐二代武功極盛，故外人每稱中國人爲漢人唐人。

正史爲紀傳體。袁宏《後漢紀》、荀悦《漢紀》之類，爲編年體。《史記》、《漢書》同爲紀傳，而全例各异。《史記》爲通史。通史者，通前至後通古至今。如《史記》自黄帝始止於漢武帝，包括夏商周秦漢三百餘年間事。《漢書》爲斷代史。起漢高，終王莽。南史包括宋、齊、梁、陳。《北史》包括北魏、北齊、北周。《新五代史》後梁後唐後晋後漢後周亦分書，故爲通史，稱《史記》家。其他諸史爲斷代史稱《漢書》家。

《史通》有古今正史篇，於每朝皆載其紀傳體與編年體。如漢代紀傳體有漢書，編年體有漢紀。後漢紀傳體有《後漢書》，編年體有《後漢紀》。

《資治通鑑》　起周朝至五代，事極詳細，爲六家中之《左傳》家。春秋筆法有褒貶，共記一千三百六十二年。温公分司洛陽御史臺，奉詔編集歷代君臣事迹，許自辟官署，聽從書局，凡十七年書始成。温公子司馬康曰『此書之成，蓋得人焉。前後漢則劉貢父（攽）三國歷九朝至隋則劉道原（恕），唐迄五代則范純甫（祖禹）。此書起於周威烈王命韓、趙、魏爲諸侯，迄五代（周世宗顯德六年）劉敞、劉攽、劉奉世著有兩漢刊誤。劉恕著有《十國紀年》及《通鑑外紀》范祖禹著有《唐鑒》。

《通鑑》除正史外，參考書共有二百一十部。劉恕等先修長篇。司馬光自謂三日删一卷，有事故妨廢則追補。温公表云：臣之精力盡於此書，故《資治通鑑》可謂空前絶後之書。中國史學稱二司馬即指司馬遷與司馬光而言。

孔子《春秋》爲編年之祖終於魯哀公。而《左傳》記事之詳，文章之美，温公亦不敢增益修補，故《通鑑》自三家分晉始。後七國皆稱王，天下大亂，而實肇於三家爲諸侯。

《綱鑑易知録》　有了凡《綱鑑》鳳州（王世貞）《綱鑑》

前四史及《新五代史》爲私人（一人）所修，《晋書》以下至《明史》爲官修，不逮私人所修。劉知幾《史通》最反對官書。

《宋史》《司馬光傳》，光常患歷代史繁，人主不能通覽，遂爲《通志》八卷，以獻。英宗悦之，命置局秘閣續其書。宋神宗名《資治通鑑》自製序授之，俾日進讀。

《通鑑目録》《卅卷》。年經、國緯以備檢閲，别爲目録卅卷，以此查《通鑑》殊爲便利。

《通鑑考异卅卷》　參考异同，伸其意旨，别爲《考异》。以歷史文學眼光，應讀《續通鑑長編》。

《續資治通鑑》亦只有宋元兩代可讀。陳鶴《明紀》以補不足。更有《通鑑外紀》，起上古，終周末可補《資治通鑑》以前之編年，所謂紀者，即編年之謂也。

《歷代帝王年表三卷》　乾隆年間齊召南著。《通鑑》雖有目録，亦不簡單因作《帝王年表》一書，自上古迄明末。漢武帝以前無年號，以人名編次，每朝大事賅備，但往往有年無月。

《歷代帝王廟謚年諱譜一卷》陸費墀著　《歷代帝王年表》後附。廟與謚不同。如清稱世祖章皇帝（康熙）、世宗仁皇帝（雍正）。帝爲謚法。宗爲廟號

南朝宋、齊、梁、陳帝王稱祖；北魏、北齊、北周稱宗。李延壽合南朝爲《南史》，合北朝爲

《北史》不稱宗而稱謚法。如稱高洋不稱憲宗而稱宣帝。

年　史載康熙六十一年帝崩，僅知在位六十一年，而不知其壽幾何《廟謚年諱譜》則補其年數。

諱　《左傳》周人以諱事神名，終將諱之。《漢書本紀》不書皇帝之名，以帝死避諱之故，漢代之後，凡帝名皆避諱。漢高祖諱邦，之（變也）字曰國。武帝諱徹，之字曰通。古凡封侯，其名則上徹於天，稱徹侯。《史記》避武帝諱稱徹侯曰通侯。漢王昭君晋避司馬昭諱稱王明君。唐代避太宗諱改『世』爲『代』改『民』爲『人』然引古書不能增損，凡世字改寫作卄，民改寫作巳（缺筆）。六朝鮑昭，避武則天諱改『昭』爲『照』。宋代避諱更烈，如英宗名曙，不僅曙字當避即『樹』字亦避而改『木』。《廟謚年諱譜》不僅録出帝王之名，即避諱之字亦皆寫出。

《春秋》　新天子即位稱周元年，魯侯即位稱魯元年。漢武帝後，每更一年號（建元）單稱元年。

紀元亦稱建元，紀者、記也。

《紀元編》　清李兆洛撰。兆洛嘉、道時人，進士，官至安徽凰臺縣，陽湖派古文家，又史學家。爲歷史工具書，共三卷。經一卷起漢武至明朝。每一皇帝之建元次數，及建元之名，非中央國家則低一格以示別。第三卷無年號而有年可查者，如黄帝是。又若日本、暹羅之年號亦載於卷末。

《李申耆（兆洛號）五種》　《紀元編》、《歷代地理志韵編今釋》（廿卷）、《歷代沿革圖》、（一卷）《皇朝輿地韵篇》《輿地圖》合稱李申耆五種。

現代讀史學當以時間（年月）、空間（地方）爲最要。

《歷代地理志》　將《廿四史》中之有地理志者，編爲一帙，《漢書地理志》，《後漢書》謂之郡國志。北魏書爲地形志，其餘諸書皆稱地理志。漢代郡之上有州，太守之上有刺史，後漢有郡及國，前漢韓信封齊王稱齊國，彭越封梁王稱梁國，後漢仍之，故稱郡國志。

商務印書館編有《中國地名大辭典》、《人名大辭典》用筆畫分編，較完備，但非學問書，可查而不可用，不可引，因其只有注釋，而不言注釋之出處。

古代因字之寫法不同筆畫不定。如『口』楷書爲三畫，隸書則四畫，『文』楷書爲四畫，隸書爲五畫。又顏魯公寫『之』恒作『彡』故依筆畫分編於今則可，古人則以爲不妥。

《歷代沿革圖》　古人圖畫並用，所謂左圖右書是也。如《爾雅》有《爾雅圖》、《禮記》、《儀禮》有《禮記》《儀禮》圖，由以地理書以山水、府縣、村關、寨柵之繁必閲圖始可了然。欲古今對照，當讀沿革圖。李兆洛之《沿革圖》不甚詳細。地理沿革之書，當以最遲出版者爲佳，故商務印書館編者較佳。沿革圖上有時注釋不詳，故又當看沿革表。

《歷代地理沿革表》《四十七卷》　陳芳績著。陳爲明之遺老，故《沿革表》只編至明代爲止。清地名與明地名變异殊多，故不適用。

《大清一統志》《五百卷》　有乾隆、嘉慶兩本。每府之前皆有一沿革表，顧祖禹、閻若璩皆曾助修。

《經籍纂詁》《二百一十六卷》　清阮元著。揚州原刻本，各種石印本。經傳每字之下，有漢唐人之不同解法。宋代人之解釋則無。因阮氏爲漢學家不信宋人注疏之故。是書僅及字義解釋而不及字音，前有凡例云所引之書甚多，錯誤難免，如讀此書見其所引，當查原書對证，庶免錯訛。

《説文通訓定聲十八卷》清朱駿聲著。所引之書多出自《經籍纂詁》，纂詁有誤者，朱氏亦從而誤，以朱未查原書故也。

《説文解字》後漢許慎著。爲言音義最早之書，其音不盡相合，字義亦僅本義，而無引申義。至梁有《玉篇卅卷》顧野王撰，對《説文》字義有所引申。

《廣韵》五卷題隋陸法言撰。以字音爲主，實爲陳彭年等撰。

《康熙字典》對字之音義均有記釋，然疵謬太多，閲時應將所引之書翻原書查閲，引《説文》即查《説文》引《玉篇》即查《玉篇》。

查一字之音義當查以上諸書，查典故則當查類書，《辭源》並不可靠。

典故書不自唐宋始，戰國時之《吕氏春秋》漢之《淮南子》以及賦皆當時之類書，雖無類書之名，而有類書之實，唐以後始有類書之名。

《皇覽》六百一十卷或曰千卷、魏文帝時繆襲著。由於文帝、陳思王、建安七子爲詩文皆喜用典。故有類書之著作。《皇覽》爲最早之類書（唐以後亡）今存一卷，爲清代《問經堂本》）。自此之後作類書者日多

《華林院遍略》南朝梁武帝時詔群臣撰。

《修文殿御覽》北齊後主時祖珽等撰。珽字孝徵，有才而無行，一名《聖壽堂御覽》羅振玉影印鳴沙石室古佚書内殘寫本一捲。明初於甘肅敦煌縣鳴沙山有石室（即敦煌石室）。清宣統年間山崩始發現，中以佛經爲最多。英人司坦因至甘肅考古發現大肆收買，日本人後亦多往收買，比中國收購僅

餘佛經書甚多（今存北京圖書館）。

北宋《太平御覽》謂《修文殿御覽》系以《華林院遍略》爲藍本。宋修《太平御覽》及唐《藝文類聚》。《文思博要》爲主。類書不僅作查典故之用，即校勘之學亦引用之，以校他本。

《北堂書鈔》　現尚存之類書當以是書爲最早，唐初虞世南著。宋無刻本，嚴可均校本五十五卷。陳禹謨本一百六十卷。删補錯舛不能用，南海孔廣陶刻本較佳。

《藝文類聚》　一百卷。唐歐陽詢著。明刻仿宋小字本佳，王元貞大字本不可用。

《初學記》　三十卷　唐徐堅著。

《太平御覽》　一千卷宋李昉等撰。清鮑崇城校刻宋小字本。傳明代某人有宋版《太平御覽》千卷，後作爲二女陪嫁，每人五百卷，後多有佚失。嘉慶時只餘二百餘本，鮑刻本即據此殘本。商務印書館《四部叢刊》影印宋刻本，宋刻本不全者以日本活字版補，錯誤少，可用。

宋太宗《太平興國》年間命群臣撰。《太平御覽》《文苑英華》（各一千卷）。《太平廣記》五百卷，三大書。

《文苑英華》所選較《昭明文選》爲寬，自梁至五代（《昭明文選》三十卷包括上古至《梁》）選材嚴格。

《太平廣記》　編於《太平御覽》之後。自漢以前之小説至宋初分類編集，尤以唐代小説爲多。現代言唐小説者多採自《廣記》。

唐宋以前類書所引佚書最多，可供人讀未見之書，其利一也；即現存之書，其所據之本，多爲古寫本，文字尚未訛誤，可供校勘其利二也；部分群書，各歸各類，每舉一事可得其源流，其利三也；編纂之人，頗有學識，所引之書多關緊要，不至雜亂無章，其利四也。但此乃舉其善者言之，若書坊所編之類書又當別論。

修文殿御覽所引之書皆北齊時之版本，近代無法尋找北齊之書原本，然由《修文殿御覽》中可略窺北齊之書之一班，故清代校勘家喜以類書校書

商務印書館《四部叢刊》内有宋珍本及元明清之版本，且係影印錯誤極小。中華書局《四部備要》用活字版印刷者，錯訛必不在少數。

《册府元龜》　一千卷。宋真宗命王欽若編，性質較狹仄，於史學上有大用。

《廿四史》無論宋本、清本皆有問題。除《前四史》《晋書》外，《宋書》、《南齊書》、《梁書》、《陳書》、《魏書》、《周書》、《北齊書》、《隋書》八書皆非原本。蓋唐末天下大亂，書籍散佚極多。《册府元龜》編帙時，此八書尚未佚失，故其中所引多爲未佚前原書。《舊五代史》作於宋初，亡於清初。今本乃乾隆時四庫館臣邵晋涵所輯。邵晋涵字二雲號南江據《永典大典》本（清時已佚八百九十餘本）抄撰而成，不足，以《册府元龜補之》。武英殿本《廿四史》只舊五代史爲乾隆卅餘年所刻，他本皆在廿三年刻成。乾隆後之國編書，遇胡虜字樣則改爲『敵』字，遇『夷』字則改爲彝《五代史》中有胡虜及夷字者皆被改易，即宋本亦被改。《册府元龜》明刻本所載《五代史》事未遭改易。

《舊五代史》　文章太劣，因宋初雖天下承平，然潮流仍因襲五代之陋習故也。歐陽修以《舊五代史》不滿衆望，因私纂《新五代史》本名《五代史記》，新史行，而舊史漸廢。《舊五代史》文劣而

事詳，讀史則不在文章之好壞，而當於事之詳簡着眼。故舊史雖劣，尚有問者，以其詳於新史故也。

《舊唐書》以商務版及百納本爲佳，中有若干宋本，明刻本，原有宋本者亦殘佚。

《後漢書》　范曄撰，曄爲宋文帝時人。採晋司馬彪《續漢書》，袁宏《後漢紀》及《七家後漢書》。《七家後漢書》汪文臺編撰。即謝承、薛瑩、司馬彪、華嶠、謝沈、袁山松、張璠是。張璠爲《後漢紀》其他六家爲《後漢書》

清惠棟《後漢書補注》二十四卷，引用各家後漢書極詳。

《晋書》　唐代敕房玄齡等重修。捃摭十八家《晋書》而成。十八家即《晋書》《晋春秋》《晋紀》《十六國春秋》等，今皆佚。

《晋書斠注》　清末吴士鑑著。劉承乾刻本，凡宋代前十八家《晋書》者，皆查而録之。其書優點即收集材料頗多可以利用，劣點即錯誤太多。《世説新語》中多載《晋》事，可補唐人所修《晋書》之謬。宋人之於國史有日曆，有起居注，有實録，有正史。

日曆記皇帝每日之事，往往達數百卷。

實録　自唐高祖起，每一皇帝皆有一部《實録》。今存順宗《實録》五卷，韓愈著（載韓文公文集中。宋以前實録皆佚失，商務印書館《四部叢刊》內有宋太宗《實録》八卷殘本（原數百卷）。實録即以日曆、起居注爲經，備修正史之用，正史成，實録乃廢。

《明代實録》今尚存，研究明史除看正史外，進一步看《明代實録》。

光緒時有《三朝實録》（康、雍、乾）

《清史稿》中問題太多，不如看《清朝實録》。

宋代有三朝國史、兩朝國史、中央國史、今皆不存。

新史學家以爲《廿四史》非史，僅爲皇帝之家譜而已，不知皇帝爲國家代表，而國家、社會、經濟、思想皆與政治有關；欲明彼時人民之思想生活必先通彼時之政治，進一步始可言文化、經濟、思想、社會，否則則茫無頭緒。後人以後人之思想評議古人最爲不可。魏收《北魏書》有《釋老志》（佛老之志）。佛道教不起於北魏，漢代即有道教，東漢有佛教，然《史記》《漢書》並未記載，故宋人以《魏書》創此例而不以爲然。北魏篤信佛老之道（雲崗龍門山各處之佛像即北魏時所鎸）。上至皇帝下至百姓皆尚佛老，至道武帝與新道教（以老子爲道教主）滅佛教，且改元太平真君故魏收立《釋老志》亦此故也。

《南北史列傳》往往聚一姓之父子祖孫於一卷，謂之家傳。王鳴盛《十七史商榷》大不以爲然，不知當時以門户用人，故非知其家世不可。聚於一卷可以一目了然（南方有王謝，北方有崔盧，其祖始於後漢，今皆代代有門閥）。

錢大昕《廿二史考异》最佳，趙翼《廿二史》札記錯誤較多，王鳴盛《十七史商榷》又次之。

《元史》八月而成，文、事並劣。清《柯紹忞》著《新元史》以補其缺。徐世昌爲總統時下令爲《新元史》刻本合爲《廿五史》。

《續資治通鑒長篇》原一千餘卷，清刻《四庫全書》時編爲五百二十卷，宋李燾撰。原自太宗至欽宗，今則無徽欽二朝，英宗神宗亦缺數年。有光緒浙江書版。

《三朝北盟會編》　二百五十卷，徐夢莘著。三朝指徽欽高而言與金人交涉和戰之事；北指金人，盟指和議也。

聚數百種書籍編爲一部謂之會編，然《三朝北盟會編》應屬編年，不當屬紀事本末體。此書材料極多，往往一月内之事即數卷，研究中國對外交涉之史料，必當閱此書。

《建炎以來繫年要録》　二百卷宋李心傳撰，廣雅書局有刻本。《資治通鑒長篇》對宋高宗後不載，則當讀《建炎以來繫年要録》。此書作法與長編同，記事亦極詳。宋人不見於宋史者多可見於此書。宋高宗即位改元建炎，凡四年改紹興，凡卅二年。

《揮麈前録》四卷，《後録》十一卷，《三録》三卷，《餘話》二卷，《默記》三卷。宋王明清撰，津逮本、學津本。對研究宋代歷史有幫助。

《遼史》　一百十六卷。遼先有國史然未修竟，元人修遼史除以遼國史爲本外尚無他書可供參考，故内容過於簡單。

《遼史拾遺二十四卷》　清厲鶚著。鶚字太鴻號樊榭，錢塘人乾隆舉人。其詩別成一家，又有《宋詩紀事》一百卷，見《書目答問》集部詩文評類。

金史一百三十五卷　内容較遼史爲佳。金亡後元遺山（好問）作《壬辰雜篇》（已亡），又有劉祁（字京叔）作《歸潛志十四卷》（今存）。元人本此二書以修金史，故其書較宋遼二史爲佳。金亡國於壬辰，故以《壬辰雜篇》爲名。讀《金史》可參考施國祁之《金史詳校》三十卷。

《新元史二百五十七卷》　膠州柯紹忞（字鳳蓀）著，有徐世昌退耕堂刻本，開明書局《廿五史》

本。柯氏之前，有邵遠平《元史類編》，魏源《元史新編》，屠寄《蒙兀兒史記》，曾廉《新元史》，皆不如柯氏。

《易》曰：蒙以養正，聖功也。蒙從草，喻教育小兒猶草之萌芽也。

《大戴禮·保傅篇》古者八歲而就外舍學小藝焉，履小節焉。（《賈子新書》《漢書食貨志》《白虎通》皆有履小節焉，學小藝焉之句）。

小藝：《玉燭寶典》宋以後不通行至明亡，今係日本石印者）。引崔寔（後漢人）《四民月令》曰十一月，硯冰凍，命幼童入小學讀《孝經》《論語》篇章；正月硯冰釋，命幼童入小學學篇章，注曰謂《六甲》《九九》《急就》《三倉》之屬（《食貨志》稱教之以《六甲》與《方名》）。

小節　《論語》『子游曰子夏之門人小子灑掃、應對、進退』此即履小節也。

《三倉》　漢和帝時，賈魴撰《滂喜篇》。以《倉頡》爲上篇，《訓纂》爲中篇，《滂喜》爲下篇所謂『三倉』是也。

《萬曆野獲編三十卷》　明沈德符著。歸史部雜史類。其中載若干事而不見於《明史》者。《明史》爲清代所修，凡對清詬詈之詞，皆删去，故研究明代歷史必須參看明代人另外著述以相參考。

《漢書藝文志》《史籀篇》十五篇，《蒼頡》一篇。又曰《史籀篇》者周時史官教學童書也，與孔氏壁中古文異體。《蒼頡》七章秦丞相李斯所作也；《爰歷》六章者，車府令趙高所作也；《博學》七章者，太史令胡毋敬所作也。文章多取《史籀篇》而篆體或頗异，所謂秦篆者也……漢興閭里書師合《蒼頡》、《爰歷》、《博學》三篇斷六十字爲一章，凡五十五章，並爲《倉頡篇》。

《史記》丞相李斯奏同文字，罷去不與秦文合者。《蒼頡篇》共九千一百字。四字一句，無重文，亡於六朝。《蒼頡篇》遺文：《説文序》引有『幼子承詔』，《爾雅》注引『考妣延年』，《顔氏家訓》引『漢兼天下，海内並厠，豨黥韓覆，畔討滅殘』。

上海廣倉學窘排印重輯《蒼頡篇》二卷，署名姬覺彌，實乃王國維代輯。

《漢志》小學家中有《蒼頡傳》一篇，揚雄《蒼頡訓纂》一篇，杜林《蒼頡訓纂》一篇，杜林《蒼頡故》一篇。傳者，注也，故者，詁也。

《字林》　晋吕忱作。今亡。

《玉篇》　三十卷。梁顧野王元本，今存，然非昔本全貌，簡不引書。《古逸叢書》内有原本《玉篇》殘本，又有日本人影印卷子本，原本《玉篇》每字之下多引古書，並時有野王案。張煦有重輯原本玉篇。

《古逸叢書》　爲出使日本大臣黎庶昌、使館隨員楊守敬刻古逸叢書。

崔浩常爲人寫《急就篇》（見《魏書》本傳），由此可見六朝時，教小兒以《急就篇》與唐時教小兒以《千字文》同。

《千字文》　梁周興嗣奉敕撰。梁武帝搜集王羲之字甚多，命編帙成文。唐智永禪師寫千字文數百本。元代《急就篇》、《千字文》均有趙子昂寫本。

《百家姓》、《雜字》在宋時即以教小兒。見陸放翁詩。

唐李翰著《蒙求》，唐宋人以教小兒，現有元刻本與《千字文》及唐胡曾《咏史詩》並刻。後人有用《咏史詩》體，作《十七史蒙求》。自《史記》至《宋史》。行一時。

清時教小兒書有《幼學瓊林》《龍文鞭影》清末興學校，上海澄衷學堂編有《澄衷學堂字課》盛行一時。

明代教小兒書有《碎金》，清初尚通行。自唐以後又有《太公家教》一種，見於李翱文中，其書今存。羅振玉以敦煌寫本印入《鳴沙石室古逸書》內。書中以當時俗語教小兒作人之法，類似後來之《增廣》（自增韵、廣韵中選字以教小兒，故稱『增廣』）。

《小學集注》六卷　宋朱熹著。

《楚辭》《漢志》無《楚辭》而有屈原賦二十五篇。宋玉賦十六篇。劉向校書時，將屈賦，宋賦及枚乘等賦選録編爲《楚辭》（文章皆爲傷悼屈原而作），所謂一家之言也。《楚辭》爲千古之祖，自賦而爲漢、魏樂府，變而爲唐詩，再變爲詞曲。漢代賦作家如司馬相如、揚雄等文章多自《楚辭》中衍化而來。漢成帝求能爲《楚辭》者，得九江被公（六朝人稱僧人曰××公）。韓愈《羅池廟碑銘》辭，李白《鳴皋歌》皆學《楚辭九歌》

《楚辭九歌》《湘夫人》『嫋嫋兮秋風，洞庭波兮木葉下』。謝希逸（莊）《月賦》（見《文選》）『洞庭始波，木葉微脱。』杜甫《野望》詩『無邊落木蕭蕭下，不盡長江滚滚來』皆仿此。

《楚辭》《遠游》篇言神仙事，爲司馬相如《大人賦》之祖。

《楚辭》《招魂篇》言魂不可去，東南西北，上天入地。其寫四方鬼物爲後世地獄變相之祖。

別集　前漢時並無别集，别集之名，起於後漢。《後漢書》始有《文苑傳》。欲圖文雋詩佳，必當閲讀總集，或唐詩、《千家詩》之類，惟仍不若讀别集爲佳。因别集爲某人之專著，其子弟爲其編輯時，不敢妄加删改，可保其真。且由個人作品中，可看出當時之潮流作風。

漢之作品接近周、秦，迄後漢文章日趨美化，遂開六朝駢體之風。

《蔡中郎集》六卷　後漢蔡邕撰。

諸葛忠武侯文集四卷　諸葛亮著。存殘。晋李興《諸葛故》『匪皋（陶）則伊（尹）寧比管晏）。』杜詩云『伯仲之間見伊吕，指揮若定失蕭曹』。

《曹子建集十卷》　魏曹植撰　三國初之詩文謂之『建安體』。植爲建安體之領袖，且爲後代詩文之首領。有建安七子（七子之名見於魏文帝《典論論文》。

《陸士衡集十卷》　陸機撰。

《陸士龍集十卷》　陸云撰。機、云才分甚高，然遠不及子建、孔明。孫興公云『陸才似海，潘才如江』。

《陶淵明文集十卷》　陶淵明撰。鐘嶸《詩品》云淵明爲詩人隱逸之宗。

《文選序》云『義出於沉思，辭歸於翰藻』。又云『論諸子之文，蓋以立意爲宗，不以能文爲本』。

《古文辭類纂》所選之文除西漢諸家外，即直選唐宋八大家之文，惟辭賦一類中，有東漢及六朝之文。

韓愈作《淮西碑》序似書，銘似詩。《進學解》學揚雄《解嘲》《送窮文》學揚雄《逐貧賦》

蘇東坡作韓文公廟碑云『文起八代之衰，而道濟天下之溺』。八代謂東漢、三國、晋、宋、齊、梁、陳、隋。韓愈闢佛老作《原道篇》上，《諫迎佛骨表》故曰道濟天下之溺。

唐代爲古文者，如柳宗元、劉禹錫、李觀皆愈之友，皇甫湜、李翱、歐陽詹皆愈門人。爲詩者如孟郊、盧仝皆愈密友，賈島、李賀、張籍皆愈門人。其詩皆能各成一家，晚唐詩人爲詩多師賈島。

《唐書》愈本傳，當時人仰如泰山北斗云

張籍之文，今存二篇，附韓愈集後。其文不在李翺、皇甫湜之下。

《曾文正公文集》內有《歐陽生文集序》叙桐城派源流甚詳，方苞傳於劉大櫆，劉傳於姚鼐。方、劉姚皆桐城人。或曰『天下文章皆在桐城乎？』桐城派古文家最晚逝者，有吴汝綸、馬其昶（字摯父）在光緒時尚存。

廣韵　有三種版本。一種爲張氏澤存堂本，字數多注亦較詳，前有景德祥符敕牒，陸序、孫序，第五卷末附有雙聲疊韵法。第二種爲明内府本即顧亭林刻本，字少、注略，卷首僅有孫序，又缺『論曰』以下一段，第五卷末亦無附録。第三種爲曹楝亭本即揚州刻本。前四卷同張本，末卷注較略，而又與明内府本异。

《音學五書》　顧炎武撰。　五書一曰《音論》。上卷分三篇（一）古曰音，今曰韵（二）韵書之始（三）唐宋韵譜异同。中卷分六篇（一）古人韵緩不煩改字（二）古詩無叶音（三）四聲之始（四）古人四聲一貫（五）入爲閏聲（六）近代入聲之誤。下卷分六篇（一）六書轉注之解（二）先儒兩聲合義之説不盡然（三）反切之始（四）南北朝反語（五）反切之名（六）讀若某共十五篇。二曰《詩本音》即主陳第詩無叶韵之説但即本經所用之音互相參考證以他書，明古音原作是讀非由遷就南宋以來隨意叶讀之謬論，至此廓清。三曰《易音》即《周易》以求古音，其音往往與《詩》不同，又或往往不韵，故所注凡與《詩》音不同者，皆以爲偶用方音，而不韵則闕焉。四曰《唐韵正》，以古音正唐韵之訛。五曰《古音表》凡分十部，皆以平聲爲部首，而三聲隨之。惟其書成時，舊本《集韵》與别本《廣韵》皆未出，故不知唐宋部分之异同。由於陳彭年、丁度，又唐《封演聞見記》亦未刊行，故亦不知唐人官韵定自許敬宗，然全書持論精博，發明古義，則陳第之後，炎武迄爲正宗也。

《禹貢錐指二十卷》　胡渭撰　渭素習《尚書·禹貢》，謂孔沖遠、蔡沈於地理皆疏舛，如『三江』當依鄭康成説，庾仲初之言不足信。『浮於淮泗達於河』『河』當從《説文》作『菏』『滎波既猪』『波』當從鄭康成作『播』。梁州之黑水與導川之黑水不可混爲一談。因足疾，家居博稽載籍及古今注釋，考其同异，而折中之。依經立解，章别句從，成《禹貢錐指廿卷》。『錐指』者取《莊子》《秋水篇》『用管窺天，用錐指地』之意，言所見者小也。

三大奇書　顧祖禹《讀史方輿紀要》，梅文鼎《曆算全書》，李清《南北史合抄》。

《讀史方輿紀要》　凡職方、廣輿諸書，承僞襲謬者，皆一一駁正。詳於山川險要及古今戰守之迹，而景物名勝皆在。略讀其書，可以不出户牖，而周知天下之形勝，爲地理學者莫之或先焉。

《儀禮鄭注句讀》　張爾歧以《儀禮》鄭康成注文古質樸，賈公彦《釋義》曼衍，學者不能尋其端緒，乃取經與注，章分之，定其句讀，疏其節，録其要，取其明注而止。有疑義，則以章斷之，亦附於末。始名『儀禮鄭注節釋』後更名《儀禮鄭注句讀》又參定監本脱誤凡二百餘字，並考石經脱誤凡五十餘字，作正誤二篇附於後。

《繹史一百六十卷》　馬驌撰。分五部：一曰太古，三皇五帝，計十篇；二曰三代，夏商西周，計二十篇；三曰春秋十二公時事，計七十篇；四曰戰國春秋至亡秦，計五十篇；五曰《外録》，紀天官、地志、名物、制度等計十篇。

《蛾術篇一百卷》　王鳴盛撰。其目有十：説録、説字、説地、説制、説人、説物、説集……其書辨博詳明，與洪容齋不相上下。

《十七史商榷一百卷》　主於校勘本文，補正訛脱，審事之虚實，辨紀傳之异同。最詳於輿地、職官、典章制度、獨不喜褒貶人物，以爲空言無益也。

八、史通

余嘉錫

讀《史通》有二家注本可資參攷，即浦起龍《史通通釋》求放心齋本、自刻本、翻刻本、石印本，與黄叔琳《史通訓故補》乾隆刻本，重刻本。

《史通》無注。《四部叢刊》影印明刻本，明刻本中错訛字仍多。《史通》宋刻本甚少，至清康乾兩朝時尚可見。何焯義门校本即據宋本。浦起龍作通釋時則未見宋版。

《史通》頗有重注之必要，重注首須校正誤字，而後方可言注。

南宋末劉辰翁，字會孟，號須溪，為批評家。明孫月峯，清何焯，亦批評家。何義门不僅講訓故，且講求文法，批有《困學纪聞》（不僅批且有注）。何氏之批評法較進步，惟全謝山、（祖望）对何氏不甚赞同。

梁劉勰《文心雕龍》，鍾嶸《詩品》為詩文評中最佳之書。唐劉知幾《史通》為史評最佳之書（对於歷代正史皆加以評隲，有發揮，有卓見）。

清《四庫全書》史部末有史評類，集部末有詩文評類，宋歐陽修《六一詩話》，司馬光《續詩話》皆詩文評家。

《史通》自史漢以下史書皆逐一批評，目光遠，見解深，進一步且論史法，本紀、世家、列傳、表、志之作法，除《春秋》不敢批評外，自《左氏》《公》《穀》至《史》《漢》《三國》無不月旦，惟对左氏、馬、班諸家亦頗推重。

唐高宗時劉知幾為史官，曾親見太宗時修史原稿。

《自叙》（內篇）《忤時》二篇述及著《史通》之本義。

清安徽黟縣湯球輯各家晉書、晉纪、晉春秋，廣雅書局有刻本，但其書極不佳。湯為朱駿聲弟子，精小學，廣雅書局為張之洞所設立，刻史書最多。

現今讀史書有二難處：一、史籍浩瀚，窮畢生之力不可殫讀；二、史文闕佚，又患書少，前人所見之書，今佚大半、材料不足，猶論科學而無儀器。

劉知幾時所見之書，今雖有亡佚，惟經《史通》引而評介者，今日雖不可見原書，亦可就《史通》所引窺其大畧。

劉知幾不反對駢文，然反对用駢文修史。八代之文趨於繁複，不僅為文尚駢体，即修史亦用駢體，如《後漢書》論赞叙，皆駢体，此為史學之一大障碍。蓋叙事用駢体，其中隸事有一二難解者，则讀之者對史實之真相可能發生誤解。

韓文公之主用散体，去駢体，未嘗非受劉知幾之影响。

劉知幾謂史有三長，才、學、識也。

《六家》《二體》兩篇為《史通》全書綱领。

宋人对古書多所懷疑，然此類懷疑不甚正確，往往事實未能清楚即認為無理。尋求証據，須尋與己意契合者，亦須尋與己意相違者，不可偏倚。宋人則只凴己意，然不為古人所囿，亦有可取。《尚書》，南宋時吳才老，（棫）及朱子熹始疑古文《尚書》，至元之吳艸廬、（澄）注《尚書》遂只注今文廿八篇，而删去古文不注。明梅鷟作《古文尚書攷异》（有平津館叢書刊本）始確指其偽。清閻潛丘、（若璩）作《尚書古文疏証》（辨正古文《尚書》之偽凡百廿八條，書在《續皇清經解》中）。

《今文尚書》—孝文時求能治《尚書》者，闻伏生治之，欲召。時伏生年九十餘…使晁錯往受之。秦時焚書伏生壁藏之。其後大兵起流亡。漢定，伏生求其書，亡數十篇，獨得廿九篇，以教於齊魯之间。《史記》云廿八篇，《漢書》则云廿九篇。或曰多《泰誓》（見《史記》《周本紀》。而今文《泰誓》亦偽作）。或曰多書序（余季豫先生韙此說）。民初洛陽發現後漢石經（殘），其中發現之『熹平石經』，即有書序（見羅振玉熹平石經殘字）。

《古文尚書》—武帝末魯恭王（餘）壞孔子宅，欲以廣其宮，而得《古文尚書》。孔安國悉得其書，以攷廿九篇，得多十六篇，安國獻之，遭巫蠱事，未列于學官。

偽《古文尚書》—五胡之亂，書籍散佚。東晉梅賾上孔傳古文《尚書》五十八篇（多偽）模拟類似，所引亦古書，然非《尚書》原文。且僞作孔傳，凡諸子百家所引《尚書》文皆收入，故人以為真。唐太宗時孔颖達作《五經注疏》亦用孔安國本（偽孔傳），故劉知幾時代亦不知。舍今文廿八篇外，皆為偽作也。

自辨偽風氣盛行，一般學者以為廿八篇内亦有偽者，如以為《堯典》為武帝以後漢人所作，然無憑證。《古文尚書》《大禹謨》（今文無）「人心惟危，道心惟微，惟精惟一，允執厥中」。「人心惟危，道心惟微」出《荀子》。「惟精惟一」出《孔叢子》，「允執厥中」梅鷟謂此句出《論語堯曰（堯曰篇「堯曰，『咨爾舜，天之曆數在爾躬，允執其中』）》。由此可知《古文尚書》之偽。

崔適《史記探源》对《史記》懷疑，以其中有劉歆偽作者（求疵太過）。康有為《新學偽經攷》原主此說。錢穆著《向歆父子年譜》乃駁正康氏之說。

河圖、洛書—《書》《顧命》，『回天球河圖在東序』。

孔子觀書於周室—《孔子家語》有觀周篇定為《尚書》百篇—見《史記孔子世家》。

晉孔衍有《漢尚書》、《後漢尚書》、《漢魏尚書》（《唐書藝文志》、《隋書經籍志》皆著錄）。故史書中有尚書體。逮後世之詔令奏議其体皆《尚書》家也。

唐詔令今仍存，見《詞苑叢書》。

唐有陸宣公贄，宋有包孝肅拯奏議，明黃淮等歷代名臣奏議。清賀長齡、魏源等所編清《經世文編》胡文忠、左文襄、曾文正諸公奏議，使加編帙則皆《尚書》家也。

記史完備莫過於《春秋》、《史記》兩家，《尚書》雖屬史類，而非史。故劉知幾謂《尚書》家不行於代，《史通》六家「原夫《尚書》之所記也，若君臣相对，詞旨可称，则一時之言，累篇咸載。如言無足紀，語無可述，若此故事，雖有脱畧，而觀者不以為非」。

晉太康二年，汲郡人不準，發魏安釐王冢，得漆書竹簡，其目錄詳見《晉書束晳傳》。內中有《瑣語》四卷今亡。清洪頤煊《經典集林》內有輯本（共十餘種）。束晳諸人按文義編次有《竹書紀年》（竹書宋時尚存，惟已殘闕，今存非原本，乃明人所偽作。王國維遺著有《竹書紀年存真》《竹書紀年辨偽》）。

《春秋》：杜預《左傳序》曰《春秋》者魯史記之名也。以事繫日，以日繫月，以月繫时，以时繫年

：年有四時，故錯舉以為名也。

孔子何不修《宋春秋》，而修《魯春秋》，即以魯史較佳之故。

晉韓獻子来聘，見《易象》與魯《春秋》曰「周禮盡在魯矣」。周禮即指周代文化而言。魯為周公後，周公子伯禽封於魯，故魯之文化最高。

孔子據魯史修《春秋》與周文化合者存之，違者刪之。據人事，仍人道，就敗以明罰，因興以立功，善以示法，惡以為戒。

《太史公書》本紀法《春秋》，大事書，小事不書。歐陽修《新唐書本纪》亦宗《春秋》，自高宗至昭宣帝只二卷書。

《左傳》之『春秋』諱國惡。《公羊傳》之『春秋』為尊者諱，賢者諱。

史貴直書，然《春秋》猶有隱諱。如魯國君被弑，隱公為桓公所弑，桓公又為齊人所弑，皆不書某年某月某人弑公或公薨於某。但書某月日公薨（此即所謂微而婉也）。然不云其死於某地者，明示其不得死所也。後人讀之，固可揆其意也。

為尊者諱—即論語「子為父隱，父為子隱，直在其中」之理也。

為賢者諱—《論語》子曰『加我數年卒以學易，亦可以無大過矣』。以孔子之贤，尚不敢言無過，况其凡乎。故為贤者諱者，正使其知戒而有所改過也。史遷以下，不當諱而諱，不當褒而褒，史法不講

久矣。

《左傳》。《史記十二諸侯年表》序云孔子作《春秋》，魯君子左丘明受經於孔子，懼弟子人人安其意，失其真，故論本事而作傳，明夫子不以空言說經也。

唐人詩『天不生孔子，萬古如長夜』。自平王東遷，天下大亂，皇皇無主。孔子代行教化，以《詩》、《書》、《礼》、《樂》教生徒（《禮王制》春秋讀《礼》樂，秋冬讀《春秋》。古太學即以《詩》《書》《礼》《樂》教學子）。因之《詩》，文學；《書》、歷史；《禮》、法度、典章；《樂》皆得以傳，故孔子惟一之功，即傳揚文化。

古有簡書、策書。左丘明即據晉國策書而作傳。

朱子《綱鑑》簡單如《春秋》，《通鑑》詳細如《左傳》。春秋隱公元年曰元年春王正月，《左傳》則曰元年春王周正月，不書居位，攝也。《春秋》止於魯哀公獲麟（哀公十四年），《左傳》則持續。

魯隱公元年即周平王廿四年。

《國語》韋昭注，称《國語》為春秋外傳。

《漢志》春秋家有《國語》二十一篇。左丘明著。《國語》記事與《左傳》同，然文章迴異。故《漢志》云左丘明著，不言作也。

《國語》始於周宣王伐犬戎。其末云『得四白狼，四白鹿以歸，而荒服不至』。此所以著宣王之末，夷狄不服，而周始衰，故至幽王時，遂為犬戎所滅。平王始東遷，而為《春秋》之始也。

荒服——《書》《禹貢》五百里甸服…五百里侯服…五百里綏服…五百里要服…五百里荒服，三百里蠻，二百里流（距王畿二千五百里）。荒服古即外國（夷狄）。先是荒服不至，後侯服、甸服亦不至。《春秋》時晋楚爭盟，而晋常為伯主，至哀公時，吳晋為黄池之會，而吳為長。中國無伯，及越滅吳而句踐為伯。於是夷狄强而姬姓弱，無王無伯，天下乃變而為战國矣。此《國語》所以终於句踐滅吳也。厲王、宣王雖無道，諸侯尚懼不敢不聽。自幽王寵褒姒，廢宜臼（平王），立褒姒子伯服，申后不服。申后父申侯約犬戎伐周。諸侯離心離德，坐視不救，幽王遂被殺。

《春秋》時齊桓公會葵丘，遵王室，周封之曰伯。宋襄公称伯，為楚所敗。周又封楚為伯。伯可以輔天子。

《春秋》五伯之說齊桓、晉文、楚莊、秦穆、宋襄（應劭《風俗通》，高誘注《吕覽》）。

齊桓、晉文、楚莊、吳闔盧、越句踐（《荀子議兵》篇、《王霸》篇）。

荀悦《漢纪》依《左傳》作法，共三十篇，編年体。

張璠《隋書經籍志》《後漢纪》三十卷，張璠撰。

孫盛有《晉陽秋》三十卷。晋简文帝鄭太后名春，改『春』為『陽』，故曰陽秋。

干寶有《晋纪》。自宣迄愍凡廿卷。裴子野有《宋畧》廿卷。《晋紀》為編年体。

敦煌所出古書有《春秋後語》殘卷。

《漢志》春秋家有《太史公書》百卅篇，有馮商所續《太史公書》七篇。史記之名見《三國志》王肃傳。

《史記》《漢書》皆紀傳体，可以分為兩家。蓋《史記》為通史，《漢書》為断代史之故也。《史記》

上迄黄帝，下止漢武，其書通前至後，故為通史。《漢書》上起高祖，下止王莽，断代為書，故為断代史。

後漢班彪作後傳未竟而卒，子固纘父之緒，自漢高起止平帝，凡與《史記》相同者，如高祖、吕后、惠帝、文帝、武帝多沿《史記》文，畧有改易。

後唐李延壽《南北史》，宋歐陽修《新五代史》，皆通史。

颜延年『陶渊明誄』，称有晋徵士陶渊明。渊明為晋遺民，不願為宋百姓，故颜氏称晋徵士。

范仲澐《諸史平衡》，陶潛已在《宋書》隱逸之首，而潛本晋完節之臣，應入晋史，故仍列其傳於晋隱逸之内。

《史通》書志篇以《漢書》十志，上起漢前為昧於断限，尤以《藝文》、《天文》兩志為非。

《隋書經籍志》史部有正史，有古史。正史即紀傳，古史即編年。而《史通》《古今正史篇》以纪傳、編年皆為正史，而兩《唐志》改古史之名為編年，於是後人獨以紀傳為正史。

東漢後，國史有《東观漢記》。兩漢不禁私人修史，《史記》、《漢書》皆私家著述。編年体如荀悦《漢纪》，晋袁宏《後漢記》，張璠《晋纪》皆私人所修。

荀子『約定俗成謂之宜』專以紀傳体爲正史，不甚合理，然亦約定俗成不易更改也。

范曄《後漢書》前有謝承（吴武陵太守）《後漢書》。清孫志祖有輯本，南京蟠龍里國學圖書館有石印。清汪文臺《七家後漢書》，光绪時刻本。

范曄《後漢書》自梁劉昭為之作注而大行。昭以范書無志，乃用司馬彪《續漢書》之志，附入范曄書以補之。唐章懷太子賢集諸儒重注范書，而劉昭之注廢。然章懷所注於志仍用劉昭所注，仍是兩事。宋初孫宣公（奭）奏請以昭所注志仍入范書，於是後来所刻《後漢書》皆有志矣。故凡引《後漢志》仍称為《續漢志》也。

謝承《後漢書》百卅卷，詳於南而畧於北。司馬彪作《續漢書》（意在继續班固）八十卷。不甚詳細，後人則以為彪書優於謝書。又有華嶠作《後漢書》（九十七卷）袁山松作《後漢書》（一百卷）等，然瑕瑜互見，不能兼備。至劉宋范蔚宗著《後漢書》合各家《後漢書》以華嶠書為主，他書輔之。

范曄前諸家《後漢書》兩《唐志》皆有著錄，李善注《文選》，歐陽詢《藝文類聚》，徐堅《初學記》皆引有各家《後漢書》。

劉昭注《後漢書》亦不重在訓釋，而在材料補充，與裴注《三國志》同，然今亡。《隋志》有劉熙《後漢書》注一百九十二卷，即劉昭也。

曄作《後漢書》以志付謝儼，及曄事敗，儼悉蠟以覆車。

唐時科舉之制以范曄《後漢書》及劉昭所注為一史，今引書當称『續漢志』不當称『後漢志』。

范曄作《後漢書》以華嶠書為主，故其傳論之下，往往有章懷注曰：『以上皆華嶠辞』。

姚振宗《隋書經籍志考証》師石山房叢書浙江圖書館珍本叢刊，未完。廿五史補编本又有補晋書藝文志，補三國志藝文志，補《後漢書》藝文志。

《廿五史補编》—凡對廿五史有関之書如補表，補志等皆收入。

王隱、虞预、干寶、臧榮绪諸家晉書。清湯球有輯本，廣雅書局刻，但其書不佳。

魏徵《羣書治要》（在四部叢刊内，日本有單行本）内所抄《晋書》即用臧榮绪書。裴子野《宋略》亦收在《羣書治要》内（廖按《羣書治要》内並無《宋略》當是余先生口誤）。

王隱有《晋史》。

東晋何法盛著《晋中興書》，自元帝始。

唐太宗以晋書各家皆不佳，乃詔定重修晋書以臧榮绪為主。

臧榮绪参攷何、王、虞、干、孫諸家，括東西晋為一書，上迄宣帝下止恭帝。臧書之前，《晋書》本分二部一、《晋書》（東晋），二、《晋中興書》（西晋）。然東、西晋合不過百餘年，不必若前、後漢之分為二，故臧榮绪乃合而為一。

輯古書當以類書為主（最早類書為虞世南《北堂書鈔》）。湯球不曾見《北堂書鈔》原本，所見乃明人所改本。改本凡見原本引華峤、謝沈《後漢書》皆改作范曄《後漢書》。原本引王、虞等《晋纪》改本亦改引。唐修之《晋書》，事蹟雖同，然失原貌。後有孔廣濤鈔本《北堂書鈔》方是明前原本。

沈约《宋書》為纪傳体，裴子野《宋略》為编年体，《古今正史》謂《宋略》優於《宋書》。《古今正史》『齊著作郎沈约製成新史…名曰《宋書》…河東裴子野更删為《宋略》二十卷，沈约見而歎曰：『吾所不逮也』由是世之言宋史者，以裴略為上，沈書次之。

裴子野父裴駰，祖松之，為史學世家。

清章宗源有《隋書经籍志考証》只存史部八卷（湖北武昌書局刊本）。

王重民有清代兩大輯佚家傳（在輔仁學誌内）兩大家者，章宗源，與馬國翰也。

馬國翰有《玉函山房輯佚書》（經史子集皆有，而以經為多）。湖南長沙小字本。其書後佚，只餘子部。洪楊乱後始重出。

《易》曰「上古結繩以理…」《易繫辞》作『古者結繩而治』唐高宗名「治」，故唐人避諱改治為「理」。

《繫辞》作『古者』《史通》引則作『上古』。唐人引書往往改字，宋人则不喜改。清人引書，则绝不允改原書隻字（近於科學）。

唐避世民諱改世曰『代』，改民為『人』，或闕筆作廿巳（經書字不改而以闕筆諱之）。《漢書》師古注『漢高祖諱邦，「之」字曰國』「之」者变也。宋人避諱最多，一帝之名，往往避諱至数十字。如英宗名曙，不僅避『曙』字即『樹』字亦避而改作『木』。元朝则無避諱。清雍正時即不避諱（參看陸費墀《歷代帝王庙謚年諱譜》）。

《春秋傳》載楚左史能讀《三墳》、《五典》。《左傳》楚子（靈王）與右尹子革語，左史倚相趋过，王曰：『是良史也，子善視之，是能讀《三墳》《五典》《八索》《九邱》。杜预《集解》曰伏羲、神農、黄帝之書謂之《三墳》，言大道也。少昊、顓須、高辛、唐、虞之書謂之《五典》，言常道也（並見偽孔傳序）。

偽孔傳序：八卦之說，謂之《八索》…九州之志謂之《九丘》。

裴子野《宋畧》二卷係在唐許嵩《建康實錄》內，有照曠阁刻單行本，江寧甘氏新刻本。

《周禮》無今文，當是刘歆所偽作。宋人疑《周禮》並疑《左傳》（蓋《左傳》亦傳自刘歆）。

崔適《史記探原》謂《史記》曾经刘歆所改，非司馬原文。錢玄同極服膺其說，且尊之為師，亦以為《史記》多偽。《漢書》亦有問題，甚至以為凡古書皆偽，此則矯枉過正。古書中當然有可懷疑處，不應疑所不當疑，以貽因噎廢食之譏。

馮商為刘向弟子，成帝時奉詔撰《續太史公書》八篇。六朝前其書尚存，上起武帝太初，下止哀帝。

楊樹達疑《漢書》《馮野王傳》為馮商所作。

周太史、小史、內史、外史掌文教，亦兼司天文。漢太史則只司歷象，不司史職。司馬遷《史記》私修者，徵詔校書—即為校書郎。漢代藏書於東館，調尚書郎至東館校書，称校書郎。桓帝後乃專立校書郎。

《史通書志篇》称《漢書八表》撰述不佳，可廢。《断限》篇謂《漢書表》不當列入漢以前事，而《古今人表》猶屬可廢（蓋以為只有古人而無今人，不僅昧於断限，抑且名實不符）。

余季豫以為界限不必過嚴，如陶潛晋人，而卒於劉宋，而何法盛著《晋書》時渊明尚未出世，何書自是無傳。然如《宋書》以渊明為晋人不當入宋史，則可能遺漏其人。又如隋末王通（文中子）《隋書》無传，《唐書》亦無專傳，於是宋人乃懷疑其人之有無。清朱彝尊、竹垞著《经義攷》亦以為並無其人，此即誤《隋、唐書》無传之故。實则《文中子》一書，真偽互見，非盡偽也。

班固感《史記》卷數過少，必有遺漏，因作『《古今人表》』以補《史記》之闕。「今人」皆見《漢書紀傳》，不必復列入表內也，故劉氏以為《古今人表》可廢，余先生则不以為然。

清梁玉绳有《古今人表攷》。

《漢書》注家甚多，而以献帝時應劭注為最早。

明帝曾自撰『光武本纪』。《後漢書東平王蒼傳》言『上以所作光武本纪示蒼』。蓋班固奉詔作成。後明帝又有所改正或鑒定，此猶唐修《晋書》，題為太宗皇帝御撰也。

《晋書》題御撰，其實只宣帝纪、武帝纪，王羲之傳，陸機傳為太宗親筆所撰。

《史記》项羽非天子而為立本纪；孔子非諸侯而為立世家；此為例外。蓋項羽當秦漢之際馳騁一時，勢捋帝王，故為立本纪；孔子爵位雖非世禄，而其學則傳数十代而不衰，故為立世家。

《四庫提要》單有載記一類，如《五國春秋》，《十六國春秋》，《南唐書》等事。

賈誼在文帝時上疏請『众建諸侯，而少其力』。武帝時，用其策乃詔許推恩封王子為侯，故《漢書》有《王子侯表》。

漢高祖刑白馬而盟，非劉氏不王，非有功不侯。武帝時，公孫弘以丞相封平津侯，以及外戚多以恩封侯，故《漢書》有《恩澤侯表》。

公孫弘以布衣至宰相，故武帝時，凡丞相、御史大夫亦皆封侯，無战功而封侯故曰『恩澤侯』。

東漢光武即位，司徒、司馬、司空三公亦皆封侯。

南單于即呼韓邪單于。匈奴有南、北二單于。後二單于交惡，南單于求援於漢，願称臣，漢亦與之和親（漢瓦當鑑背多刻『單于和親』四字）。

『大軍營』乃『大將軍冀』之誤。《後漢書》《崔寔傳》謂寔官大將軍，冀司馬大將軍，冀即梁冀也。

由此可知《史通》之誤。

孝穆、崇二皇《通釋》謂當是獻穆、孝崇二皇后，誤矣。蓋東漢桓帝以蠡吾矦即位，追尊其祖父，以其非天子，故皇而不帝，作傳而不作本纪。

漢高祖即位，尊其父但称太上皇，而不曰帝。南宋高宗，清乾隆倦位，则尊之曰太上皇帝。

《東观漢記》今存廿四卷。乃四庫館自《永樂大典》内輯出。此書在南宋時只存八卷，見《書錄解题》及王應麟《玉海》引《中央書目》。《永乐大典》所收蓋南宋以後人，从各類书中抄集而成，四庫本又據類書加以補輯者也。今存廿四卷，在武英殿《聚珍版叢書》内。

《隋書经籍志》史部有《東观漢記》一百四十三卷，漢長水校尉劉珍著，起光武至靈帝。

《舊唐書经籍志》有《東观漢記》一百廿七卷，刘珍撰。《新唐書藝文志》作一百廿六卷，又録一卷。

日本《现在書目》（藤原佐世著見《古逸叢書》）載吉備真備在唐所得《漢記》仍為一百四十一卷。

《東观漢記》廿四卷，武英殿聚珍本，係乾隆四庫全書館用《永樂大典》所載，補以各類書所引，輯為一编，然多所漏畧，如《太平御覽》所引即有未经輯出者，其他更無論矣。

宋神宗時，感范曄《後漢書》不善，擬尋《東观漢記》以修正之，然彼時已佚。其後會高麗王有疾，求醫於中國，醫者於高麗發现有《東观漢記》因携歸。

《文獻通攷经籍攷》《東观漢記》下有羅願序一篇。

乾隆時改活字版曰聚珍版，由武英殿刻出。翻刻者，以福建較多，後廣東版《聚珍版叢書》猶多，其中有《東观漢記》。

宋代諸書所引《東觀漢記》多條，其中有武英殿聚珍版所未收入者。

班固《高祖本纪》記載極清楚。高祖微時，称劉季，後称沛公，称漢王，称帝。《後書》称刘秀亦初称世祖，继称公，称王，称帝，聚珍版《東觀漢記》则概称為帝，雖求劃一然失其實。

《史記》称『書』，《漢書》称『志』，華嶠《漢後書》称『典』其實一也。

《後漢書》以華嶠最佳。其書本未完成，後復遺佚大半，所存三之一耳。至劉宋宣城太守范曄，綜合各家，刪烦補畧，作《後漢書》。

今《後漢書》中志卅卷，係梁劉昭為范曄書作注時，取司馬彪《續漢書》志以補之。

《後漢書紀傳》為章懷太子贤集众學士所作，志则係刘昭所注。宋孫奭合章太子及刘昭注刻為一部。

研究《後漢書》除參孜《東观漢記》外，尚須讀汪文臺《七家後漢書》，惠棟《後漢書》補注，王先謙《後漢書集解》。（姚之駰《後漢書補逸》每條之下不引出處，不甚佳）。

王先謙字益吾，其《後漢書集解》雖較佳，然遠不如《前漢書》補注。

三國魏史以魏為正统，故諸葛亮伐魏称入寇。宋朱子始以蜀為正统，蓋因習鑿齒也。

韋曜原名昭，避諱改。然周昭何以不避？蓋因其名不如韋曜顯彰故也。

宋人刻古書亦避諱。宋钦宗名桓，改周桓王、齊桓公為周威王，齊威公。古書中则缺末筆作桓，後每誤為栢。宋高宗名構，書中凡遇構字，皆作太上御名。今人見書中有太上御名者，即可断為高宗時刻本。

清避康熙諱，玄改元，曄改曅。

《三國志》《諸葛亮傳》評言其不置史官。

杭世駿、侯康均有《三國志補注》。杭書在道古堂全集内，侯書在《學海堂文集》内。趙一清有《三國志補注》，有刻本，不易得。北京大學有影印本（趙書有廣东廣雅書局版）。近人盧弼（湖北沔陽人）。有《三國志集解》但其書未必佳。

杭世駿字大宗，號堇浦，於裴注外凡有関於三國志者，皆搜集於一起，但有時材料採自小説野乘，不盡佳。趙書蒐羅更多，亦不盡可靠。

張勃《吳錄》。張勃為張翰季鷹之父，其書異闻錯出，不置一顧，與習鑿齒《魏氏春秋》，《江表傳》等價值不同。

三國魏明帝時立著作郎，始為史官之始。

唐大詔令卷八十一，有贞观廿年闰三月修《晉書》詔。其畧云：『晉氏膺運，制有中原。上帝啓玄石之圖，下武伐黄星之德，及中原鼎沸，江左嗣興，並宅寰區，各重徽號，足以飛英麗華，捋美叢書，但十有八家雖存記注，而才非良史，事虧實錄。荣緒繁而寡要，行思勞而少功（謝沈字行思）叔寧課虚（虞预字叔寧），滋味同於畫餅，子雲學海（蕭子雲），涓滴湮於洪流。虞叔不预於中興（王隱字虞叔），法盛莫通於創業（何法盛）。洎乎干（干寶）、陸（陸機）、曹（曹嘉之）、鄧（鄧粲）、略記帝王。鸞（檀道鸞）、盛（孫盛）、廣（徐廣）、訟（訟當作謙，謂刘謙之也）、纔編載記。（晉史十八家以上所舉者十四家）《其餘四家》不詳。其文既野，其事罕傳。遂使典午清高，韜遺芳於简册；金行曩誌，缺继美於驪騵。遐想寂寥，深為歎息。宜令修國史，所更撰晉書。銓次舊闻，裁成義類，俾夫湮落之誥，咸使發明。

唐大詔令宋敏求编，適園叢書内有刻本。

魏明帝時，張掖郡玄石負圖，五馬同槽。其文有曰『大討曹』，又曰『今當取之』。乃下詔書令改『討』字為『計』字（参看《明帝纪》三年秋七月裴注）。

伏羲以木得王，周以火得王，晋以土得王（色尚黄）。

揚子《法言》曰司馬遷為實錄。

《三國志》魏明帝曰：『名士如画餅』。《後漢書》《儒林傳》「何休學海」。

典午、司馬也。见《三國志譙周傳》。

湯球所輯各家晋書、晋纪、晋春秋、廣雅書局有刻本。但其人見書太少，錯誤太多，實不可用。今之學者應加編輯，廣搜博采，以彌此憾。

凡唐以前人所引《晋書》不著姓名者，大抵皆臧榮緒書。此說見張聰咸《经史质疑錄》。張為清嘉慶時人。

裴氏世代史學。松之有《三國志注》，其子駰有《史記集解》，孫、子野作《宋畧》。唐人《建康實錄》中叙宋事三卷，即抄自《宋畧》，故猶有裴子野曰云云。

梁武帝萧衍，其父顺之為萧道成功臣。梁武亦萧鸞之黨。

《弘明集》中收武帝及萧统、萧綱、萧繹等宣揚佛教之詩文甚多。

周興嗣著有《梁皇帝實錄》五卷。實錄之名，源於揚子《法言》。

梁元帝《金樓子》内有聚書篇，著書篇。

梁末大亂，統子蕭詧自立為帝，是為後梁。

唐贞观中李延壽合宋、齊、梁、陳、隋為南史。北魏、北齊、北周為北史，較原来單書為佳。司馬光修《通鑑》亦本之《南北史》。《四庫提要辨証》曾論及梁、陳及南、北二史。今本《宋書》往往以《南北史》或其他材料補入，非盡為沈约原書也。

宋仁宗時分命諸臣劉恕、范祖禹等校讐諸史，而南北八書多殘，以李延壽《南北史》及高氏《小史》（唐高峻）及其他各書（如魏澹《魏書補》，魏收《魏書》）補其亡缺。其刻本存者有蜀本，其版在明時尚在。南京國子监後编入《南监本十七史》之内，今涵芬樓影印之《廿四史》即是此本。宋福建麻沙地方書坊甚多，刻本最不考究。浙本較佳，蜀本亦佳，今《百衲本廿四史》即用蜀版、宋本。

《涵芬樓廿四史》有宋本，有正德、嘉靖、萬曆、崇禎、歷朝所補，称五朝本（不佳）。

南监本《廿四史》較北京本為佳。

傅暢有《晋諸公讚》。《世說新語》注，及諸類書多引之。

趙穿弑靈公，董狐書曰：『趙盾弑其君以示於朝』…孔子曰：『董狐古之良史也，書法不隱』。

《古今逸事》明刻本，有《華陽國志》清廖氏有單刻本。

《華陽國志》有吳琯《古今逸事》本。清廖寅刻本（顧千里校），四部叢刊影印舊鈔本，以廖本為最佳。

《華陽國志》命名由於《書·禹贡》『華陽黑水為梁州（蜀地），故名華陽國志。

揚雄《方言》十三卷，《漢志》未言，見於《華陽國志》。

朱昆田有《南北史識小錄》。郝懿行有《宋瑣語》。

《南北史》較八書為简，只列傳、本纪，而八書则或有表，或有志。

八書称皇帝称祖、称宗，南北史则称帝。即八書称廟號，南北史称謚法。如南北史称梁武帝、梁元帝。

《梁書》称高祖、称世祖。

《華陽國志》係地方史，除编年叙事外，有各郡士女讚，猶之地方志書中之人物傳也。此書以廖寅刻本為善，《四部叢刊》所印者，乃清末吕無黨手鈔本（顧千里據影宋本校，甚佳）不如廖刻之善。

凡十六國之書，《隋志》均收入霸史類。

明人屠喬孫從各書中輯出不足者，補以他書，仍題崔鸿之名。故《四庫提要》以為偽書，其實無一字無来歷，所失者不注出處，又不自言為輯佚，而欲以古書復出，欺世人耳。

清人黟縣湯球重輯《十六國春秋》。廣雅書局有刻本，雖所輯皆崔鴻原書，但其人见書太少，遺漏脱誤不一而足，非善本也。

崔浩與天师寇謙之友善，故極重道教。道武帝信其言，故廢佛教。其後崔浩以國史得罪死，僧徒以為是廢佛之報。

文帝令改胡姓為漢姓，拓拔氏，改為元氏其餘胡姓亦皆改之，故北魏有『官氏志』。

晉元帝過江《隋書經籍志》云『文物典章，盡歸江左』。

温子昇曾奉詔撰碑立於蘭陵。庾信讀而寫其本，語人曰：『惟有蘭陵片石，堪共語耳，其餘驢鸣犬吠耳』。

魏文帝有『弔比干文』，用離騷体，極佳。

《北齊書魏收傳》言當時人號為『穢史』。

魏澹重修《魏書》至唐亡佚，只存数篇，今《魏書》中之《太宗本纪》及《天文志》即澹所作也。

《魏書》叙南朝使臣之来，輒書曰某使来朝；南朝皇帝之崩，書某人卒。《南北史》改来朝為来聘；皇帝之卒，改為某帝殂。

唐有《顺宗實錄》，韓愈著，附於《韓文公全集》中。《四部叢刊三編》有影印本八卷不全。

唐宋人修史皆先有日曆、起居注、實錄，然後修為纪錄体之正史。至明只有實錄，而無正史。明人所称為國史者，即實錄也。凡實錄於某日、某官、某人卒之下，即附其人之列傳。至隋之實錄則不附列傳，與國史分而為二矣。

實錄亦編年体，無紀傳。

劉煦等之《舊唐書》，開元以前皆純用徐堅、韋述原稾。

南北朝至唐皆為佛教盛行時期，故欲研究此時之政治文化等，必同時明瞭佛教方可。

祖珽曾奉詔撰《修文殿御覽》今存殘本一卷在鳴沙石室古佚書内。珽為人有文無行，但為宰相時，頗為人所称颂。颜之推《家訓》甚言其美，珽曾盗《華林院遍略》，其《修文殿御覽》大约即出於此書。

江都今揚州，隋時為佳麗地。帝問四人之願，一曰，願得十萬貫；二曰，願為神仙而騎鶴；三曰，願家居揚州；四曰，願腰纏十萬貫。騎鶴下揚州。帝以是慕揚州之景，而有江都之禍。

曾公亮上唐書表云：『其事则增於前，其文则省於舊』。

刘安世《元城語録》以為事增文省，正《新唐書》之病痛。

贺知章称太白為謫仙人，故太白為仙才，李長吉贺為鬼才。

嗚皋歌送岑徵君云：『若有人兮思嗚皋，阻積雪兮心劬勞』。

白有贈杜二古風「飯顆山前逢杜甫，頭戴笠子日卓午。借问别来太瘦生，総為從前作詩苦」。

《書》曰：『惟辟作福，惟辟作威，以毋有作福作威』。

《韓詩外傳》云：『君子避三端：勇士之鋒端，文士之筆端，辯士之舌端。

丁廙乃丁儀之子，今《魏志》丁儀無传，僅附见其名於《王粲傳》中。

《詩》彼何人斯篇云「取彼譖人，投畀豹虎；豹虎不食，投畀有北；有北不受，投畀有昊」。

《贾子新書》曰先生者先醒也。

刘玄字聖公為更始將軍，即宣帝位，後改元更始。

鲜卑上古為鬼方，殷為獯育，周為玁狁，秦漢為匈奴。匈奴之别種，保鲜卑山，遂為鲜卑。

秦人不死驗苻生之厚誣。《洛陽伽蓝記》有趙逸者，死而復生。言符生才亦中主。按苻生為苻坚父，史以苻坚故，而厚誣苻生。参以趙逸之語，则史之曲筆耳。

责任编辑:刘丽华
封面设计:周涛勇

图书在版编目(CIP)数据

辅仁师法/陶廛 著. -北京:东方出版社,2011.1
ISBN 978-7-5060-4051-8

Ⅰ.①辅… Ⅱ.①陶… Ⅲ.①汉语-文集 Ⅳ.①H1-53

中国版本图书馆 CIP 数据核字(2010)第 216731 号

书　　名:辅仁师法
拼　　音:FU REN SHI FA
著　　者:陶廛
出版发行:东方出版社
地　　址:北京朝阳门内大街 166 号　100706
邮购地址:北京朝阳门内大街 166 号人民东方图书销售中心　100706
邮购电话:010-65250042,010-65289539
印　　刷:北京中科印刷有限公司
经　　销:新华书店
开　　本:710mm×1000mm　1/16
字　　数:270 千字
版　　次:2011 年 1 月第 1 版　2011 年 1 月第 1 次印刷
印　　张:22
书　　号:ISBN 978-7-5060-4051-8
定　　价:46.00 元